Takashi ABE
阿部崇

Michel Foucault : la philosophie comme expérience

ミシェル・フーコー、経験としての哲学

方法と主体の問いをめぐって

法政大学出版局

目次

ミシェル・フーコー、経験としての哲学——方法と主体の問いをめぐって

凡例

一、フーコーをはじめ、外国語文献からの引用は、既訳があるものについては参照し、読者の便宜のため邦訳の該当箇所の頁数を記載するが、文脈にあわせて適宜変更を加えた場合もある。

二、本文中で引用されるフーコーの著作には文献略号を用いる場合がある。文献略号は注の初出時に記し、巻末の参考文献にも付記する。

三、引用文中の〔　〕は、引用者による補足を示す。また必要に応じて原語を補う際にも〔　〕で補う。

序論

ミシェル・フーコーの思考の行程は一九五〇年代から八〇年代にわたる。正確に言うなら、デビュー作と言うに足るテクスト――最初の単著である『精神疾患と人格』およびビンスワンガーの翻訳と序文――が刊行された一九五四年から、彼の死の年、一九八四年までの三十年間ということになるだろう[1]。その間、彼は十数冊の書物と幾多のテクストを世に出し、多くの講演や講義をおこなって、それらは現在でもなお完全には閉じられてはいない、ひとつの資料体《コーパス》を形成している。周知の通り、フーコーのテクストの総体は、扱われる主題の多様性やそのテクストの性質によって多種多様な側面を見せている。そのテクストが直接言及の対象としている領域を見渡しても、心理学、医学、文学、芸術、哲学、政治などがただちに目に留まる。これからわれわれが見てゆくように、フーコーは要するに多種多様な「知」に関わる領域を、とりわけ「歴史的」な側面から扱っている、ととりあえずは言えるだろう。だが、そうしたフーコーの仕事の多種多様な性質ゆえに、すでにフーコーの生前から、ある疑問が提起されてきた。つまり、フーコーとは何者なのか、という問いである。哲学者なのか歴史家なのか。そうした問いに対して、フーコー自身はアイデンティティーの固定化を拒否していたこともやはりよく知られている。そして前述の問いに対して、ある種の諧謔を込めて次のように答えてみせるのだ――「私は爆破技師です」と。障害物を爆破しながら前進するための技法をさまざまに生み出すブリコラージュの人としての戦闘工兵、というわけだ。(2)

つまりフーコーは、カテゴリー化を拒否し、特定の型に分類されることを拒む思想家であった。だが、そもそもそうでない思想家などいるだろうか。自明に思われるこうした点をわざわざ確認しておくには理由がある。それは、フーコーが諸々の知のカテゴリー、さらにカテゴリー化の力学そのものを問題とした思想家であるように思われるからであり、また、それにもかかわらず、われわれは「フーコーの著作群をひとつの総体として読むことはできないか」、「フーコーの多種多様な思考の全体を一貫して貫く道筋を見出すことはできないか」という問題意識から出発したいと考えるからである。われわれはフーコーの著作群を扱うにあたって、以下のような方針を掲げておくことにしよう。フーコーのテクスト群を、その多様性のうちに、多様性を消去することなく読み解くこと（それが置かれた位置と特殊性を可能な限り尊重し、安易な解釈の図式に還元しないこと）。そうした多様性が、テクストの作者としてのフーコーの「思考」にもたらしたものを標定すること（一人の作者のひとつの思考がテクストを次々に産出していると考えるのではなく、新たに付け加えられてゆくテクスト群が、その都度思考の布置を描き出していくとイメージすること）。そして、思考の変動を、それに内在する変化や断絶などとともに動態的に描き出すこと。こうしてわれわれは、フーコーの著作を時代順に追い、そこに連続して見出される主題的・方法論的変化にとりわけ注目することにしたい。われわれはここでやや無前提に「思想家」や「哲学」という語を使用しているが、それもフーコーの著作の多種多様な性質やフーコー自身の固定化されたアイデンティティーの拒否を十分に考慮したうえで、それでもやはり、その営み全体はある種の「哲学」と呼ぶほかないものとなることを最終的に示すことができるだろうと考えるからである。さらに一言付け加えておくなら、われわれが明らかにしたいと考える「思考の変動を含んだ一貫性」とは、伝記的な意味でのフーコーの人生とは直接の関わりを持たない。われわれはここで伝記を書くわけでもなければ「作家のアルバム」を準備するわけでもない。フーコーの伝記的事実はそれ自体で興味深いものであるし、年表上の出来事のいくつかがフーコーの思考の変動と交差することもあり得、実際にわれわれも時にはそれに言及することになるだろう。だが、フーコーという人間自身はわれわれにとって究極的には到達不可能な存在である。ここで目指されるのは、フーコーという二十世紀を生きた激動の思想家の姿を描き出すことではなく、砂漠のようなテクストの広大な広がりのうちに姿を現しては逃げ去ってゆくおぼろな人影に、フーコーという名前を与えることでしかない。

＊

われわれはフーコーのテクスト群から出発して、その方法論を読解の主たる軸として設定したい。つまり、その研究における方法と、それによって拓かれる主題系に注目したいのである。まず最初に扱われるのは、フーコーに特徴的な方法としてまず設定される「知の考古学」という方法であり、それがフーコーの初期の著作から『言葉と物』に至る著作でどのように展開されるかが検討される。一九五四年から六六年までのこの時期、フーコーは心理学に新たな可能性を見出そうとする試みののち、認識の構造とその限界についての批判的研究を——構造主義的思考からの影響を受けつつ——練り上げることになる。この過程で、西洋近代の哲学史において伝統的に価値付与されてきた、認識の起源としての、あるいは実体としての「哲学的主体」という主題が批判されることになる。考古学という方法の練り上げは、認識という主題を乗り越え、フーコーが「人間学的構造」と呼ぶ

(1) フーコーの実質的な哲学的著作は『狂気と非理性——古典主義時代における狂気の歴史』とともに始まるという考え方もあり得、例えばプレイヤード版著作集もそうした考えに基づいて五十年代のフーコーの著作を収録していない。だが本書では、この後で見るように、五十年代の著作にもフーコー的な思考の萌芽を見出すことができるという考えを採る。

(2) Foucault, « Je suis un artificier » (1975), in R.-P. Droit, *Michel Foucault, entretiens*, Odile Jacob, 2004, p. 92〔フーコー「わたしは花火師です——方法について」中山元訳、『わたしは花火師です——フーコーは語る』、ちくま学芸文庫、二〇〇八年、八ページ〕.

近代的思考の体系を明るみに出すという企図と並行的に進められるのである。

われわれが続いて扱うのは、ある方法論的転回の時期（一九六六―六九年）であり、この時期のフーコーはとりわけ『知の考古学』において、「言説」という領域を対象とする新たな探究を開始することになる。この時期、かつては認識の諸条件についての探究と解されていた考古学という語はその意味を変え、言説群が形成する体系性についての記述の方法を意味するようになる。続く一九七〇年から七九年の時期、フーコーはそうした（新たな）考古学的方法に基づいて再び批判的探究を開始することになるのだが、ここで扱われるのは何よりも権力の問題系である。ここで導入される新たな「系譜学的」探究は、フーコーのそれまでの研究に新たなある種の目的性を導入することになるだろう。つまりそうした研究は、まず「現在」を診断するために歴史を書くということを意味し、次いで、近代的な主体性に特有のあり方――権力の作用によって規範化された主体でありつつ、批判という営為によって規範的な権力に抗うものとして自らを構成する主体――を明らかにしようとするものである。

主体性が持つ服従と抵抗という二重の作用は「統治性」の分析によって導入されるものだが、そうした分析に基づいてフーコーの晩年における研究（一九八〇―八四年）が可能となる。その未完に終わった研究とは、「主体が自らと関係を持つ真理の作用において、自分自身を経験する経験の仕方」[3]として理解される「主体性」についての歴史であった。フーコーにおける主体という主題系は、考古学的・系譜学的研究と密接に結びつきながら、フーコーの探究にとって常に顕在的なものであり続け、思考の導きの糸として機能することになるだろう。

＊

われわれの研究はクロノロジックなものであり、フーコーに固有の方法と問題構成のあり方の生成過程をまずは明らかにしようと努める。フーコーの思考は、とりわけ一九五〇―六〇年代にかけては、同時代あるいはそれ以前の哲学的思考や科学的思考との絶え間ない対話によって特徴付けられる。この時期のフーコーの思考は、構造主義的思考に接近しつつ、とりわけ心理学や現象学に見られるような、ある種の主体の哲学に対する批判として形成されることになるだろう。一九七〇年代の系譜学的研究は、それに先立つ考古学的研究よりもより多くの独自性と革新性を持つとはいえ、やはり他の多くの学問領域との対話によって成立していることに変わりはない。われわれはそれゆえ、フーコーの哲学的方法の形成過程を論じるにあたって、他の哲学的思考の数々とのあいだに交わされる対話（批判や拒絶も含む）にも注目したい。そうした視点から、われわれはカントやビンスワンガー、メルロ＝ポンティやカヴァイエスといった思想家、さらには「マルクス主義」、「現象学」や「エピステモロジー」といった思想の潮流に――フーコーの思考と関わる限りにおいてだが――言及することになるだろう。フーコーのテクスト群を哲学史、そしてそれらが先行する時代、あるいは同時代のテクストと取り結ぶ関係のうちに置き直したいと考えるからだ。

フーコーの哲学的方法の形成、断絶や変化を明らかにするにあたっては、クロノロジーという原則を最大限に守るべきだろう。[4]というのも、ロジェ・シャルティエが言うように、フーコーはまず何よりも「フーコーの最初

（3）Maurice Florence, « Foucault » (1984), DE-IV, p. 633〔邦訳：モーリス・フロランス「フーコー」（フーコーが偽名で自身の研究について書いた辞典項目）、野崎歓訳、『ミシェル・フーコー思考集成』、第X巻、筑摩書房、二〇〇二年、一〇四ページ〕.

（4）フーコーに関する研究書で、クロノロジックな記述をおこなっているものが――とりわけ英米系の著者になるものが――いくつか存在する。ドレイファスとラビノウによるものはその代表的なもののひとつだが、クロノロジーについてはあまり厳密ではないように思われる。例えば、彼らはフーコーの「考古学」について論じる際に、「系譜学」の分析に基づいて得られたパースペクティヴから出発して遡行的に扱うことで、考古学的方法の「破産」を結論づけている。以下を参照。H. Dreyfus and P. Rabinow, *Michel Foucault : Beyond Structuralism and Hermeneutics*, 2nd edition, The University of Chicago Press, 1983〔邦訳：H・L・ドレイファス、P・ラビノウ『ミシェル・フーコー――構造主義と解釈学を超えて』山形頼洋・鷲田清一ほか訳、筑摩書房、一九九六年〕.

の読者」だったのであり、[5]その行程にはしばしば立ち戻りが見られるからである。つまり、彼は自分自身のそれまでの仕事に絶えず回顧的な眼差しを投げかけ、以前の研究にひとつの主題的・方法的一貫性を与えようと試みる。インタヴューや対談で自分の著作について語る際にそうした点は明らかであるし、いくつかの著作が再版されるにあたって多少の手を加えたりしている点からもそのことは伺える。それゆえに、重要な理論的変化やスタンスの移行が――新たな研究領域の発見、重要概念に加えられた変更の数々など――連続性への配慮によって、事後的に覆い隠されてしまうことがあり得るのだ。しかしながら、われわれが関心を向けたいのはむしろフーコーの思考の不連続性の方であり、その思考の生成運動や、その行程のさなかに見出され拓かれたさまざまな思考の可能性をこそ明らかにしたいのだ。したがってわれわれは、とりわけ考古学的方法に関して、時には過剰と思われかねないほどにフーコーの思考の不連続性――変化、断絶、移行等々――を強調することになるだろう。

われわれの研究の目標は、まず何よりもフーコー的思考の運動そのもののあり方を明らかにすることであり、その手段は主にフーコーのテクスト群を内在的に読解することである。フーコーの主要な著作についての研究がある程度落ち着いて以後、世界中で繰り返し耳にするようになった「フーコーの思考を道具として使用する」という威勢の良い掛け声から較べると、われわれの目標はあまりにもささやかなものではある。フーコーの諸概念を敢えてそのコンテクストから切り離し、自由なスタンスでさまざまな学問領域における分析に「使用」するという作業が大きな成果を挙げていることは周知の通りであり、そのことは否定しようもない。しかしながら、社会学、政治学や文芸批評などの領域においてフーコー的概念があまりにも流通して常識化した結果、本来フーコーがそうした概念に込めていた衝撃力が弱められ、凡庸化しているようにも見える。今日、誰もがフーコーを読まずしてフーコーの哲学を語ることができるのだ。しかしだからこそ、フーコーのテクスト群そのものの読解によって、フーコーを哲学として読み、真に「フーコー的なもの」――そのようなものがあるとしてだが――とは何か、という問いを提起してみてもよいだろう。しかしそれは、フーコーの思考をひとつの哲学的体系として固定化することにはならないだろう。まず何よりもフーコーは真理、権力や歴史の問題を扱いつつ、同時にそれらを普遍概念として扱うことを拒絶した思想家であり、その思考は、思考に対する規範として作用するそのようなカテゴリーを絶え間なく批判し続けることによって成立していると言ってもよい。それは、別の仕方で思考することを目指して自己自身を批判する思考を意味する。フーコーの哲学というものがあるとすれば、それは自らを解放することを目指し、常に戦略を変え、さらに遠方に向かいながら自身の固定化されたアイデンティティーを逃れようとする、思考の訓練のようなものであるだろう。

（5） R. Chartier, « Le pouvoir, le sujet, la vérité. Foucault lecteur de Foucault », *Au bord de la falaise : L'histoire entre certitudes et inquiétude*, Albin Michel, « Bibliothèque Albin Michel », 1998, p. 191-208.

第一部　知の考古学に向けて——一九五四—一九六六年

第一章　出発点――心理学の時代

フーコーの最初の一歩を検討するにあたって、議論の出発点を一九五四年としよう。というのも、彼の最初の著作『精神疾患と人格』――ダニエル・ドフェールによる年譜によれば、一九五三年頃に執筆された[1]――が出版され、また、ルートヴィッヒ・ビンスワンガーの「夢と実存」への長い序文が刊行されたのがこの年だからである[2]。一九五四年のそうした「デビュー」に、さらに一九五七年に刊行されることになる二つの論文、「一八五〇年から一九五〇年の心理学」[3]（執筆は一九五三年頃と推定されている）と「科学研究と心理学」[4]を付け加えるならば、これが、博士論文となる『狂気と非理性――古典主義時代における狂気の歴史』の執筆に先立つ期間にフーコーが公刊したもののすべてということになる。心理学と精神医学についての一冊の書物と三つの論文からなるこれらのテクストは、必ずしも一貫した性質のものではないにせよ、あるひとつの独立したサイクルを形成していると考えることもできる。ひとつの独立したサイクルである以上、それに続く研究と必ずしも内容的に連続したものではないが、しかし同時にそれは、ある主題に関わる側面において、フーコーのその後の仕事を準備してもいる。

この時期のフーコーの思考に見出される主題は、まず心理学批判である。フーコーはこの時期、心理学的思考には変革への責務が課せられており、変革を経たのちに「真の心理学」が誕生しなければならない、と主張している。一九六〇年代以降のフーコーが心理学を否定的な批判の対象とするのに対して、この時期のフーコーはむしろ肯定的・建設的な意味を含む、語の本来の意味における「批判」を心理学に対して行っているとも言える。すなわち、心理学という学問領域の内実と存立基盤とを分析したうえで新たな心理学の創設を目指すことになるのだ。だが、議論をあまり先取りするのは控え、われわれのクロノロジーの原則に従って、若きフーコーが目指していた「真の心理学」がどのようなものかを明らかにしよう。古典的心理学への批判として生まれるフーコーの企図は、新たな心理学的分析を確立し、そしてとりわけ新たな主体――この場合は精神を病む者の主体性ということになる――の分析論を確立することを目指す。そうしたフーコーの思考のうちに、ある所与の体系や状況に結びついた主体についての動態的なイメージが成立するさまを見ることができるだろう。そしてまた、フーコー初期の思考には、心理学の変革を目指すある種の理想主義的側面と、フーコーの思考に主体の分析という根本的な問題を与えることになる別の側面とがともに含まれることが確認できるだろう。その前者はのちのフーコー自身によって否定されることになるが、後者はのちのフーコーの思考を支える動機となるのだ。

（1）以下を参照。D. Defert, « Chronologie », in Foucault, *Dits et écrits : 1954-1988* [DE], Gallimard, « Bibliothèque des sciences humaines », 1994, t. I, p. 18-19〔邦訳：ドフェール「年譜」石田英敬訳、『ミシェル・フーコー思考集成』、第I巻、筑摩書房、一九九八年、一〇―一一ページ〕. および、D. Eribon, *Michel Foucault et ses contemporains*, Fayard, 1994, p. 317.

（2）Foucault, « Introduction, *in* Binswanger (L.), *Le Rêve et l'Existence* » (1954), DE-I, p. 65-119〔邦訳：フーコー「ビンスワンガー『夢と実存』への序論」石田英敬訳、『ミシェル・フーコー思考集成』、第I巻、筑摩書房、一九九八年、七七―一四八ページ〕.

（3）Foucault, « La psychologie de 1850 à 1950 » (1957), DE-I, p. 120-137〔邦訳：フーコー「心理学の歴史 一八五〇―一九五〇」石田英敬訳、『ミシェル・フーコー思考集成』、第I巻、筑摩書房、一九九八年、一四九―一六七ページ〕.

（4）Foucault, « La recherche scientifique et la psychologie » (1957), DE-I, p. 137-158〔邦訳：フーコー「科学研究と心理学」石田英敬訳、『ミシェル・フーコー思考集成』、第I巻、筑摩書房、一九九八年、一六八―一九一ページ〕.

1　心理学への批判

歴史的背景

まず、心理学をめぐる哲学的・思想的コンテクストについて簡単に確認しておこう。まずはフーコーが思考の歩みを開始する以前に遡って、第一次・第二次両世界大戦の戦間期の心理学についてのひとつの簡単な図式を提示するとすれば、その時期の心理学における主要な問題のひとつは、フロイト理論とマルクス主義理論との対立関係であったと言うことができる(5)。フロイトの諸理論をマルクス主義の思考に統合しようとする努力が見られる一方で、ある種の心理学者たちはフロイト理論を批判しあるいは退け、とりわけ無意識の理論を否定するに至る。無論、マルクス主義とフロイト理論との対立がその時期の心理学の領域の全体を支配していたと言っては大雑把に過ぎようが、心理学という学問領域内部での議論には敢えて立ち入らず、フランスにおける心理学が置かれた時代的・政治的背景のひとつとしてこの主題を取り上げたい。戦間期から第二次世界大戦後に至るまでの若手哲学研究者にとってそれがひとつの重大な問題であると同時に――当時のフランスにおいて、心理学という学問領域は哲学と密接な関係にあり、その両者は現在のように截然と分離されていなかったことを強調しておこう――、政治的姿勢の表明であり、われわれが論じている若きフーコーにとってもそれが大きな問題であったことは間違いないからである。

そうしたフロイト理論とマルクス主義理論との対立が明らかなひとつの例として、哲学者あるいはマルクス主義理論家として知られるジョルジュ・ポリツェル（一九〇三―四二年）の例を挙げよう。彼は、主著である『心理学の基礎についての批判』（一九二八年）において、フロイトの理論、とりわけその夢解釈の理論について、それを抽象化された三人称ではなく、始原的かつ具体的〔concret〕な心理学的事実としての「人間のドラマ的生」[6]にもとづく新たな心理学の模索であるとして好意的に評価しているが、他方で、無意識の理論について、本来の心理学が目指すべき具体的な主体の状況の分析を捨象し、理論化する過程で生まれた「抽象〔abstrait〕」の産物であるとして批判している[7]。一九三〇年代以後は、ポリツェルの論調ははっきりとマルクス主義的色彩を帯びて精神分析全体を拒否するに至り、フロイト主義とマルクス主義を融合させようとする立場は「理想主義」であり「反革命的」であると批判されることになるだろう[8]。

（5）以下を参照。E. Roudinesco, *Histoire de la psychanalyse en France. 2 : 1925-1985*, Fayard, 1994, p. 50-86.

（6）以下を参照。G. Politzer, *Critique des fondements de la psychologie : La psychologie et la psychanalyse*, PUF, « Quadrige », 2003〔邦訳：G・ポリツェル『精神分析の終焉――フロイトの夢理論批判』寺内礼監修、富田正二訳、三和書籍、二〇〇二年〕．また、渡辺公三によれば、一九三〇年代のレヴィ＝ストロースが精神医学に関するある著作に対して書いた書評にも、同様の精神分析批判が見られる。精神分析理論のうちに、個人の固有性・単独性を学問の対象とする功績を認めながらも、最終的にその個別的事例を一般化・抽象化してしまうフロイトの理論を批判するというスタンスは、少なくとも当時の若き知識人たちのうちに広まっていたものだろう。以下を参照。渡辺公三『闘うレヴィ＝ストロース』平凡社新書、二〇〇九年、七四―七九ページ。

（7）中村和夫が強調するように、こうしたフロイトの無意識理論への批判は、必ずしも直接的にマルクス主義的思考に由来するものではないことは指摘しておかねばならないだろう。中村によれば、少なくとも一九二八年の主著刊行時点におけるポリツェルのこうした心理学批判はあくまでもその「具体的なもの」を目指す哲学的思考によるもので、マルクス主義にもとづくものではない。だがそれでも、ポリツェルの言う「具体的なもの」が、少なくともマルクス主義的な唯物論と親和的なものとして同時代の人々に受容されたことは否定できないだろう。ポリツェル自身の理論が「マルクス主義的」かどうかという問題と、マルクス主義的な文脈においてそれが受容された、という点は一応区別しておきたい。われわれがここで指摘したいのはその後者の点である。以下を参照。K. Nakamura, « On L. S. Vygotsky's Conception of Concrete Human Psychology : in relation to G. Politzer »,『東京水産大学論集』第三十五号、二〇〇〇年三月、p. 131-140.

（8）以下を参照。Politzer, « Psychanalyse et marxisme : un faux contre-révolutionnaire, le « Freudo-marxisme » » (1933), *Écrits 2 : Les fondements de la psychologie*, Éditions sociales, 1973, p. 252-281.

フロイトの無意識理論を否定する立場は、そもそもフランス共産党の立場でもあった。共産党が「公式に」フロイト主義を批判するのは一九四九年のことだが、エリザベト・ルディネスコによれば、一九二〇―三〇年代からすでに、ソヴィエト共産党の立場に呼応する形で、フランス共産党においても「暗黙のうちに」精神分析が批判されていた(9)。だが、マルクス主義の立場からのフロイト理論の批判としてもっとも明快かつ代表的なのはサルトルの立場かも知れない。サルトルは自身の「意識の哲学」と相容れない、神話的な最終審級としての無意識を拒否したのである。一九六九年に発表されたインタヴューにおいても、サルトルは次のように言明している。

多くの場合、彼〔フロイト〕が使う言語は無意識というある種の神話を生み出すものであり、わたしはそれを受け入れることはできません。わたしは、事実としては、偽装とか抑圧とかの事実〔faits〕について、全面的に同意できます。けれども、「抑圧」、「検閲」、「欲動」といった用語についてはーーそれらはあるときには一種の目的性をあらわし、つぎのときには、一種のメカニズムをあらわすのですーーわたしはそれを拒絶します(10)。

意識にもとづいた実存としての人間のあり方を哲学の中心に据えるサルトルにとって、意識を逃れるものの存在は認められないものであったと(いささか単純に)言えるかも知れないが、サルトルのこうした立場は、同時に戦間期から第二次大戦後にかけてのフランス心理学をめぐる状況に深く根ざしたものであった。フーコーも、一九七八年のインタヴューでこう説明している。「サルトルとポリツェルは、まさしく無意識の理論を批判し、その理論が主体の哲学と両立不可能であると判断して精神分析を拒否していました(11)」。

しかしながら、サルトルとポリツェルに違いがあるとすれば、それはーーもちろん、後者にはレジスタンス活動の末に志半ばにして世を去ったという事情があり、戦後にさまざまな論争を通じて自己の立場を明らかにしていった前者と同様に論じることはできないのかも知れないが――、サルトルが心理学理論のうちで、主体的選択の対象とならないものを拒絶しつつも、現象学を基盤とした思考へと向かい、精神分析から無意識などの概念を取り除いて現象学的方法を加味し、主体の「存在選択」から行為を説明する「実存的精神分析」を構想したのに対し[12]、ポリツェルは少なくとも『心理学の基礎についての批判』においては、心理学を変革し、「具体的心理学」を創設することを試みていたという点である。われわれがこれから見るように、心理学の変革を目指すそうした立場は、若き日のフーコーとも共通している。それでは、フーコーによる心理学「批判」――それゆえ「拒否」ではない――の内容はどのようなものであったのか。

心理学の歴史的批判

フーコーの心理学についてのテクストのうち、とりわけ『精神疾患と人格』と「一八五〇年から一九五〇年の心理学」は、心理学の歴史についての概説ないし解説として書かれたものだが、実際のところ、それらは（当時における）現代心理学を批判し、それを新たな心理学的分析によって乗り越えられるべきものとして提示してい

（9）以下を参照。Roudinesco, *Histoire de la psychanalyse en France. 2 : 1925-1985*, *op. cit.*, p. 61-66.

（10）J.-P. Sartre, « Sartre par Sartre », *Situations IX*, Gallimard, 1972, p. 105〔邦訳：サルトル「サルトル、サルトルを語る」平井啓之訳、『シチュアシオン IX』、人文書院、八四ページ〕.

（11）Foucault, « Entretien avec Michel Foucault » (1980), DE-IV, p. 52〔邦訳：フーコー「ミシェル・フーコーとの対話」増田一夫訳、『ミシェル・フーコー思考集成』、第VIII巻、筑摩書房、二〇〇一年、二〇八―二〇九ページ〕.

（12）以下を参照。J.-P. Sartre, *L'être et le néant : essai d'ontologie phénoménologique*, Gallimard, 1943, p. 602-620〔サルトル『存在と無――現象学的存在論の試み』第三巻、松浪信三郎訳、ちくま学芸文庫、二〇〇八年、三二一―三六四ページ〕.

る。そうした心理学批判と同時に、この時期のフーコーが「主体」のようないくつかの根本的概念をどう位置づけているかを見ることにしよう。

『精神疾患と人格』には、フーコーのその後の思考にとって重要となる、あるモチーフが見られる。それは、周囲を取りまく世界との相互作用の中にある主体の分析のうえに心理学をうち立てるというものであり、フーコーが議論を開始するのもまずここからである。フーコーは、まず精神の病理学と器質的な病理学をともにひとつの理論によって包括的に説明できるとする「メタ病理学」を明確に退け、精神的なものと器質的なものを統一できる場があるとすれば、それは「病」というものの抽象性ではなく、その両方をともに持つ具体的な場としての人間、それも個別的な実存としての「人格」であるという。精神の病についての抽象的な諸理論ではなく、人間主体の具体性から出発してのみ精神疾患について考えることができるというのである。しかし、精神を病む者の主観性以外のところに疾患が出現する条件を探るためには、そのような主観性＝主体性が形成される場としての「世界」について考えてみなければならない。そしてフーコーは、この書における根本的なテーゼを述べることになる。すなわち、精神疾患の根源は社会的・文化的諸条件のうちに見出されるのであり、病の第一義的な条件は「矛盾」の状況における「葛藤〔conflit〕」と「疎外」なのである。

> 病が現れるのは、葛藤が応答の分化ではなく、防衛の混乱した反応を引き起こす場合である。言い換えると、個人が反応の水準において、周囲の矛盾を制御できない場合、個人の心的な弁証法が、実存の条件の弁証法の内部に自らを見出すことができない場合に、病が現れるのである。／要するに、別の言い方をするなら、その個人は〈疎外されている＝精神が錯乱している〉〔aliéné〕のであり、それは〔…〕その個人が人間の本性に異質なものになってしまうというような古典的な意味ではなく、人間自身が作り上げた実存の諸条件のうちで病人が自らを認めることができないという意味においてである。この新たな内実をともなった疎外＝錯

乱〔aliénation〕は、もはや心理学的な逸脱ではなく、ある歴史的な契機によって規定されるものなのである。疎外＝錯乱が可能になるのは、その歴史的な契機においてでしかない(13)。

フーコーは病の原因を個人の身体的・主体的条件の側に求めるような心理学をはっきりと拒絶し、その真の原因は社会的・歴史的条件——より正確には、社会的・文化的環境との関係のうちに置かれた人格《パーソナリティー》——であるとする。競争や経済的搾取や戦争といった「矛盾の経験」としての諸状況が精神疾患をもたらすのであり、それらの状況が主体の側からの防衛作用としての病の原因なのである。「病気になったから精神が錯乱する〔＝疎外される〕のではない。疎外される＝錯乱するのに応じて病気になるのである(14)」。こうしてフーコーは、唯物論的かつ歴史的な理論にもとづいて、歴史的に規定される精神疾患の条件を明らかにしようとする。こうした観点においては、主体をその主体に固有な動的なプロセスのうちに位置づけることが問題であり、病の起源や最終的な決定審級として現れる静的な側面のうちに主体を位置づけることは拒否されている。

フーコーは病についての何らかの抽象的な原因を探ることを拒否し、「生きられた世界」として現れる具体的な状況についての科学的な調査を行う必要性を強調しているが、ここでは、病の本質についての抽象的な議論と、人間の具体的な生についての議論が対置されていることになるだろう。ピエール・マシュレーも指摘しているように(15)、こうした議論はもちろんポリツェルの「抽象」と「具体」についての議論と重なり合うものだ。そしてま

（13）Foucault, *Maladie mentale et personnalité*, PUF, « initiation philosophique », 1954, p. 102〔邦訳：フーコー『精神疾患とパーソナリティ』中山元訳、ちくま学芸文庫、一九九七年、一八三ページ〕.
（14）*Ibid.*, p. 103〔邦訳：一九九ページ〕.
（15）「フーコーはおそらく、五十四年の彼の最初の本を書く際に、ポリツェルから着想を得ているだろうが〔…〕」。P. Macherey, « Aux sources de « L'histoire de la folie » : Une rectification et ses limites », *Critique*, n° 471-472, août-septembre 1986, p. 755.

たフーコーのここでの議論は、主体にとっての環境としての「世界」が持つ重要性を強調している限りにおいて、現象学的ないし実存主義的な心理学の理論にも接近していることになる。この点については、ビンスワンガーについてのフーコーのテクストを検討する際に改めて触れることになるだろう。

　では、フーコーが具体的にどのような歴史的観点から心理学を批判したのかを次に見ることにしよう。フーコーによれば、心理学はそれ自身に固有の歴史的変化・発展の過程を持っているのであり、そのような科学の一領域としての心理学自体の、動的で弁証法的な生成の過程が検討されなければならない。科学認識論《エピステモロジー》の思考に近いこの時期のフーコーにとって、歴史とは、ある学問領域の動的な生成過程を分析することにほかならない。そうした視点から、「一八五〇年から一九五〇年の心理学」（一九五七年）において、フーコーは百年にわたる心理学の歴史を記述している。それによれば、心理学という学問領域は、自然科学をモデルにして考えられる「客観性」という目標を捨て去るという努力とともに発展してきた。自然科学へと自らをなぞらえる類比《アナロジー》から解放されることによって、心理学は自身が対象とするものの特別な位置づけを発見するのだが、その対象こそが人間であり、心理学は「人間についての科学」として確立されることになる。自然科学から借用された「自然の先入見」から解放されることになった心理学にとっての責務は次のようなものだ。

> 人間を、生命体全般と同一視するような共通項のレヴェルでとらえるのではなく、人間を、その固有のレヴェルにおいて、自己を表出する行動、自己を認知する意識、自己を構成してきた個人史においてとらえること[16]。

かくして、心理学的分析の対象となるのは「人間の現実」、すなわち個人の歴史の流れの中で意味を産出するような、人間の行動の意味作用である[17]。こうして、心理学の直接的な対象は人間が産出する「意味作用」となり、

「意味」が心理学の歴史における中心的な主題のひとつとなる。
意味作用についての学問としての心理学がその頂点に達するのは、精神分析というかたちにおいてである。「精神分析ほど、意味作用に多くの重要性を与えた心理学の形式はない」[18]。フロイトによる精神分析の創始は、心理学の歴史にとってある決定的な瞬間であった、とフーコーは言う。

意味の分析を極限にまでおし進めることにより、フロイトは、現代心理学に方向を与えたのである。ジャネやヤスパースよりもさらに遠くまでフロイトが行けたのは、彼が意味作用に客観的な地位を与えたからである。彼は、意味作用を、表出的な象徴のレヴェルで、行動の「素材」そのものにおいて、つかもうとした。彼は、意味作用に、ひとつの現実の歴史という内容、というよりむしろ、諸々の体験の連続においてある個人の歴史と、社会が個人に強いる諸構造においてある社会の歴史という二つの現実の歴史の対決という内容を与えたのである。その限りにおいて、主観的なものと客観的なものとの対立、個人と社会との対立は乗り越えることができる。意味作用の客観的な研究が可能になったのである。[19]

フロイトは、心理学に「意味作用についての客観的な研究」というステイタスを与え、現代心理学は意味作用についての学となった。だが、心理学に与えられたそのようなステイタスは、心理学の客観性そのものに問題を

(16) Foucault, « La psychologie de 1850 à 1950 », art. cit., p. 125〔邦訳：フーコー「心理学の歴史　一八五〇―一九五〇」、前掲論文、一五五ページ〕.
(17) *Ibid.*, p. 126-127〔邦訳：一五六―一五七ページ〕.
(18) *Ibid.*, p. 127〔邦訳：一五七ページ〕.
(19) *Ibid.*, p. 129〔邦訳：一五九―一六〇ページ〕.

生じさせることになる。というのも、心理学が、自然科学とは異なって人間という特別な対象を扱う学問であるということになれば、心理学は不可避的に人間存在というものの正確な位置づけを明らかにせざるを得ないからだ。フーコーはそれが心理学に固有の条件であることを指摘し、さらに、今後の心理学は単なる意味作用についての学問であることを越えて、具体的な人間存在についての分析にならなければならない、と強調するのだ。

ここで、フーコーにおけるフロイト理論の特別な位置づけについて一言指摘しておこう。フーコーはここで、フロイト理論のいくつかの側面、例えば「無意識」や「死の欲動」といった概念を明確に避けており、フロイト理論を無意識の理論としてではなく、むしろ意味作用や解釈の学として扱っている。その点において、ここでのフーコーはポリツェルやサルトルの立場に近い。先に見たように、その両者はともに、無意識の概念を具体的な心理学の創設を妨げる欺瞞、「抽象化の最たるもの[20]」として退けたのであった。フーコーもやはり、「具体的な」心理学の創設を目指しているのであろうか。だがそうだとすれば、その「具体的」とは何を意味するのか。

心理学の限界

「一八五〇年から一九五〇年の心理学」におけるフーコーの議論をさらに追ってみよう。「意味作用の学問」としての心理学においては、人間の振る舞いは、歴史のうちにおかれた人間存在の状況——ポリツェル的に言えば「ドラマ」——を意味する。人間が置かれている条件は、先に引用したフロイト的精神分析についてのくだりにあったように、二つの歴史のあいだの対立として現れることになる。すなわち、「諸々の体験の連続においてある個人の歴史と、社会が個人に強いる諸構造においてある社会の歴史という二つの現実の歴史の対決[21]」こそが、フロイト的精神分析によって見出された「意味作用」の内実であり、それは社会制度と個人の生という、二つの歴史《ヒストリー》＝物語の対立のあいだに生じる弁証法的なプロセスである。そして、そうした動的な状況に置かれた人間をこそ、心理学は対象としなければならない。二項間の対立、さらに言えば矛盾という主題がこうして中心的なものとして浮かび上がることになる。フーコーはかくして、この二項間のあいだの距たりこそが、心理学に固有の次元を構成すると述べる。[22]

心理学において、そうした矛盾は人間の実存に固有な「あいまいさ」として現れてくる。そのあいまいさこそが、心理学が科学性や客観性を標榜するに際しての限界となるのだが、その限界に対して心理学がとるべき道は二通りある、とフーコーは述べる。

それらの限界を前に、心理学は、客観的科学として自己を精算し、その有効性に疑問を投げかけるような哲学的反省に踏み込むことを回避すべきなのか。あるいは、心理学は、この矛盾を廃棄はせぬにせよ、少なくともそれを説明することを可能にするような根拠を自らに明かすことをめざすべきなのか。[23]

フーコーによれば、一九五〇年代の心理学はその後者の方向に向かうことになる。つまり、そのあいまいさという限界から自らを基礎づけ、そのさまざまな矛盾の状態を正当化しようとするのである。その例としてフーコーは、サイバネティクスの理論と人間学的心理学（例えばビンスワンガー）を挙げる。[24]だがその両者はともに自

（20）Polizer, *Critique des fondements de la psychologie*, *op. cit.*, p. 220〔邦訳：ポリツェル『精神分析の終焉――フロイトの夢理論批判』、前掲書、二五〇ページ〕.

（21）Foucault, « La psychologie de 1850 à 1950 », art. cit., p. 129〔邦訳：フーコー「心理学の歴史　一八五〇―一九五〇」、前掲論文、一五九―一六〇ページ〕.

（22）*Ibid.*, p. 135〔邦訳：一六五―一六六ページ〕.

（23）*Ibid.*, p. 135〔邦訳：一六六ページ〕.

（24）*Ibid.*, p. 136〔邦訳：一六六―一六七ページ〕.

らを動機づけている「諸矛盾」を解消させるには至らない。というのも、「心理学の今日的形式においてもなお、ひとはあいまいさという相の下にそれらの矛盾を再び見出し、そのあいまいさについて、人間存在と同じ外延を持つものとして描き出しているからである[25]」。さまざまな矛盾をあいまいなままに放置するか、さもなければ矛盾を回避し、別の場所でそうした矛盾に再び遭遇することになるか。心理学はそのような形でしか解決法を見出しておらず、その「あいまいさ」を究極的に解消できない以上、心理学は人間の実存についての具体的な研究をすることによって自らの実証性と科学性を保証するほかないだろう。

心理学という学問領域の持つ問題、すなわち心理学の科学性という問題については、とりわけ科学認識論《エピステモロジー》の立場からすでに問題が提起されており、フーコーも一九五七年のテクスト「科学研究と心理学」において次のように書いている。

〔心理学が「知」であることを放棄した上で、具体的な対象について行う「科学的・実践的」な〕研究は、心理学の科学と実践の発達のための条件ではない。研究は、あらゆる理論的地平から離れ、思弁に汚されておらず、自らの実験結果に密着した経験的な研究として、心理学の科学と実践の存在にとってのアプリオリと、その発達のための普遍的な活動領域を形づくっているのである。自らを「研究」とすることによって、心理学は、他の諸科学のように自らの真実に向かう道を辿るのではなく、自らの真理の存在条件をのっけから自らに与えるのである[26]。

心理学は自分自身以外の究極的な基礎づけを持たないという点が、フーコーによればこの学問領域が本質的に抱える性質であり、フーコーはそうした批判をのちに『狂気と非理性』などの著作において展開させることになる。その点については後で触れるが、ここでわれわれが問題にしている初期のテクストにおいては、フーコーは心理学を新たな方法によって変革することの可能性をなお模索している。心理学自体に科学的客観性はなく、隣接する科学領域から客観性のモデルを借りているに過ぎない、と批判しつつも、心理学研究が本来採るべき運動の姿は「解体される真理の運動であり、破壊される対象の運動なのであり、自らを脱神秘化することだけを求める科学の運動なのである」[27]と述べ、心理学は実証性という神話を捨て、心理学のそもそもの起源である、人間の「否定性〔négativité〕」の次元の探究に戻らなければならない、というのだ。[28]このポレミックな文章の最後で示唆されているように、「人間の否定性」とは人間が自分自身について経験する否定的な経験、すなわち死や睡眠や無意志性といった経験であり、心理学の領域においてそうした経験の分析を可能にするのは精神分析ということになるだろう。

だが、フーコー自身はそれ以降、精神分析の方法を採ることはない。否定性についての探究は、のちの狂気や死、さらには文学といった主題において実現することになる。さらに指摘しておくなら、この「科学研究と心理学」におけるフーコーの論調は、他の心理学についての同時期に刊行されたテクスト――ビンスワンガー論、『精神疾患と人格』および「一八五〇年から一九五〇年の心理学」――とかなり異なっており、心理学という学問領域そのものの有効性を疑問に付しかねないようなものだ。すなわち、われわれがここまで見てきたように、他のテクストにおいては、具体的な人間の実存を分析することによる新たな心理学の可能性が示唆されていたのが、「科学研究と心理学」においては、むしろそうした具体的な個別研究の積み重ねは心理学が真理に向けて前

（25）*Ibid.*, p. 136-137〔邦訳：一六七ページ〕.
（26）Foucault, « La recherche scientifique et la psychologie », art. cit., p. 156〔邦訳：フーコー「科学研究と心理学」、前掲論文、一八九ページ〕.
（27）*Ibid.*, p. 157〔邦訳：一九〇ページ〕.
（28）*Ibid.*, p. 158〔邦訳：一九一ページ〕.

進するためのステップであるどころか、心理学が実証性を偽装し、自己を延命させるための自己完結的なプロセスとしか見なされない。つまり、文章の最後で精神分析的方法による「人間の否定性」の探究が示唆されてはいるものの、このテクストはフーコーによる決定的な心理学への決別の表明であるとも読める。こうした論調の差異を考慮すれば、このテクストと他のテクスト群とのあいだに執筆時期の差があり、その間にフーコーの心理学に対する態度が変化していると想定することもできる。前述のように、ドフェールによる年譜などによれば、一九五七年に出版された「一八五〇年から一九五〇年の心理学」の執筆時期は一九五三年頃とされており、ビンスワンガー論や『精神疾患と人格』とそれほど論旨に差がないのも納得できる。それに対して、「科学研究と心理学」の実際の執筆時期については推測するほかないが、刊行された一九五七年からさほど隔たっていないのではないか。つまり、一九五三―一九五四年頃の時期から一九五七年頃の時期のあいだには、フーコーの心理学に対する思考の変化があり、それを境にフーコーは心理学という学問領域に「見切りをつけた」のではないか。これについては、のちに触れることになるが[29]、ジョルジュ・カンギレムが一九五六年に哲学学院でおこなった講演「心理学とは何か」(一九五八年に刊行)における根底的な心理学批判の影響を想定することも可能かも知れない。

だがここでは先回りせず、さらに一九五〇年代の――上記のような心理学に対する姿勢の変化があるとして、その変化以前の――フーコーの心理学についての考察を追うことにしよう。ここでは、フーコーが同時代の心理学の状況をふまえて、その上で変革の可能性を思考していたという点に注目したい。既存のさまざまな心理学を越えて、人間の現実を再構成できるような「人間についての科学」をうち立てるには、人間が直面している矛盾に注目しなければならない、とこの時期のフーコーは考えていた。「一八五〇年から一九五〇年の心理学」の末尾においては、サイバネティクスやビンスワンガーらの人間学的精神分析の試みが不十分なものとされたうえで、人間の置かれた条件についての分析という新たな道が提示されている。「そのとき、心理学が可能だとすれば、それは人間の存在条件の分析と、人間における最も人間的なもの、すなわち人間の歴史、の再検討によるほかかないであろう」[30]。

こうした新たな心理学の可能性がフーコーの思考にどのような意味を持っていたかを明らかにしなければならない。フーコーはビンスワンガーの分析を不十分であると述べつつも、彼の仕事について長い解説を書き、その「現存在分析〔Daseinsanalyse〕」のうちに重要な主題を読み取っている。この時期のフーコーはビンスワンガーのうちに「人間の存在条件の分析」の可能性を垣間見ているが、ここでわれわれが最終的に問題にしたいのは、フーコーによる心理学の変革という理念が正当なものであるか否かではなく、フーコーがそこに何を見出し、その後の自身の思考にどのようにそれを取り入れてゆくか、という点である。

2　ビンスワンガーの理論——現存在分析

フーコーは、スイスの精神分析家ルートヴィッヒ・ビンスワンガーの論文「夢と実存」のフランス語訳が一九五四年に刊行されるのにあわせて、ビンスワンガーの理論を論じる長い序文を書いている[31]。だが、しかし、

(29) 本書、第一部第二章参照。
(30) Foucault, « La psychologie de 1850 à 1950 », art. cit., p. 137〔邦訳：フーコー「心理学の歴史　一八五〇—一九五〇」、前掲論文、一六七ページ〕.
(31) Foucault, « Introduction, *in* Binswanger (L.), *Le Rêve et l'Existence* », art. cit., p. 65-119〔邦訳：フーコー「ビンスワンガー『夢と実存』への序論」、前掲論文、七七—一四八ページ〕. このビンスワンガー論が当時のどのような心理学的・哲学的コンテクストのもとに執筆されたかという点については以下を参照。Elisabetta Basso, « Postface », *in* Ludwig Binswanger, *Rêve et existence*, Avant-propos, préface et traduction de Françoise Dastur, Vrin, « Bibliothèque des textes philosophiques », 2012, p. 87-101.

これは「実存分析」と呼ばれるビンスワンガーの方法について解説するものというよりは、その理論を乗り越え、哲学的でもなければ心理学的でもないような分析のかたちを提示することを目指したものである。[32]

今日のところは、以下の文章はひとつの意図をしか持ちあわせていない。その意図とは〔…〕具体的、客観的そして実験的なあらゆる認識に対して、最も根本的であるものとして示されるべきひとつの分析の形式を示すことである。それはまた、そもそも、その原理と方法とがその対象の絶対的な特権性によってのみ規定されるような分析の形式であり、その対象とは人間、いやむしろ、人間存在〔Menschsein〕である。[33]

「哲学的であろうとする企図を持つものではなく、またその目的は心理学であろうとするものでもない」[34]とフーコーがいうビンスワンガーの分析方法は、まず何よりもそれが対象とするものによって性格づけられているのであり、その限りにおいて、それは「人間学的」と呼ばれる。そしてフーコーがビンスワンガーに見出すのは、単に現象学あるいは心理学の一流派としての議論ではなく、「人間存在」を根本的なものとみなすような分析のあり方なのである。

「夢と実存」

フーコーはまず、ビンスワンガーによる夢の分析がいかに伝統的な心理学の限界を越えているか、という点について述べる。人間学的心理学は、「存在論が現存在〔Dasein〕、すなわち世界への現前が持つ超越論的構造として分析するものの実際的で具体的な内容」と定義される「人間存在《メンシュザイン》」についての研究である。[35]そしてそれは、科学的・客観的な「事実」ではなく、実存にとっての自己経験・自己認識という「事実」を探究の主題とする限りにおいて「事実の学」であると言うことができる。[36] こうした人間学の扱うものが具体的な人間の経験であると言う場合、その「具体的」とは、心理学という科学が自ら科学であるために要請される科学的事実のことを意味しているのではない。そこにビンスワンガーの言う「現存在分析」の特徴のひとつがあり、それは、この理論の目指すものが、客観的なものとして把握されることのない「具体的なもの」であるという点である。その意味において、ここでは主体の経験というトポスをめぐって、先験的なものと具体的なものが奇妙に接合しているとも言えるかも知れない。

対象のそうした不確定さの上に成り立つビンスワンガーの分析は、「夢的なもの〔l'onirique〕」を特権的に扱う。人間学的分析にとって、夢の分析は単なる象徴の解釈ではなく、「実存の諸構造の了解」[37]に至るひとつの方法なのである。そして、それはイマージュについての精神分析的理論とも意味作用についての現象学的理論とも異なり、「指標作用の客観的構造、意味作用の集合、表現の行為のすべてに共通した基盤」そのものを明らかにし、意味作用それ自体をではなく、「もろもろの意味作用が結び合わされる根本的な瞬間」を明らかにしようとする。[38]

(32) ビンスワンガー自身の方法については以下を参照。« Introduction », *in* L. Binswanger, *Introduction à l'analyse existentielle*, Minuit, « Arguments », 1971, p. 39-47.
(33) Foucault, « Introduction, *in* Binswanger (L.), *Le Rêve et l'Existence* », art. cit., p. 66〔邦訳：フーコー「ビンスワンガー『夢と実存』への序論」、前掲論文、七八ページ〕.
(34) 同前。
(35) *Ibid.*〔邦訳：七九ページ〕.
(36) 同前。
(37) *Ibid.*, p. 68〔邦訳：八二ページ〕.
(38) *Ibid.*, p. 79〔邦訳：九六ページ〕.

フロイトが『夢判断』で論じた夢の意味作用と、フッサールが『論理学研究』で明らかにした意味の指標作用とを統合し、表現という行為が成就する瞬間を解釈すること。フーコーがビンスワンガーに読み取るのはその可能性であり、それが明らかになる場が、夢という経験の場なのである。

ビンスワンガーはこうして夢の経験のうちに、単なる心理学的理論やフロイト的精神分析によっては十分に汲み尽くし得ない意味作用を見出すのだが、その夢は、夢見る者にとってはある「超越」の指標となる。「その超越において、夢はそれ自体が世界と化し、それ自体が光や火、水や闇の形を取ることによって、人間に世界を告知するのである」[39]。そしてそのような夢の超越性のうちに、夢見る主体にとっての世界が姿を現す。

夢の世界はひとつの固有な世界であるが、それは主観的経験がそこでは客観性の規範を寄せつけないという意味においてではなく、その世界が、私固有の孤独を私に告げつつ私のものであるという、世界の原初的なあり方に基づいて構成される、という意味においてなのである[40]。

ビンスワンガーが引用するヘラクレイトスのアフォリズム、「目覚めた人間は認識の世界に生きているが、眠る者は自分に固有の世界へ向かっている」をフーコーはこうした観点から解釈している。この文が意味するのは、夢のイマージュの世界に閉じ込められて夢見る者は知覚を持たない、ということではない。そうではなく、夢見る者の「自分に固有の世界」が構成されるのは知覚内容の不在ゆえではなく、「それらの内容がひとつの孤立した宇宙へと作り上げ」られるからだ、とフーコーは強調する[41]。夢の世界は、かくして主観性と客観性との二項対立を越え、世界が生成してゆく自由な運動の中で、主体が自分自身の存在の起源を見出すような場所である。それが、現存在分析によって明かされる夢の意味なのである。

実存が自らの還元不可能な孤独の中で、自己の歴史の場として構成されるひとつの世界に向けて自己を投企する原初的運動をこそ、夢はその超越性において、またその超越性によって開示するのである。世界はその中で自己を投企する実存を指すと同時に、実存の経験に対しては客観性の形式にしたがって現れる。世界の持つこの両義性を、夢はその本源において開示するのである。[42]

フーコーによるこうしたヘラクレイトス解釈は、実のところ、ビンスワンガー自身が行う解釈とはかなり異なっている。ビンスワンガーは、このアフォリズムについてのヘーゲルの解釈に依拠しつつ、夢の世界を、究極的には普遍的・客観的な共通の世界から隔絶した「個人の劇場」に過ぎないと見なしている。[43]中山元も指摘しているように、精神科医として患者の治癒を目指すという実践的な立場をとるビンスワンガーは、夢見る者＝患者はある時点で夢から目覚め、人間の現実世界に回帰しなければならないと説く。[44]つまり、ビンスワンガーにとってはあくまでも夢の世界は二次的なものでしかない。だが、心理学や精神分析という領域にとどまらず、哲学的な人間学としての可能性をビンスワンガーに見ようとするフーコーにとっては、それが主体が自らを形作る原初的な運動である限りにおいて、夢の世界は本質的なものである。それは、原初的な自由に向かう運動と、自由か

(39) *Ibid.*, p. 88〔邦訳：一〇七ページ〕.
(40) *Ibid.*, p. 90〔邦訳：一一〇―一一一ページ〕.
(41) *Idem*〔邦訳：一一〇ページ〕.
(42) *Idem*〔邦訳：一一一ページ〕.
(43) L・ビンスワンガー「夢と実存」荻野恒一訳、ビンスワンガー『現象学的人間学――講演と論文1』荻野恒一ほか訳、みすず書房、一九六七年、一二四ページ。仏訳は以下を参照。L. Binswanger, *Rêve et existence*, *op. cit.*, p. 78.
(44) 以下を参照。中山元「解説――フーコーの初期」、フーコー『精神疾患とパーソナリティ』、前掲書、二三九―二四二ページ。

らの疎外という最も「人間的な」経験がそこに見出されるからだ[45]。その固有の意味ゆえに「夢の世界は空想の内なる庭ではない」。夢見る者は、そこに「自己の実存の根源的な運動と、成就された、あるいは疎外された自らの自由を見出すのである[46]」。

ビンスワンガーのうちに、必ずしもそこに含まれていない思考を読み取り、自分自身の心理学についての思考と結び合わせようとするこうしたフーコーの議論から、現存在分析についてのフーコーの批判も明らかになる。つまり、ビンスワンガーの理論は患者の主体にとっての世界を重視してはいるが、その世界を患者の主体性にとって私的で閉じられた「病の世界」へと限定してしまっているのである。患者にとって病の体験とは、自分自身にとっての秘められた小さな世界の開示であると同時に、外的な世界に投げ出され、その圧倒によって自己を放棄させられることでもある。『精神疾患と人格』でビンスワンガーの理論に触れた部分で、フーコーはこう問う。

この狂人の主観性が世界への召喚であると同時に投棄であるとすると、この謎に満ちた主観性の秘密は、世界そのものに対して問うべきではないだろうか[47]。

3　弁証法的運動と主体の動態的イメージ

フーコーにとっての問題は、こうして単なる心理学的分析の枠を越えることになるだろう。病んだ者の主体性の分析や治療という問題を越え、さらに普遍的な射程を持った具体的な分析、すなわち主体とそれをとりまく環境としての世界の間に働く弁証法的運動を分析することがフーコーの目指すところとなる。

一九五〇年代のフーコーの思考には、「運動」という主題が際立つ。夢の世界で夢見ている主体は、自分自身の運動と、その中で自らの主体性が形づくられる弁証法をそこに見出すのだ。「夢と実存」についてのテクストでフーコーが強調するのは、夢が持つ常に複数で動態的な意味作用であり、それは単なる静的なイメージに還元できるものではない。フーコーがフロイト的精神分析を批判するのはそのような点においてであった。そして、そうした批判は、新たな心理学的分析——心理学の枠組みさえも越えた射程を持つ哲学的理論——をうち立て、さらにそこに現れる動態的な主体のイメージを捉えるというフーコーの目論見と不可分なものである。

フーコーによれば、フロイトの夢解釈の方法においては、夢は解読されるべき単なる「記号《シーニュ》」へと還元されてしまう。もしひとつの記号に対して両立不可能な矛盾する複数の意味が与えられているとしても、それは結局ひとつの究極的な意味を記号に与えるためでしかない。つまりフロイトの分析は、夢の形態論的あるいは統辞論的な構造を無視している。「精神分析は、夢に、言葉《パロール》としての資格をしか与えてこなかったのだ、と言うことも出来るだろう。精神分析は、夢をその言語活動《ランガージュ》としての現実において認めることができなかったのだ」(48)。フロイト的精神分析は、のちにラカンが問題化することになる、夢の経験をとりまく言語《ランガージュ》の構造を捉えることができない。したがって、「フロイト的分析は、可能な複数の意味のうちのひとつを把握するにすぎないのだ。表現行為それ

(45) Foucault, « Introduction, *in* Binswanger (L.), *Le Rêve et l'Existence* », art. cit., p. 93〔邦訳：フーコー「ビンスワンガー『夢と実存』への序論」、前掲論文、一一五ページ〕.

(46) 同前。

(47) Foucault, *Maladie mentale et personnalité*, *op. cit.*, p. 69〔邦訳：フーコー『精神疾患とパーソナリティ』、前掲書、一一二ページ〕.

(48) Foucault, « Introduction, *in* Binswanger (L.), *Le Rêve et l'Existence* », art. cit., p. 70〔邦訳：フーコー「ビンスワンガー『夢と実存』への序論」、前掲論文、八五ページ〕.

自身は、決してその必然性において再構成されることがないのである」[49]。

フロイト的精神分析が象徴の語彙のひとつの次元しか探査しないのに対して、ビンスワンガーの理論は、夢のイマージュの奥底に表現行為そのものを再構成しようとする点で優れている。フロイトの方法は、夢の世界をその揺れ動く動態的な姿において捉えることができない。フーコーはそうした精神分析の「欠点」について、「症例ドラ」を引き合いに出しつつこう述べる。

> われわれにとってフロイトの分析の本当の欠点は、そこに夢の諸々の可能な意味作用のひとつを見たことであり、その夢を数ある意味のひとつとして、夢の多くの意味論的潜在性のうちのひとつとして分析しようとしたことである。そうしたタイプの方法は、夢見る主体のラディカルな客体化を想定するものであり、そこでその主体は、数ある登場人物《ペルソナージュ》のひとつとしての自分の役柄を、彼が象徴的な形姿をとるような舞台の上で演じるということになる。フロイトの意味での夢の主体は、常に最小の主体性であり、言うならば代表された主体性、投影され、他者の演技との間の仲介項にとどまり、夢見る者と彼が夢見ている物事との間の何処かに宙吊りにされている主体性にすぎない[50]。

フロイトにおける「客体化された主体」は「半-主体」に過ぎず、主体が構成されるそのプロセスを明らかにするものではない。

夢の分析が目指すべきは、夢における主体性を構成する契機を明るみに出すことだ。夢における主体は、ビンスワンガーによれば「夢のあり得べきすべての意味作用の根拠[51]」なのであり、時には互いに矛盾さえする複数の意味作用のひとつひとつ、それぞれの主体なのである。それはひとつの綜合的な機能でもなければ静的な対象でもなく、実存そのものの生成にほかならない。フーコーはこうして、今後のフーコーの思考にとっても本質的となる主体のイメージを導入することになるのだが、それが、生成過程の内にある動態的な主体のイメージである。ビンスワンガーについての文章の最後で、フーコーは夢見る主体についての心理学的分析を越えた「想像的な《イマジネール》ものの人間学的研究」なるものを粗描しているのだが、その出発点となるのは、ビンスワンガーを通じて明らかになった「実存の運動が、実存が病的な主観性の中に自己を疎外する諸々のイマージュと、実存が客観的歴史の中に自己を成就する表現との間で、決定的な分岐点を見出す根源的な契機」である。

想像的なものとは、この中間の地帯、この選択の「境位《エレメント》」なのである。ひとはしたがって、想像力の中心において夢の意味作用に到達することによって、実存の根本的な形態を回復し、実存の自由を顕現させ〔…〕ることができるのである。(52)

フーコーの初期の思考にこうして現れている運動についての議論は、ある種の弁証法的運動を意味している。「死の夢」が意味するものについて論じる際にフーコーが注目しているのが、そうした弁証法である。自分が死ぬ夢において人が出会うのは、単なる生の中断という現象ではなく、人間の「実存の成就」である。(53) しかし、そうした実存の生成的運動のプロセスにおいて、夢の中の死は「弁証法」を要請する。だがそれは、死と生が対立するという意味においてではない。死それ自体が、まず「矛盾そのものであり、そこにおいて自由が、世界内

---

(49) *Ibid.*, p. 71〔邦訳：八六ページ〕.
(50) *Ibid.*, p. 97-98〔邦訳：一二〇ページ〕.
(51) *Ibid.*, p. 98〔邦訳：一二一ページ〕.
(52) *Ibid.*, p. 119〔邦訳：一四八ページ〕.
(53) *Ibid.*, p. 94〔邦訳：一一六ページ〕.

で、そして世界に抗して、運命として自己を成就し、同時に自己を否定する」[54]ものである。しかし、同時に死の夢にはもうひとつ別の表情がある。それは、

自由と世界の間の矛盾という顔立ちではもはやなく、それら両者の根源的な統一、あるいはそれらの新たな結びつきがそこに読み取れるような顔立ちである。死はそのとき和解の意味を持ち、その死が形象化されている夢は、ひとが持ちうる最も根本的な夢である。夢はもはや生の中断を示すのではなく、実存の成就を表し、まさに今閉じんとする世界の中で、実存が自らの充実性を完成する瞬間を示しているのだ。[55]

死の夢において示されるのは、実存が静的な状態に落ち込んでしまう事態ではなく、「夢そのものの弁証法」であり、そこで夢は実存に向けての「生の炸裂」である。夢は生の光のうちに自己自身の死すべき運命を見出す。[56]こうした「矛盾」と「和解」の運動のうちに、フーコーは動的な、実存の意味を自ら明らかにするような主体のイメージを見出している。

こうした運動と生成についてのイメージこそが、一九五〇年代のフーコーにおいて、心理学的分析に具体性を保証している当のものであるように思われる。そして、こうした主体の動的な性質は、おそらく、ポリツェルの理論において「ドラマ」という用語が果たしていたのと同様の機能を果たしていよう。すなわち、ある神秘的な概念の導入によって、議論にそれ以上遡行できない審級を設置するという機能である。主体ないし実存の弁証法的運動のうちに「具体的なもの」を見出す議論は、心理学における抽象化を退けて「具体的なもの」を追究することに邁進してしまうという点において、ディディエ・ドゥルールがポリツェルの理論を論じるに際して用いた表現を借りるなら、[57]「抽象的なものと具体的なものとの偽‐論争」という罠に捉えられているとも言える。フーコーはここで心理学の変革という道を選ぶことによって、心理学という学問のあいまいなステイタスを批判し、

それを乗り越えて新たな学問領域に到達する道をかえって塞いでしまっているのだ。

さらに大きな問題がある。一九五四年の『精神疾患と人格』においては、主体が自分を取りまく社会において経験する葛藤という問題が論じられ、主体と環境との動的な相互作用のうちに（これ自体は、のちのフーコーの思考にとっても重要な問題となる）、精神の病の原因とその克服の可能性を発見するかに思われるのだが、その結論部において、当時の心理学における一流派の主張をそのままになぞるかのような議論、すなわちパヴロフの反射理論がそのまま持ち出されるのである。生理学と心理学とをストレートに結び合わせるその唯物論的な理論は、しかし、社会環境における病の主体の形成過程を説明することにおいて、フーコーが目指していたような意味での「具体的」な理論と言えるだろうか。それはむしろ、社会に対する個人の存在と個人の反応を、肉を前にした犬へと還元してしまうような、ひとつの科学的「抽象化」ではないだろうか。言うまでもなく、パヴロフの理論そのもの、またフーコーがそれを著作の結論部で採用したこと自体を、現在の心理学の視点に照らして誤謬だったと評価することがわれわれにとっての問題なのではない。パヴロフの理論は当時の共産党によって公式に認められていた理論であり、フーコーが当時（この書物の執筆中であった一九五二年まで）フランス共産党の党員であったという事情もさしあたり問題ではない[58]。われわれが問題にしたいのは、当時のフーコーがなぜそのような理論に

（54）*Idem*〔邦訳：一一六—一一七ページ〕.
（55）*Ibid.*, p. 95〔邦訳：一一七ページ〕.
（56）同前。
（57）以下の文献の、とりわけ序文を参照。Didier Deleule, *La psychologie mythe scientifique : Pour introduire à la psychologie moderne*, Robert Laffont, « liberté », 1969.
（58）フーコーがなぜ処女作の結論部でパヴロフの理論をそのまま「引き写す」ことになったのかについては、さまざまな理由を推測することは可能だろう。共産党員、あるいは党に近い存在としてのフーコーが党の公式見解に近い結論を述べたのかも

従ったのか、ということではなく、実際にフーコーのテクストにそれが書き込まれているという事実であって、そこからフーコーの思考のあり方を取り出し、その限界とその後の思考の展開に向けた可能性を見出したいのである。一九六二年にこの書物が再版される際には、パヴロフ理論を紹介した部分は『狂気と非理性』での議論に沿った内容に差し替えられ、さらに書物のタイトルも変更されることになるだろう(59)。そうした事実は、フーコー自身がこの処女作の内容を否定し、捨て去ったということを意味しているようにも思われる。だが、われわれのクロノロジックな視点から見た時、その処女作の内容は一九五〇年代のフーコーが心理学の領域で何を思考していたかを検討するに際して重要なものである。

そうした視点から見た時、ここでのフーコーの「運動」をめぐる思考は、問題と同時に可能性を含んだものである。まず問題としては、「具体的なもの」と「抽象的なもの」という二分法に基づいて弁証法的過程としての運動そのものに具体性を見出すフーコーの思考は、やはり科学的な抽象化をしかもたらさないという点において矛盾をはらんでいる。後に見るように、一九六〇―七〇年代のフーコーは再び心理学批判を行うことになるが、そこでフーコーは完全に心理学という学問領域の外部に出て、心理学の社会的・政治的機能という点から問題化することになる（一九五七年のテクスト、「科学研究と心理学」にもそうした批判の萌芽が認められることについてはすでに見た）。フーコー自身が心理学という領域から離脱することではじめてフーコーは自らの思考の可能性を開くことになるのであり、フーコーの思考がはらむ矛盾の解消には、その時期を待たなければならない。

運動という主題系が含むもうひとつの意味は、主体が常に運動や生成の相のもとに思考されるという、フーコーの思考の基本的な姿勢がここで確立したということである。主体はあらゆる決定から逃れ、生成という永続的な運動において捉えられるのであり、主体は物質的あるいは精神的に規定されるような何ものかとして考えられるのではない。後にフーコーが主体という概念に代わる「主体化〔subjectivation〕」について論じることになるように、フーコーが注目するのはそうした主体の生成過程なのであり、そうしたイメージはフーコーの思考の出発点にすでに刻まれている。

＊

フーコーの心理学についてのテクストから、われわれはフーコーの哲学的思考にとって重要な二つの根本的姿勢を取り出すことができた。ひとつは批判的な姿勢である。若きフーコーは心理学という学問領域の内部にありつつそれを批判的に検討し、具体的な環境内における人間存在の分析を目指している。もうひとつはある拒否の姿勢であり、それはある種の心理学やフロイト的精神分析の意味作用の分析に見られたような、主体やイメージを静的な対象とするような分析への拒否である。そうした批判と拒否の姿勢の中で浮かび上がってきたのは時に弁証法のかたちを取った「運動」の主題であり、その主題が「運動状態における主体」という基本的なイメージをフーコーに与えることになったのである。では、そうした心理学の領域における批判と拒否ののち、フーコーはどのような思考によって「主体」の問題を論じることになるのか。だが、フーコーがいかにして独自の思考を獲得するに至るかを論じる前に、彼が心理学の批判をどのように完成させるかを見ておかねばならない。

知れないし、あるいは、フーコーにこの著作の執筆を依頼したとされるルイ・アルチュセール――彼もやはりフランス共産党員だった――の意向を汲まざるを得なかったのかも知れない。あるいはまた、あくまでも心理学の歴史についての入門書であるという書物の性格上、当時比較的受け入れられていた「常識的」な結論を紹介するにとどめたのかも知れない。だが、われわれにはここでそうした事情について断定的な結論を下すことはできない。なお、ポール・ヴェーヌが伝えるところによれば、フーコーは一九五〇年代初頭には暗黙のうちにマルクス主義から遠ざかり、共産党に対する「手厳しい態度」を見せていたという。以下を参照。Paul Veyne, *Foucault, sa pensée, sa personne*, Albin Michel, 2008, p. 193〔邦訳：P・ヴェーヌ『フーコー――その人その思想』慎改康之訳、筑摩書房、二〇一〇年、二二〇ページ〕.

（59）Foucault, *Maladie mentale et psychologie*, PUF, « Quadrige », 1962〔邦訳：フーコー『精神疾患と心理学』神谷美恵子訳、みすず書房、一九七〇年〕.

第二章　一九六一年——『狂気と非理性』と人間学批判

一九六一年五月、フーコーは国家博士号取得のために、主論文『狂気と非理性——古典主義時代における狂気の歴史』および副論文『カントの人間学』（カントの『人間学』の翻訳・注解および序論）をパリ大学に提出する。それまでのフーコーの伝記的事実に簡単に触れておくなら、一九五五年以降、フーコーはフランスを離れ、ウプサラ、ワルシャワそしてハンブルクと居を移し、ドイツで博士論文を完成させる。[1] 一九六一年に出版されることになるその論文は、フーコー的な研究の実質的な出発点ということができる。というのも、われわれがこれから確認するように、そこには、これまでの心理学批判のうちには明確に現れていなかったフーコー独自の主題系や方法が登場するからである。フーコーは、自身の博士論文を準備することで自身の思考に最初の断絶を刻み込んだと言うこともできるのであり、その意味においても、この時期のフーコーの思考の生成過程を辿ることが重要だろう。若き哲学者はこの時期、地理的な意味においても、また哲学的にも、自身がかつて属していた場所を離れ、未知の新たな世界へと足を踏み入れることになるのだ。

1　狂気についての歴史——心理学との断絶

フーコーの博士論文については、まずそれがひとつのパラドクサルな事実の上に成立していることを指摘することができる。すなわち、『狂気と非理性——古典主義時代における狂気の歴史』[2]という表題にもかかわらず、それは必ずしも「狂気」についての研究ではない、という点である。その主題はむしろ、狂気なるものの存在を可能にするもの、つまり、ひとつの文化において、狂気が認識対象となることを可能にする「構造」についての分析である。フーコーが提起するのは以下のような問いである。ある時代に生きる理性的人間は、どのように狂気を知覚していたのか。理性的人間が住まう社会は、どのように狂気を排除してきたのか。そして、理性によって割り当てられる、そうした狂気のステイタスとはいったい何なのか。こうした問いを通じて明らかになるのは、狂気の裏返しとでも言えるもの、すなわち歴史的に規定された「理性的人間」の姿である。すなわち、フーコーのこの著作は純粋状態における狂気の姿を示すことを目指しているのではなく、狂気の存在条件を分析しようと

（1）この間のフーコーの足跡については、以下の文献を参照。D. Defert, « Chronologie », art. cit.〔邦訳：ドフェール「年譜」、前掲〕. D. Eribon, *Michel Foucault*, 3e éd., Flammarion, « Champs biographie », 2011〔邦訳：ディディエ・エリボン『ミシェル・フーコー伝』田村俶訳、新潮社、一九九一年（ただし、邦訳は原書初版を定本としているため、ここで参照している第三版とは内容が異なる部分もある）〕.

（2）Foucault, *Folie et déraison : Histoire de la folie à l'âge classique*, Plon, « Civilisations d'hier et d'aujourd'hui », 1961（初版）、および *Histoire de la folie à l'âge classique* [HF], Gallimard, « Bibliothèque des Histoires », 1972（第二版）. 以下の引用に際しては、基本的に第二版のページ数を表記し、初版の序文については *Dits et écrits* に収録されたもののページ数を示す。また、プレイヤード版著作集のページ数を併記する。本文全体の邦訳は以下の通り。フーコー『狂気の歴史——古典主義時代における』田村俶訳、新潮社、一九七五年。

している。その意味において、この論文は「理性の歴史」あるいは「合理性の歴史」と名付けられることもできただろう。ここで明らかにされるのは、西洋社会にとっての根底的な構造であり、フーコーはそれを「理性〔raison〕」と「非理性〔déraison〕」のあいだの「分割〔partage〕」の構造と呼ぶ。

西洋社会の理性は、癩病患者、放蕩者《リベルタン》や精神錯乱者など、理性にとって否定的とみなされる事柄を表象する諸形象を切り離し、断罪し監禁してきた。そのように切り離された理性と非理性のあいだには交流は存在しない。というのも、非理性はその分割によって沈黙の領域へと遺棄されるからである。それゆえ、フーコーが「序文」において強調するところによれば、そうした「沈黙についての考古学[3]」を行うことが必要となる。理性の言語を喪失することが狂気である以上、狂気そのものに自らを語らせることはできない。狂気の発する言語は言語ならざる言語であり、それゆえ、狂気の歴史は理性の側からしか書くことのできない「不可能な企て」ということになるだろう。狂気の歴史を書くに際しての以上のような困難から、記述の方法についての問い――それがわれわれの主要な興味の対象なのだが――が生じることになる。

> 狂気の歴史を企てるとはしたがって、狂気を捕囚している歴史的な総体――諸々の観念、諸制度、法的および警察的諸措置、科学的諸概念――の構造的研究をおこなうことを意味している。狂気の野生の状態をそれ自体で復元することはけっしてできないのだ。しかし、この近づきえない原初的な純粋状態の代わりに、構造的研究は、理性と狂気とを、同時に結びつけかつ分離する、あの決定〔décision〕の方へと遡行しなければならない[4]。

狂気についての歴史が明るみに出すのは、西洋文化における排除のシステムの存在であり、そこにおいて、理性と非理性の分割は「決定」あるいは「本質的な一連の選択[5]」のひとつなのである。この「本質的選択」という概念について、用語こそ微妙に異なっているものの、フーコーは一九七〇年に日本で行われたインタヴューで以下のように説明している。

私が「原理的選択」と言う場合、それはあくまで純粋観念の領域にある思弁的な選択のことではありません。それは人間の知を、人間の行動を、知性や感性を、そうした全体を拘束するような選択のことなのです。[6]

こうした選択は「成就されるやいなや必然的に忘却されることになる一連の怪しげな身ぶり、文化が自身にとって〈外部〉となるような何かを排除するような一連の身ぶり」[7]のひとつである。フーコーは狂気という「境界《リミット》=極限についての体験」の歴史を書くことで、文化にとって根源的な分割・排除の身振りを明らかにし、西洋文化の構造を描き出そうとする。その歴史を簡単に辿っておこう。

(3) Foucault, « Préface [à *Folie et déraison*] » (1961), DE-I, p. 160〔邦訳:フーコー「『狂気の歴史』初版への序」石田英敬訳、『ミシェル・フーコー思考集成』、第Ⅰ巻、筑摩書房、一九九八年、一九五ページ〕/OE-I, p. 662.

(4) *Ibid.*, p. 164〔邦訳:同前、二〇〇ページ〕/OE-I, p. 666. 強調は引用者。

(5) *Ibid.*, p. 161〔邦訳:同前、一九六ページ〕/OE-I, p. 663.

(6) Foucault, « Folie, littérature, société » (1970), DE-II, p. 106〔邦訳:フーコー「文学・狂気・社会」、『ミシェル・フーコー思考集成』、第Ⅲ巻、筑摩書房、一九九九年、四三八ページ〕. なお、このインタヴューについてはフランス語の原文が残されておらず、*Dits et écrits* に収録されているフランス語版も初出の日本語版からの翻訳である。そのため、「原理的選択」という語がどのようなフランス語で表現されたのかは不明であるが、内容から判断して、先に「本質的選択」として引用したものと同じ概念であると考えてよいだろう。

(7) Foucault, « Préface [à *Folie et déraison*] », art. cit., p. 161〔邦訳:フーコー「『狂気の歴史』初版への序」、前掲、一九六ページ〕/OE-I, p. 663.

理性による最初の分割の例としてフーコーが挙げるのはルネサンスの時代である。ボスやエラスムスの作品に表現されているように、十五世紀から十六世紀にかけての西洋社会において、狂気についての二つの経験のあいだで分割が確立する。まず、ボスの《阿呆船》やデューラーの黙示録の騎士に表現されるような「悲劇的経験」がある。これは荒々しくも魅惑的な世界の真実としての「理性ならざるもの」の経験であり、ここで狂気とは、幻視的・夢想的な経験としてただちに知覚される力である。他方には、十五世紀のさまざまな文学的・哲学的テクストに現れるような、狂気についての「批判的意識」がある。これは狂気の脅威に対して距離をとり、知性の醒めたまなざしで狂気を遠ざけるような意識である。エラスムスのテクストにあるように、その理性的意識は笑いによって狂気の力を馴致しようとする。こうして悲劇的経験と批判的意識の経験とのあいだに根源的な分割がうち立てられ、それが西洋社会の「本質的選択」、そしてそれにもとづく構造を形づくることになるだろう。しかしながら、ルネサンスまでの狂気の経験においては、そうした二つの経験のあいだには、なお交流が存在している。それら二つの経験は、分離しながらも、弁証法的なひとつの対立の図式を形成しているのであり[8]、ルネサンス時代における世界の経験の核心において、その両者は互いを参照し合っている。

だがそうした交流も、古典主義時代——フランス文学の教科書的知識によれば十七世紀を指す用語だが、フーコーの議論においては、おおむね十七世紀初めから十八世紀末にかけての時代を指している——には完全に消滅することになるだろう。フーコーがその端緒として示すのはデカルトの「第一省察」である。デカルトの懐疑、すなわち部屋着を着て紙片を手に持ち、暖炉のそばに座っている自分の感覚が正しいかどうかを疑ってゆく懐疑の歩みのうちで、「もしかして自分は、身体がガラスでできていると主張する、あれらの狂人たちのひとりなのではないか」という疑念が一瞬垣間見られるが、「だから何だというのだ、しょせん狂人ではないか〔Mais quoi ? ce sont des fous〕」という一言によって、思考する主体が狂っているかも知れないという可能性は完全に封じ込められるだろう。それとともに分割の身振り――文化におけるひとつの「選択」――が遂行され、狂気は理性《ラチオ》の世界から排除される。

> 他のすべての幻覚の形態のあり方のうちで、狂気は、十六世紀が依然としてごくしばしば踏みしめている懐疑の道のひとつを辿っている。人間は自分が夢を見ていないという点についてかならずしも確信を持てないし、気が狂っていないという点について決して自信をもてないのである。〔…〕ところが、デカルトは、あの確信――狂気はもはや自分と関係を持ちえない――を今や手に入れて、それをしっかりと保持している。自分が狂っていると想像することは狂気の沙汰といえるだろうし、思考の経験として、狂気は狂気じたいを含んでいて、それゆえに思考の企図から除外されている。こうして、狂気の危険は、〈理性〉の働きそのもののから消えさったわけである。(9)

こうして、狂気は理性の体制のうちに組み込まれ、古典主義時代以前のように、世界の仄暗い部分から人間を脅かし、世界の真理を開示する力であることを止める。それと並行して、哲学的・文化的領域においてのみならず、日常的あるいは社会的・政治的実践の領域においても、狂人は施設に監禁されることになるのであり、例えばフランスにおいては一六五七年に「一般施療院」が創設される。狂気は「非理性」という一般的な形態としては姿を消し、今や監禁されるか、あるいは道徳的スキャンダルとして糾弾されることになるだろう。

---

(8) HF, p. 41〔邦訳：四六ページ〕／OE-I, p. 40.
(9) HF, p. 58〔邦訳：六六―六七ページ〕／OE-I, p. 58.

こうして、古典主義時代の経験における逆説が明らかになる。つまり、狂気はつねに不在であり、永続的な引きこもりの状態にあって接近し得ず、現象としても実定性〔positivité〕としても現れない。にもかかわらず狂気は、狂人の個々の種という形のもとに存在し、完全に可視的なのである。(10)

古典主義時代におけるこうした経験が、フーコーの言う狂気の「大いなる監禁」の構造を作り出すのであり、その構造は思考と実践との両方の領域を貫いている。

一七九四年、ビセートルの監禁施設で鎖に繋がれた狂人たちがピネルによって解放された時、狂気の歴史における古典主義時代が終わり、近代が始まる。この時代は狂人に対する医学的処置と心理学の誕生によって特徴付けられるだろう。ピネルやテュークらによる「改革」は、一見したところ狂気を実定的《ポジティヴ》=積極的な対象として認め、精神を病んだ者たちを「人間的に」治療することを目指したものであるが、フーコーによれば、それは実のところ、狂気と非理性とのあいだに新しい、より完全な分割を打ち立てるものであったという。狂気は「非理性=理性ならざるもの」という幅広い領域から切り離され、医学の対象として囲い込まれるのだ。それがもたらす結果についてフーコーはこう書く。

> 非理性はこのように未分化のもののうちへ併合され、もはや隠れた魅惑的な力〔…〕しか保持しなくなっているが、その一方では、狂気は——おそらく非理性が連続的なもののなかに後退し解消していくのに応じて——種別化される傾向にある。非理性がますます単なる魅惑的な力となるのに対して、狂気は知覚の対象として腰をすえる。(11)

狂気は「見つめられる形態、言語によって包囲された事物、人々が認識する現実[12]」となり、ひとつの「対象《オブジェ》＝客体」、すなわち精神疾患という姿のもとで認識されるようになる。理性との対話の可能性はこうして狂気から奪い取られ、完全な沈黙のうちに閉じ込められる。狂気の「解放」と呼ばれるものは、実のところはその隷属化にほかならない。ここにおいて狂気は「疎外された＝錯乱した〔aliéné〕」状態へと転落する。

〈非理性〉の経験において固有なことは、そこにおいて狂気が自分自身の主体であったという点である。しかし、この十八世紀末に形づくられる経験においては、狂気は自分にたいして疎外されて客体という地位におちいり、それを受けいれている[13]。

こうした近代における狂気の経験は、しかしながら、理性の体制にとって脅威をもたらし得るものでもある。近代において疎外され＝錯乱しているのは、実は理性の方なのではないか。というのも、非理性が医学的・科学的まなざしの対象となって沈黙させられているのも、それが理性のうちに取り込まれ、理性それ自体の一部となっているからこそではないか。こうして狂気は、理性にとっての秘められた、もの言わぬ核となるのである。

フーコーの描く歴史において、狂気は最終的にそのような特権的な位置を占めることになる。理性の一部となった狂気は、「作品＝営みの不在〔absence d'œuvre〕」として定義づけられる。この「作品＝営みの不在」という、作品＝営みと狂気は互いに排他的で両立不可能なものであり、「狂気の作品」などというものは存在しえないこ

（10）HF, p. 261〔邦訳：二六四―二六五ページ〕／OE-I, p. 278.
（11）HF, p. 408〔邦訳：四一一ページ〕／OE-I, p. 437.
（12）HF, p. 463〔邦訳：四六五ページ〕／OE-I, p. 497.
（13）*Ibid.* / OE-I, p. 498。

とを述べたこの概念について、フーコーは『狂気と非理性』の結論部で不意に取り上げるのみで、謎めいたままに放置している。おそらくはブランショの文学理論から影響を強く受けたこの概念は[14]、作品の核心にあって作品そのものの起源となる、ある種の空虚のようなものを指していると解される[15]。だが、近代における狂気のあり方についての上記の議論を参照すれば、この概念がどういう事態をイメージしているか明らかであろう。つまり、ここでの「不在」とは、ものが存在しないという否定的な意味で理解されるべきものではなく、ほとんど実在するものとして理解されるべきものだ。そのひとつの例を、アルトーの作品について触れた以下の部分に見ることができる。

アルトーの作品は狂気のなかで自らにとっての不在を体験しているけれども、あの試練、そうした試練についての繰り返される勇気、言語《ランガージュ》にとっての根本的な不在にむかって投げつけられるあれらすべての語、空虚をとり囲む、いやむしろ空虚と合致している、身体的苦痛と恐怖にみちたあれらすべての空間、これこそ、作品そのものである。つまり、作品の不在という深淵に雪崩れ込む急斜面なのだ[16]。

作品にとっての「不在」である狂気は、それ自体では言葉を持つことのない、いやむしろ言葉を飲み込み溶解させるような深淵ではあるが、そこから言葉が発せられる原初的な中心でもあるのだ。それは作品と同時並列的に存在することはなく（したがって「狂気の作品」は存在し得ない）、作品の起源となるものであり、作品の不可視な裏面を構成するものなのだ。「作品のあるところに、狂気はない。しかしながら、狂気は作品と同時的なものである、それこそが作品の真実の時間を創始するのだから[17]」。狂気はこうして、言語による創作の秘められた源泉としての特権的な位置づけを与えられることになるだろう。少し先取りしておくなら、フーコーはこうした神秘的な、あるいは形而上学的なイメージをのちに完全に否定することになる[18]。

いずれにせよ、近代以降、理性は非理性とのあいだに取り結ぶ往還運動のうちに自らの存在を示すのではなく、自分自身に対して不確かなままに繰り返される問いかけのうちに自己を確認することになる、とフーコーは言う。「非理性が理性の根拠《レゾン》＝理性となるのである――理性が非理性を所有するという仕方に基づいてのみ、非理性を認知するかぎりにおいて」[19]。非理性は、理性によって支えられている世界を脅かす秘められた力を喪失しながらも、それゆえにこそ理性が可能となる秘かな条件――のちにフーコーはそれをアプリオリという語で説明することになるだろう――となる。人間についての認識は、そのようなアイロニカルな状況に支えられてのみ可能となる。今や、「精神錯乱＝疎外〔aliénation〕は、人間にかんするあらゆる客観的認識の中心に、ひそかな真実として

(14) より正確に言えば、ブランショが「不在」について述べつつフーコーの名前を引き合いに出していることから伺えるように、その影響関係は一方通行ではなく、双方向的なものだろう。以下を参照。Maurice Blanchot, « Le demain joueur », *L'entretien infini*, Gallimard, 1969, p. 617〔邦訳：ブランショ「賭ける明日――シュルレアリスムの未来について」田中淳一訳、『ユリイカ』一九七六年六月（臨時増刊「総特集　シュルレアリスム」）、三三九ページ〕.

(15) 本書、第一部第三章を参照。

(16) HF, p. 556〔邦訳：五五八ページ〕／OE-I, p. 598.

(17) HF, p. 557〔邦訳：五五九ページ〕／OE-I, p. 599.

(18) フーコーは、例えば一九六九年の講演「作者とは何か」において、当時文学の批評において多用されていた「エクリチュール」という概念の安易な用いられ方を批判しつつ、以下のように述べる。「エクリチュールを〈不在〉と考えるということは、ただ単に、不変であると同時にけっして満たされることのない伝統という宗教的原理と、作品の生き延びと、死の彼方への作品の維持、そして作者に対する作品の謎めいた過剰という美学的原理を、超越的な言葉でよって繰り返すことではないのでしょうか」。ここでは、「エクリチュール」という概念が、かつてフーコー自身が作品の起源として考えていた「不在」と同じ位置づけを与えられており、しかも、この時点でのフーコーはそうした作品の「起源」という思考そのものを、「宗教的・美学的原理」として退けている。Foucault, « Qu'est-ce qu'un auteur ? » (1969), DE-I, p. 795〔邦訳：フーコー「作者とは何か」清水徹・根本美作子訳、『ミシェル・フーコー思考集成』、第Ⅲ巻、筑摩書房、一九九九年、二三二ページ〕／OE-II, p. 1264.

(19) HF, p. 365〔邦訳：三六九ページ〕／OE-I, p. 390.

据えられ[20]」、「理性は、理性が非理性を所有する運動そのものにおいて自らを疎外するのである[21]」。これがフーコーの言う「狂気の勝利」である。

心理学批判

フーコーによって描かれるこうした狂気の歴史のうちには、一九五〇年代の著作からのある重要な断絶も書き込まれている。その限りにおいて『狂気と非理性』はフーコーの考古学の実質的な最初の著作となるのだが、その断絶は、かつて彼が批判しつつもその変革を模索していた心理学という学問から決定的に離脱することによってもたらされる。ここでは、心理学の拠って立つ基礎そのものが批判されることになるのだ。『狂気と非理性』の末尾に近い部分で、フーコーはこう述べている。「狂人の歴史を書きながら、われわれは〔…〕ある心理学の出現そのものを可能にしたものについての歴史を書いたことになる[22]」。後に見るように、あるひとつの「知」の存在を支えるアプリオリな条件、つまり存在の支えであると同時に限界でもあるその「知の出現を可能にしたもの」こそが、フーコーの考古学が明るみに出そうとするものである。すでに見たように、一九五〇年代のテクストにおけるフーコーは、心理学という学問が持つ特有の性質、すなわち、人間存在という固有の対象が持つ特性に基づいてのみ成立し得るという性質自体に、その学問の変革の可能性を見出していた。確かにフーコーは、社会における実存の具体的な研究としてなされる「真の心理学」の可能性を見出してはいた。しかし今や、そうした「真の心理学」の企てそのものが放棄され、ある哲学的な探究が試みられる。一九六一年の著作以降、フーコーは心理学者であることを止め、哲学者あるいは歴史家となるのだ。

では、フーコーがどのように心理学を批判したのか、二つの点について見ることにしよう。まず第一に、心理学という知のあり方について。フーコーが『狂気と非理性』を通じて明らかにしたのは、心理学という知そのものが、さまざまな制度やシステムと共通する、ある強制的な原理に基づいて成立しているという点である。実証的な科学が理性と非理性との分割に基づいて成立している以上、その一分野である心理学もやはり非理性を沈黙させることに一役買っている。つまり、心理学の理論も、医学的・法律的実践と同じ存在条件に基づいて可能となるものであり、知は権力に対してニュートラルな立場ではあり得ない。かくしてフーコーは、テュークやピネルの理論と実践のうちに「解放と隷属化との〔…〕二重の動き」を見出し、ミシェル・セールが「分割線の右辺と左辺」と呼ぶ、「解放の形態」と「保護の構造」という二つのカテゴリーについての一覧表を作成してみせるのである。(23) テュークやピネルにおいて、「狂気は認識に差し出されるのだが、それはのっけから疎外を起こさせる＝気を狂わせる〔aliénante〕ような構造において」(24)なのだ。つまり心理学は、近代の知の全体的配置において、非理性を排除する分割の結果として形成されている。科学性という中立性の装いのもとに、心理学はその位置づけにおいて制度的であり、社会的実践として抑圧的なのだ。こうした心理学についての批判的分析は、一九七〇年代のフーコーによって、とりわけ精神医学の知が果たす制度的機能という視点から——つまり、知と権力と不可分に結びついたその存在様態という点から——継続されることになるだろう。(25)

(20) HF, p. 482〔邦訳：四八三ページ〕／OE-I, p. 518.
(21) HF, p. 366〔邦訳：三七〇ページ〕／OE-I, p. 391、原文においては引用全文が強調されている。
(22) HF, p. 548〔邦訳：五五〇ページ〕／OE-I, p. 590.
(23) HF, p. 479-480〔邦訳：四八〇—四八一ページ〕／OE-I, p. 515. 以下を参照。Michel Serres, *Hermès I. La communication*, Minuit, « critique », 1968, p. 174〔邦訳：ミッシェル・セール『コミュニケーション〈ヘルメスI〉』豊田彰・青木研二訳、法政大学出版局、一九八五年、二〇二ページ〕.
(24) HF, p. 479〔邦訳：四八〇ページ〕／OE-I, p. 515、原文においては引用全文が強調されている。
(25) とりわけ、一九七三—七四年度のコレージュ・ド・フランス講義。以下を参照。Foucault, *Le pouvoir psychiatrique : Cours au Collège de France. 1973-1974*, EHESS-Gallimard-Seuil, « Hautes études », 2003〔邦訳：フーコー『精神医学の権力——コレージュ・ド・フランス講義一九七三—一九七四年度』慎改康之訳、筑摩書房、二〇〇六年〕.

第二の点は、科学の一領域としての心理学の「科学性」についての、科学認識論《エピステモロジック》的な立場からの批判とも言えるものであり、こちらは心理学そのものの認識論的基盤に関わる。『狂気と非理性』の論述から引き出されるひとつの結論は、古典主義時代には、科学としての心理学は存在しなかったという点である。それと同時に精神疾患も存在しなかった。というのも、近代の出発点に生まれた科学的な「医学的まなざし」こそが非理性という広大な漠然とした領域の一部を「病気」として切り出したのであり、狂気は心理学の対象として生み出されたからである。そして心理学は、自らが作り出した対象としての狂気を参照することによってしか、自らの存在を保証できない。そこからフーコーは十九世紀以来の西洋世界に特有な文化事象、あるいは近代の人間にとってのひとつの公準を指摘することになる。「人間存在は真理にたいするある種の関係によって特徴付けられるのではない。そうではなく、人間存在は、固有なものとして自らに帰属するものとして、与えられていると同時に隠されたものとして、ひとつの真理を保持するのである[26]」。狂気についての真理とは、まさにそうした真理にほかならない。実証的《ポジティヴ》な知は、狂気のうちに——つまり、自らの否定性〔négativité〕のうちに——自らに固有の真理を求めることによってしか成立しない。「人間から真の人間までの道程は、狂気の人間を通過するのである[27]」。こうした知のあり方こそが、「人間、人間の狂気、人間にとっての真理」という「三つの項からなる人間学的構造[28]」と呼ばれるものである。近代の人間にとっての弁証法があるとすれば、それはルネサンス期におけるような理性と非理性の弁証法ではなく、狂気と真理のあいだの弁証法なのである。

　近代的実証主義は、自らの実証性〔positivité〕を否定性の経験からしか引き出すことができない。後に見るように、フーコーは『臨床医学の誕生』（一九六三年）において、そうした近代的実証主義の性質をより明快に定義することになるだろう。こうした心理学への批判は、当然ながら、カンギレムをはじめとする科学認識論《エピステモロジー》の議論と呼応するものだが、フーコーが最終的に目指すのは、必ずしも、心理学という知の特定領域が持つ偽-科学的性質の批判ではない。そうではなく、心理学をはじめとする諸科学の領域が形づくられる、近代的な知の構造についての全般的な批判が問題なのである。知についての一般的かつ歴史的な構造を明るみに出すこと。それがフーコーにとっての目標であり、一九六五年のインタヴューにおいてフーコーが心理学を「ひとつの文化的形態」[29]と規定するのもそのような意味においてである。心理学は、近代的な知の構造が典型的に作り出した知の領域なのであり、その近代的な知の構造こそが「人間学的構造」と呼ばれるものなのだ。

いずれにせよフーコーは、一九五〇年代に心理学に認めていた、人間存在についての具体的な研究としての価値を否定し、心理学を通じて新たな思考を切り開くという企図を放棄することになる。しかしながら、ここでひとつの問題が残る。科学としての心理学を批判しつつ、フーコーは結局のところ、「狂気＝非理性そのもの」の謎めいた力——ボスやデューラーの絵画に彼が見出すような力——を称揚するにとどまっているのではないか。彼の描き出す狂気の歴史は、結局のところ「狂気への礼賛」ではないのか。ピエール・マシュレーが『精神疾患と人格』を引き合いに出しながら指摘するように、そこで称揚される狂気の力は、結局いかなる検討の対象ともなり得ない新たな「神話」、すなわち出発点に秘かに据えられた「思考されざるもの」にもとづく議論ではないのか。[30]

(26) HF, p. 548-549〔邦訳：五五一ページ〕／OE-I, p. 590、原文においては引用全文が強調されている。
(27) HF, p. 544〔邦訳：五四七ページ〕／OE-I, p. 586.
(28) HF, p. 541〔邦訳：五四三ページ〕／OE-I, p. 582.
(29) Foucault, « Philosophie et psychologie » (1965), DE-I, p. 438〔邦訳：フーコー「哲学と心理学」慎改康之訳、『ミシェル・フーコー思考集成』、第Ⅱ巻、筑摩書房、一九九九年、二一三ページ〕.
(30) 「この神話とは、本質的な狂気のそれである。その本質的な狂気とは、その原初的な真理を変質させ、あるいはそれを「押収して」しまう制度的・言説的体系の下層で、自らの原初的な自然状態のうちにとどまり続けるのだ〔…〕。そうした神話は、五四年に公刊されたテクストにおいて〈人間の疎外されざる本質〉の神話が持っていた場所を占めている〔…〕。人間の自分自身に対するひとつの決定的な関係のそうした表象、それは人間のあらゆる歴史的経験に先立ち、自分自身の根源的真実にその経験をそうした「思考されざるもの」の作用のひとつの例を、先にわれわれが見た「作品＝営みの不在」という概念のうちに見ることができるだろう。文学作品の創作にとっての起源であると同時に、創作の秘密の最終審級でもあるようなこの概念は、言葉が生み出される源泉として「狂気」を価値付け、しかもそれ自体について思考することができないブラックボックスとして固定する機能を果たしていた。後で見るように、フーコーはこうした神秘的な概念――というより、そうした秘教的要素を保持した思考――を、「言説の実定性」の原理を発見することによって乗り越えることになる。その原理によって、フーコーは実際に発せられる言説に先立つものすべて、言説の「起源」を否定するだろう。いずれにせよ、『狂気と非理性』の時点における心理学批判は、理性による支配の体制に対する批判の一部として行われるのであり、何らかの実定的《ポジティヴ》＝実証的な理論の定立を目指して行われるものではない。

　こうしたフーコーの心理学批判については、フーコーのテクスト群に内在的なロジックだけでなく、一九五〇年から六〇年代にかけての思想的背景という外在的なコンテクストについても触れておかなければならないだろう。当時のフランスの思想界において、心理学という学問領域の理論的基礎について問い直そうとする傾向が確かに存在した。とりわけそれは、戦後のフランスにおいて華々しくはなくとも確かな水脈として存在する、科学認識論《エピステモロジー》の思考から心理学に向けられたものだったのであり、カンギレムやラカン、アルチュセールといった人々が、人文科学に属するさまざまな知の領域との比較において、心理学の科学性について問い直そうとしていたのである。アルチュセールが一九六三―六四年に行った精神分析をめぐる講演が出版された際に付けられたO・コルペとF・マトロンによる解説の中で指摘されているように、当時は、「ひとつの時代にとってきわめて特徴的なスローガン、すなわち心理学の拒否というスローガン」[31]が存在したのである。

　この点に関しておそらく決定的なものが、カンギレムが一九五六年に行った講演、「心理学とは何か」であろう。フーコーの博士論文の審査員の一員でもあったカンギレムが哲学コレージュで行ったこの講演では、「十分には定義づけられていない心理学の不明確な地位」を問題とし、哲学的観点からこの学問領域の基礎について問う必要性を説いている。ここでとりわけ注目しておきたいのは、カンギレムが講演の締めくくりでいささかアイロニカルに投げかける次のような問いである。

〔…〕哲学はとても卑俗な形で、心理学に次のような質問をする、「あなたがどんな人であるかを知るために、あなたが何を目指しているのかを私に言って下さい」。さらに哲学者は、〈進路指導員〉の姿をとって〔…〕心理学者にこう言うこともできるだろう。ソルボンヌ大学からサン・ジャック通りへと出るとき、われわれは坂道を登ることも、下ることもできる。もしそこを登っていくなら、われわれは何人かの偉人たちが眠るパンテオンに近づく。だが、もしその坂を下っていくならば、われわれは間違いなく警視庁に近づくだろう、と。(32)

釣り合わせて相対化するものだが、そうした表象こそがいわば理論的な〈思考されざるもの〉となり、フーコーはその〈思考されざるもの〉から出発して、六〇年代の初めに『狂気の歴史』を書くのである」。P. Macherey, « Aux sources de « L'histoire de la folie » : Une rectification et ses limites », art. cit., p. 769-770.

(31) O. Corpet et F. Matheron, « Présentation », *in* L. Althusser, *Psychanalyse et sciences humaines : Deux conférences (1963-1964)*, Le livre de poche, « Biblio essais », 1996, p. 14〔邦訳：ルイ・アルチュセール『精神分析講義——精神分析と人文諸科学について』信友建志・伊吹浩一訳、作品社、二〇〇九年、一二ページ〕.

(32) G. Canguihem, « Qu'est-ce que la psychologie ? » (Conférence donnée au Collège philosophique, le 18 décembre 1956), *Études d'histoire et de philosophie des sciences*, 7e éd., Vrin, « Problèmes & Controverses », 1994, p. 381〔邦訳：「心理学とは何か」兵藤宗吉訳、カンギレム『科学史・科学哲学研究』所収、金森修監訳、法政大学出版局、一九九一年、四五一ページ〕. この講演がフランスの知識人たちに与えた影響については、以下の文献を参照。E. Roudinesco, « Situation d'un texte : qu'est-ce que la psychologie ? », Coll., *Georges Canguilhem : Philosophe, historien des sciences*, Albin Michel, « Bibliothèque du Collège International de Philosophie », 1993, p. 135-144.

われわれが後に見るように、フーコーののちの研究、とりわけ一九七〇年代のそれが、精神医学を社会的権力のひとつの審級として批判するものであることを考え合わせれば、カンギレムのこの言葉は、フーコーにとってひとつの「進路指導」となったに違いない。しかしいずれにせよ、『狂気と非理性』の時点でのフーコーは、心理学というディシプリンについて、科学認識論の立場からの批判をこれ以上進めることはなかった。

2 構造主義、ニーチェ——『狂気と非理性』のいくつかの源泉

だがそれにしても、当時の歴史的背景とは別に、フーコーが心理学を根本的に拒否したことについての要因を見出すことはできるだろうか。フーコーによる心理学の拒否についてさらに問うことで、一九五〇年代の研究(批判的研究であると同時に「真の心理学」の創設を目指す研究)と『狂気と非理性』とのあいだに見出される断絶の正体を明らかにすることができるのではないか。そうした視点から、われわれが本書での導きの糸としたい主体という主題、そしてまた、この時期のフーコーにおける哲学的方法論の問題と、それに付随する歴史記述についての問題が浮上してくることになるはずだ。

『狂気と非理性』において目につくのは、こう言ってよければ、その執拗なまでの図式性である。この書物のほとんどすべてのページにわたって「分割〔partage〕」の主題が繰り返されているのは先に見たとおりであり、その分割線を挟んで向かい合う二つのもののペアが常に問題となるのだ。繰り返して確認しておくなら、古典主義時代以前に存在した「世界の悲劇的な狂気」と「人間の批判的意識」とのペア。[33] 古典主義時代における「狂気を無媒介に認知する意識」と「狂気についての科学的=学問的認識」とのペア。[34] そして近代における「心理学」と「人間の真理についての抒情的経験」というペア等々、[35] この種の二項対立はあちこちに見出される。つまり、

フーコーが狂気の歴史を辿りつつ取り出すのは、社会ないし文化において、その性質を変えながら常に分割の機能を果たす基底的な構造なのである。この書物の反復的な性質はそこに由来するのであり、この書物の出版と同じ年に発表された書評でモーリス・ブランショが指摘したように、この書物は「必要な繰り返しが多いために、ほとんど非理性的な＝常軌を逸したもの〔déraisonnable〕である」[36]。

一九五〇年代までのフーコーの思考には顕在的でなかったそうした図式性は、一体どこから来ているのか。ここで突然現れた「体系への情熱」、さらには「構造主義の誘惑」をどのように説明すればよいのか[37]。まず、物事を単純化してしまう危険を承知の上で、『狂気と非理性』で用いられている歴史叙述の原理が否定しがたいほどに構造主義的であることを認めておこう。それが、ある一般的な体系に含まれているあれこれの「項」――ここでは「非理性」や「狂気」という現象ということになろう――の性質そのものを明らかにしようとするよりは、むしろその体系の布置状況を描き出そうとするものだからである。フーコーのそうした方法的選択について問うてみることで、その選択の背後に隠されたある主題を取り出すことが可能かも知れない。それは構造の概念の裏側にある主体という問題系であり、ある体系内に位置する主体の分析こそがここで目指されていると考えること

(33) HF, p. 38-39〔邦訳：四三―四四ページ〕／OE-I, p. 37-38.
(34) HF, p. 223〔邦訳：二二八ページ〕／OE-I, p. 236.
(35) HF, p. 537-538〔邦訳：五三九―五四〇ページ〕／OE-I, p. 577-578.
(36) M. Blanchot, « Le grand renfermement », *L'entretien infini, op. cit.*, p. 292〔邦訳：ブランショ「大いなる閉じこめ」西山雄二訳、ブランショ『終わりなき対話』II、湯浅博雄ほか訳、筑摩書房、二〇一七年、二二二ページ〕.
(37) 前者はジャン・ズングラーナ、後者はガリー・ガッティングの評である。以下を参照。J. Zoungrana, *Michel Foucault un parcours croisé : Lévi-Strauss, Heidegger*, L'Harmattan, « Ouverture philosophique », 1998, その第二部。G. Gutting, *Michel Foucault's archaeology of scientific reason*, Cambridge University Press, « Modern European Philosophy », 1989, p. 266〔邦訳：ガリー・ガッティング『理性の考古学――フーコーと科学思想史』成定薫ほか訳、産業図書、一九九二年、四〇七ページ〕.

もできるだろう。

　構造主義という語が指し示すもののすべてを検討すること、つまり構造という語を定義したり、ディシプリンあるいは方法としての構造について論じることは、フーコーについてのわれわれの議論の枠をはみ出してしまう。それゆえ、構造主義一般、あるいは（もろもろの）構造主義といったものを論じるのではなく、「フーコーの構造主義」という問題に限定しておこう。歴史的事実として存在する構造主義、すなわち一九四〇―八〇年代にかけて思考の領域で見出された技術や方法としての構造主義の多様性を考えてみるならば[38]、それを論じることは単なる分類と整理に終始しかねない。フーコー自身が構造主義をどう定義しているかについては、一九六七年にチュニスで行われた講演、「構造主義と文学分析」――この講演については、フーコーの方法論の変化との関係において、本書の第二章第二節で改めて検討されるだろう――を参照することができるが、やはりそこで強調されているのも、その定義がほぼ不可能であるという点である。おそらくは、エティエンヌ・バリバールの言うように、構造主義的な思考のうえにうち立てられた多種多様な理論に対して、ひとつの「運動」や「共通の場」としての性質を与えておくのが良いのかも知れない[39]。われわれは、構造主義というレッテルが何であるかに気をとられるのではなく、あくまでもフーコーによって用いられた構造という概念ないしイメージが何であったのかを考えるにとどめたい[40]。

　構造という語の明確な定義は『狂気と非理性』においては与えられておらず、この語もある明確な方法に依拠して用いられているようには思われない。フーコーのここでの方法は、いわばさまざまな方法の――歴史的心性の分析、社会的諸制度の分析、古文書の調査等々の――アマルガムとしての方法であって、構造というひとつの語で、フーコーの分析する様々な対象を同時に指し示すことはできない。ここでの構造は、それぞれの時代を下層において支えている体系を指しているのであり、それをフーコーは社会の「根源的選択」と呼んだのである。

　また、構造主義とは別に、『狂気と非理性』におけるフーコーの方法論の源泉として、ある種のニーチェ主義を指摘することができるかも知れない。ある文化の根底的な図式を探るという企図は、ニーチェの実質的な処女作である『悲劇の誕生』のそれと比較することができるように思われるからだ。フーコーとニーチェの著作を検討してみるなら、ある種の並行的な関係を取り出すことができる。例えば、フーコーにおける理性と非理性という対立は、ニーチェの著作におけるソクラテス主義（学問）とデュオニュソス的なもの（悲劇）の対立とパラレルなものだろう。非理性＝悲劇的なものが理性＝学問の文化的な力によって忘却あるいは排除されたとしても、その「抑圧されたもの」は社会から排除された仄暗い領域にとどまり続ける、という図式が両者の著作を貫いているのである。実際、フーコーは『狂気と非理性』、とりわけ初版の序文においてニーチェ的な表現を用いている

（38）一九四五年から今日にいたるまでの、さまざまな構造主義の歴史については、以下を参照。F. Dosse, *Histoire du structuralisme,* 2 vols., La découverte, « textes à l'appui », 1991-1992〔邦訳：フランソワ・ドッス『構造主義の歴史』（上・下）清水正ほか訳、国文社、一九九九年〕。また、構造主義のさまざまな性格および定義の困難さについては、とりわけ以下を参照。G. Deleuze, « À quoi reconnaît-on le structuralisme ? », *L'île déserte et autres textes : Textes et entretiens 1953-1974,* Minuit, « Paradoxe », 2002, p. 238-269〔邦訳：ドゥルーズ「何を構造主義として認めるか」小泉義之訳、ドゥルーズ『無人島　一九六九―一九七四』、河出書房新社、二〇〇三年、五九―一〇二ページ〕。

（39）以下を参照。E. Balibar, « Le structuralisme : une destitution du sujet ? », *Revue de métaphysique et de morale,* n°1, janvier 2005, p. 5-22.

（40）一般的な「構造主義」には二つ、科学的な狭義の「構造主義」と、広義のそれがある。例えばジョルジュ・カンギレムは、一九六八年に行われたシンポジウムで次のように述べている。「数学的構造だとか、アミノ酸分子の構造について語ることはできるでしょうが、さまざまな構造の寄せ集めのような構造主義なるものについて語ることはできません。それはジャーナリストの概念ではありますが、学者の概念ではないのです。学者の方は、自分の土俵で自分が相手にしているのは諸々の構造ではあるが、自分はそれを――数学や生物学や言語学などにおいて――ある特定の仕方で定義しているのだ、とよく分かっております」（一九六八年二月二十七日に開催されたシンポジウムでの発言。Coll., *Structuralisme et marxisme,* Union Générale d'éditions, « 10/18 », 1970, p. 237-238）。一九六〇年代に流行すると同時に、それを批判する論者とのあいだに論争を巻き起こした数々の構造主義とは、カンギレムが言うように、ジャーナリズム的概念、つまり外から貼り付けられたレッテルに過ぎず、それによれば、構造主義は歴史と主体を否定した反ヒューマニズムの思考ということになってしまう。

ことはよく知られている[41]。それゆえにこそ、ミシェル・セールはフーコーの著作の書評において、フーコーとニーチェのそれぞれの「処女作」に共通する基盤、ある隠れた「ディオニュソス主義」を指摘していたのである[42]。そしてフーコー自身も、『狂気と非理性』初版の序文において、自らの研究の導き手としてのニーチェのイメージを次のように示している。

> ここに読まれることになる研究は、こうした遠大な調査の最初のもの、しかもおそらくは最も容易なものにすぎない。この研究は、ニーチェの偉大な探究の太陽のもとに、歴史の諸々の弁証法を悲劇的なものの不動の諸構造と突き合わせてみることをめざすものなのだ[43]。

ニーチェに対するフーコーのシンパシーが表明されるのはこの時だけではなく、それ以後も何度か明確にニーチェが参照されることになるだろう。例えば、ニーチェについてのテクストが発表され（一九六七年の「ニーチェ・フロイト・マルクス」と一九七一年の「ニーチェ、系譜学、歴史」）、また、「知への意志」と題された一九七〇―七一年のコレージュ・ド・フランス講義においても[44]、「真理への意志」というニーチェ的主題が論じられることになる。フーコーがニーチェを参照するのは、単に歴史的な参照物、すなわち哲学史のコーパスのうちに含まれたテクストとしてのみではなく、彼が一九七五年に述べるように、ニーチェを「利用する」ためである[45]。そしてさらには、後に見るように、ニーチェを来たるべき思考を告げ知らせるものとして、すなわち思考の「人間学的構造」を乗り越える可能性を示す思考として参照することになる。『狂気と非理性』の方法についての源泉として、もう一点、伝記的事実についても確認しておこう。これはフーコーが当時行っていた研究を可能にした条件に関わることだが、一九五六年ごろにスウェーデンのウプサラ大学図書館と出会ったことも重要であった。この図書館が所蔵する医学の歴史についての書物や資料のコレクションが、フーコーの博士論文執筆にあたって決定的な役割を果たしたらしい。ディディエ・エリボンは、それが研究対象の時代設定などを決定づけたと指摘している(46)。

言うまでもなく、フーコーの作品の「起源」についての以上のような詮索は、無関係ではないにしても副次的なものに過ぎない。われわれが注目するのはあくまでもテクストそれ自体だからである。そこでテクストそれ自

---

(41) 以下のような、『悲劇の誕生』への明確な言及を見ることもできる。「西欧世界の極限＝経験の中心には、もちろん、悲劇的なもの自体の極限－経験が閃光を放っている。ニーチェは、西欧世界の歴史がそこから創り出される悲劇的構造が、悲劇の拒否、忘却、沈黙の中への埋没以外のものではないことを明らかにしていた。悲劇的なものを歴史の弁証法へと、歴史による悲劇の拒絶において結びつけるという意味において、悲劇は中心的である。その悲劇を中心に、その回りを他の多くの経験が巡っている」。Foucault, « Préface [à *Folie et déraison*] », art. cit., p. 161〔邦訳：フーコー「『狂気の歴史』初版への序」、前掲、一九六ページ〕／OE-I, p. 663.

(42) 以下を参照。「したがって、ミシェル・フーコーのこの著作の古典主義悲劇に対する〔…〕関係は、きわめて正確に、ニーチェの方法のギリシア悲劇・文化に対する関係と一致している。つまりこの著作は、アポロン的な光の下にひそむディオニュソス主義をあきらかにするのである」M. Serres, *Hermès I : La communication, op. cit.*, p. 178〔邦訳：ミッシェル・セール『コミュニケーション〈ヘルメスI〉』、前掲書、二〇八ページ〕.

(43) Foucault, « Préface », art. cit., p.162〔邦訳：フーコー「『狂気の歴史』初版への序」、前掲、一九七ページ〕／OE-I, p. 664.

(44) 以下を参照。Foucault, *Leçon sur la volonté de savoir : Cours au Collège de France. 1970-1971*, EHESS-Gallimard-Seuil, « Hautes études », 2011〔邦訳：フーコー『〈知への意志〉講義――コレージュ・ド・フランス講義一九七〇―一九七一年度』慎改康之・藤山真訳、筑摩書房、二〇一四年〕.

(45) 以下のよく知られた発言を参照。「私なら自分で気に入った人間だったら、それを利用しますね。ニーチェの打ち出したような思考に敬意を表する唯一のやり方は、それを利用し、それをねじ曲げてキーキーいわせることですよ」。Foucault, « Entretien sur la prison : le livre et sa méthode » (1975), DE-II, p. 753〔邦訳：フーコー「監獄についての対談――本とその方法」中澤信一訳、『ミシェル・フーコー思考集成』、第V巻、筑摩書房、二〇〇〇年、三七二ページ〕.

(46) 以下を参照。「当時を知る証言者（そしてとりわけデュメジル）によれば、フーコーはその素晴らしい著作コレクションに触れることで、彼の著作〔『狂気と非理性』のこと――引用者注〕の計画をわれわれの知るようなかたちで構想し、その研究の時代的区分を選択したようである」D. Eribon, *Michel Foucault et ses contemporains, op. cit.*, p. 120.

体に立ち戻り、狂気の歴史という企図それ自体が持つ本質的な意味を考えてみるなら、若き日のフーコーがここで「他なるもの＝他者」についての探究を開始しているということが挙げられるだろう。つまり、狂気というものを単なる科学的＝医学的まなざしの対象としてではなく、文化から排除される他者としてとらえた、という点である。これが医学史的、あるいは科学史的視点からの歴史研究とフーコーの研究を隔てる点であると同時に、フーコー自身の「真の心理学」という、われわれが先に見た探究との本質的な断絶でもあるだろう。というのも、ここでの問題はもはや狂気の主体を心理学における所与として扱うのでもなければ、その主体を社会との軋轢に巻き込まれた行為者として扱うのでもなく、むしろそうした「狂気の主体」なるものが、どのようにひとつの文化のうちで形成されるのか、という点を明らかにし、同時に、理性にとって「他なるもの」を排除することによって自らの実定性を確保する、その文化そのものの基盤を問うことだからである。主体そのものを研究の中心とすることを回避し、その主体の構成そのものを問う研究において、構造主義的な思考がある役割を果たしていることは否定できない。

3　構造主義と現象学的主体の拒否

それでは、構造主義的思考がフーコーの研究に何をもたらしたのか。すでに見たように、『狂気と非理性』の序文において、この研究は「歴史的な総体についての構造的研究」であり、西欧文化における「拒否の構造」を明らかにするものであることが述べられていた。つまり、理性と非理性との関係が形づくる可変的な布置を描き出すことが目指されていたのであった。ジル・ドゥルーズが構造主義をめぐる文章で指摘していたように、構造主義的思考のひとつの基準は、ある構造に含まれる要素について、その外的な指示性や内的な意義ではなく、ただ構造内のトポロジックな位置によって決定される「方向＝意味《サンス》」のみを問題にするという点であった。[47] それによって、それぞれの構成要素の性質（意味や価値など）自体を問うことなく、その構成の布置全体を示すことが可能になる。そしてまた、狂気という、それ自体の姿をそのままで扱うことの不可能な現象を可能にするひとつの体系を明らかにすることができる。主体の位置づけについても、主体そのものの性質から発して検証するのではなく、その主体の位置づけを可能にした総体的布置の方から発して論じられる。これは、方法的な見地からしてひとつの視点の転換であり、これ以後、主体なるものは、フーコーが一九六七年に述べるように、「構造へと還元される」[48]。

ここで改めて強調しておかねばならないのは、『狂気と非理性』においては、主体という哲学的主題は正面から扱われてはいないという点である。というのも、まず、狂気の歴史において、狂気というものは言葉を持たないものであり、定義からして主体とはなり得ないものだからである。そしてまた、この書物において、狂気は必ずしも個としての主体に属する性質ではないからである。つまり、狂気なるものは、ある「匿名の一般性」[49] として現れる「狂人ではない人々」の集合によって、単なる「否定的なもの《ネガティヴ》」として名指されるものなのであり、ま

（47） Deleuze, « À quoi reconnaît-on le structuralisme ? », art. cit., p. 243〔邦訳：ドゥルーズ「何を構造主義として認めるか」、前掲論文、六五―六六ページ〕.

（48） 以下を参照。「人間を可能にしているのは結局諸構造の総体であるということが発見されたのです。人間は確かにそうした諸構造を思考しそれを記述することはできるけれども、しかし人間は、その諸構造の主体でもなければ至高の意識でもありません。人間を人間自らがそのなかにとらわれている諸構造へと還元すること、これは現代の思考に特徴的なことであると私には思われます」Foucault, « Qui êtes-vous, professeur Foucault ? » (1967), DE-I, p. 608〔邦訳：「フーコー教授、あなたは何者ですか」慎改康之訳、『ミシェル・フーコー思考集成』、第Ⅱ巻、筑摩書房、一九九九年、四六三ページ〕. ただし、ここで引用した部分は、一九六七年に行われた対談が一九六九年に単行本に再録された際に加筆されたものである。

（49） HF, p. 200〔邦訳：二〇七ページ〕／OE-I, p. 210.

た、理性の「限界」、「主体性への限界確定」[50]として把握されるものなのだ。したがって、フーコーのこの著作において主体の問題が登場するとしても、それは常に非理性という経験に結び付いている。主体はここで歴史記述における恒常的概念として現れるのではなく、むしろ狂気の経験に対応する変数として現れている。

現象学批判

ここでわれわれは、フーコーの方法論的・哲学的な選択を示しているように思われる事柄を指摘しておくことができる。それは、主体についての現象学的記述という立場をフーコーが拒否しているように思われるという点である。よく知られているように、フーコーはその考古学的研究において、現象学の歴史的存在条件を批判している。例えば『言葉と物』（一九六六年）において、フーコーはフッサールの現象学は「人間学的思考」の典型的な表出であると指摘するだろう。[51]しかし、われわれがここで問題としているフーコーの一九五〇―六〇年代前半の思考においてすでに、フーコーは少なくともある種の現象学的理論に対して距離を取ろうとしていると考えられる。確かに、われわれがここまで検討してきたフーコーのテクストのうちに、直接的に現象学そのものを批判したものはない。むしろ、処女作のひとつであったビンスワンガー論、「『夢と実存』への序論」に見られたように、心理学的研究のうちに積極的に現象学的思考を取り込んではいなかったか。だが、かつての「真の心理学」を目指した探究を放棄する過程において、現象学的思考に対する批判が生じてきたのではないか。

ここでは、モーリス・メルロ゠ポンティの現象学とフーコーの思考を突き合わせることを試みよう。エリボンの伝記によれば、フーコーはエコール・ノルマルでメルロ゠ポンティの講義に出席し、その著作を注意深く読んで、その思考から影響を受けていた。[52]であるなら、フーコーにとってメルロ゠ポンティの思考に対して批判的な検討を加えることはなおのこと不可避だったのかも知れない。というのも、もし若きフーコーにとってメルロ゠ポンティの思考が自らの思考の一部を形づくっているとすれば、メルロ＝ポンティの最も重要な教えは「自分自身の明証性〔évidence〕のもとに安住することに決して肯んじないこと」(53) だったからである。そしてフーコーは、そうした「思考の思考自体への批判作業」(54) としての哲学を最期まで実践し続けることになるだろう。

　メルロ＝ポンティの多岐にわたる思考のうちで、ここではフーコーの思考に近しいと思われる主題のひとつ、身体とその意味作用という、互いに不可分な主題を取りあげよう。メルロ＝ポンティにおける身体と意味作用という主題は、『知覚の現象学』（一九四五年）、『眼と精神』（一九六一年）、そして没後刊行の『見えるものと見えないもの』（一九六四年）などにおいて繰り返し扱われている。この点について非常に単純化して言ってしまうなら、メルロ＝ポンティの思考は、知覚の条件を、主観的認識のうちにではなく、世界の「存在《エートル》」のうちに、あるいはむしろ、身体と世界との「交差《キアスム》」ないし「絡み合い」のうちに基礎づけることであると言えるだろう。そうした議論に対するフーコーの批判は、おそらく次のような一点に要約することができる。つまり、認識の場としての身体をどのように位置づけられるのか、という点である。

(50) HF, p. 148〔邦訳：一五四ページ〕／OE-I, p. 158.

(51) Foucault, *Les mots et les choses : une archéologie des sciences humaines* [MC], Gallimard, « Bibliothèque des sciences humaines », 1966, p. 336-337〔邦訳：フーコー『言葉と物――人文科学の考古学』渡辺一民・佐々木明訳、新潮社、一九七四年、三四五―三四六ページ〕／OE-I, p. 1389-1390.

(52) D. Eribon, *Michel Foucault, op. cit.*, p. 61〔邦訳：エリボン『ミシェル・フーコー伝』前掲書、五九―六〇ページ〕.

(53) Foucault, « Pour une morale de l'inconfort » (1979), DE-II, p. 787〔邦訳：フーコー「居心地の悪さのモラルのために」阿部崇訳、『ミシェル・フーコー思考集成』、第Ⅷ巻、筑摩書房、二〇〇一年、八七ページ〕.

(54) Foucault, *Histoire de la sexualité 2 : L'usage des plaisirs*, Gallimard, « Bibliothèque des Histoires », 1984, p. 14〔邦訳：フーコー『性の歴史2――快楽の活用』田村俶訳、新潮社、一九八六年、一五ページ〕／OE-II, p. 744.

ここではやはり単純化した概要を追うことしかできないが、メルロ＝ポンティによる身体論の大筋を『知覚の現象学』のうちに見ることができる。著者自身によって一九五一年に書かれた説明によれば、『知覚の現象学』で問題だったのは、身体が「世界の諸対象のひとつ」でしかないとする伝統的な科学的思考を批判し、知覚は何らかの「身体図式」を通じてのみ可能であるということを示すことだった。「われわれが外的空間を把握するのも、ほかならぬわれわれの身体の所在を通してである」[55]。そしてそのような議論を経て、メルロ＝ポンティは身体という概念に、以下のような究極的な重要性を与えることになる。

身体はわれわれにとって道具とか手段以上のものであり、それは世界のうちへのわれわれの表出、われわれの志向の眼に見える形象なのである[56]。

主体のあり方をコギトの機能へと縮減するデカルト的伝統を批判しつつ、メルロ＝ポンティは主体を知覚の場である身体のうちに位置づける。これは主体と客体との伝統的な二項対立を乗り越えることを目指したものであることは勿論、世界内での「主体としての身体」のステイタスを確定することを目指したものでもあるだろう。メルロ＝ポンティにおいては、こうして主体というものは意識やコギトではなく、身体と同一視されることになる。「したがって、私とは私の身体である」[57]。確かに、のちに「肉」や「絡み合い」といった概念を導入することにより、メルロ＝ポンティはその身体論に変更を加え、その世界と「身体としての私」は不可分であると同時に同時的なものであると表明するようになる[58]。しかし、最終的に「身体としての主体」という論が放棄されることはなく、世界の意味が現出するような特権的な場所として身体が常に位置づけられ続けることになるだろう。メルロ＝ポンティにおける身体は、常に意味作用と切り離すことのできないものであり続ける。

フーコーの見るところでは、メルロ＝ポンティの現象学はひとつの「意味＝意味作用〔signification〕の哲学」にほかならなかった。一九六四年に行われた討論の場で、フーコーはメルロ＝ポンティの思考を次のように思想史上に位置づけている。

私はこんなふうに考えるのです。戦争直後の、一九四五年からおそらくは一九五五年まで、ヒューマニズム的な意図を持った文学はすべて、本質的には意味作用の文学であったと。世界は、人間は何を意味するのか、というわけですね。同じくそれと呼応して、意味の哲学があり、メルロ＝ポンティがその代表格だったのです。(59)

メルロ＝ポンティの現象学は、主体としての身体と世界が絡み合って織りなす意味のゲームについて問う「意味の哲学」であり、その限りにおいて、世界に向かい合う身体に特権的な位置を与えることになる。身体において生きられた経験が主体に存在論的意味を与え、そしてその主体がその意味自体を保証する。

(55) M. Merleau-Ponty, « [Un inédit de Maurice Merleau-Ponty] » (1951, Publication posthume en 1962), *Parcours deux. 1951-1961*, Verdier, « Philosophie », 2000, p. 39〔邦訳：「メルロ＝ポンティの一未公刊文書」、メルロ＝ポンティ『言語と自然――コレージュ・ドゥ・フランス講義要録』滝浦静雄・木田元訳、みすず書房、一九七九年、一三九ページ〕.
(56) *Ibid.*,〔邦訳：一四〇ページ〕。
(57) Merleau-Ponty, *Phénoménologie de la perception*, Gallimard, « Tel », 1976, p. 231〔邦訳：メルロ＝ポンティ『知覚の現象学』第Ⅰ巻、竹内芳郎・小木貞孝訳、みすず書房、一九六七年、三三二ページ〕.
(58) 以下を参照。Merleau-Ponty, *Le visible et l'invisible*, Gallimard, « Tel », 1999, p. 162 et p. 250〔邦訳：メルロ＝ポンティ『見えるものと見えないもの』滝浦静雄・木田元訳、みすず書房、一九八九年、一七一ページ、二八六ページ〕.
(59) Foucault, « Débat sur le roman » (1964), DE-I, p. 370〔邦訳：フーコー「小説をめぐる討論」堀江敏幸訳、『ミシェル・フーコー思考集成』、第Ⅱ巻、筑摩書房、一九九九年、一二一ページ〕.

根底において、現象学者の経験とは、それがどんな対象であっても生きられた一対象のうえに、あるいは過渡的な形式における日常的なもののうえに、反省的なまなざしをむけ、それらの意味作用を把握するひとつの仕方なのです。〔…〕他方で、現象学は日常的経験の意味を捉えなおそうとしますが、それは私という主体が、その超越論的諸機能において、経験と意味作用のかずかずを現実にいかに創設するのかを再発見するためにそうするのです。(60)

上記のようなフーコーの発言から、われわれは現象学に対するフーコーの批判について次のように考えてみることができるだろう。つまり、身体と意味作用についての現象学的理論は、主体の位置を構成し定着させる一種の実在論《レアリスム》であり、その主体を意味の解釈の起源および対象としてしまうのだ、と。そうした理由から、メルロ＝ポンティの現象学は――主体と客体の二項対立を乗り越えようとする試みや、デカルト的な独我論への批判にもかかわらず――フーコーにとって大いに問題を含むものだったのではないか。フーコーはこうして意味の科学としての現象学、最終的に解釈の学へと導かれることになる現象学を遠ざけることになる。フーコーにとって「主体性」とは、決して身体のような何ものかと同一視され得ないものなのである。

ここで、かつて現象学的人間学についてフーコーが行っていた議論を思い出そう。ビンスワンガーに代表される現象学的心理学は、フーコーにとって最終的に乗り越えられるべきものであったが、それは、現象学的な分析が明らかにする精神を病む者にとっての世界が自閉した個人的な世界でしかないのに対して、フーコーが明らかにすることを目指したのは、「具体的な意味」の世界において、主体と環境が取り結ぶ動的なプロセスのうちにある主体性の問題だからであった。そうした批判は、やはり哲学としての現象学にも当てはまるものだろう。すなわち、フーコーにとって重要なのは、主体の方から付与される意味に従って眺められた世界なのではなく、逆に、主体の方に外部からの力として迫り来る世界であり、またそうすることで主体性を生み出すような世界なのである。

構造主義との出会い

再び『狂気と非理性』に戻ろう。ここまでの議論を繰り返すなら、フーコーはこの著作において構造という概念を用いることで「狂気の主体」を括弧に入れ、その位置づけという問題を回避することができた。また、精神を病んだ主体（理性を失った者）や理性を持った主体（理性的人間ないし医者）のどちらかの視点から狂気を論じるのではなく、ひとつの文化的現象として狂気を記述することができた。この著作における構造主義との出会いは、それ以前のフーコーの心理学的著作からの断絶であると同時に、現象学的な思考への決別でもあった(61)。

こうした現象学からの離脱は、その後のフーコーの方法の主要な特徴のひとつとなる。後で見るように、フーコーの考古学的方法には、現象学的思考と親和的ないくつかの主題（まなざし、認識の綜合作用としての主体、等々）が現れるものの、現象学的な「意味」という主題ははっきりと回避されることになるだろう。やや先回りして、『臨床医学の誕生』（一九六三年）についての、フレデリック・グロによる以下のような見解を引用しておこう。

(60) Foucault, « Entretien avec Michel Foucault », art. cit., p. 43〔邦訳：フーコー「ミシェル・フーコーとの対話」、前掲、一九六ページ〕.

(61) ジョルジュ・デュメジルの構造主義的方法に触れた、以下のようなエリボンの指摘を参照。「スウェーデンに発つ以前からすでにメルロ＝ポンティに対してかなり批判的であったフーコーは、ウプサラで過ごした時期〔一九五五年から一九五八年──引用者注〕に明らかにその思考から離れたようであり、また、そうした距離の置き方にはデュメジルの著作が一定の役割を果たしたようである」。Eribon, *Michel Foucault et ses contemporains*, *op. cit.*, p. 134.

現象学がそれによって自らの理論的アイデンティティーを十分に定義することができた「見るということの意味は何か」という問いに対して、フーコーは現象学とは異質な答えを出している。つまり、光の歴史的な体制という答えである。こうした返答のずれによって穿たれる空虚のうちに、哲学的な決定としての〈起源の不在〉を見るべきではあるまいか。〔…〕フーコーの考古学とは、起源についての主題を喪った、ひとつの現象学にほかならないのである。(62)

フーコーの考古学は、意味と主体についての問い――すなわち、意味とその起源についての問い――に答えるに際して、「歴史的な体制」、つまり構造を導入する。だが、グロが上記の引用で示唆しているように、『臨床医学の誕生』において実際に用いられている考古学的方法は、現象学との親近性をやはり幾分か保持しており（この書物の副題である「医学的まなざしの考古学」を想起しよう）、フーコーの方法論がまだ現象学の影響圏を完全に脱していないことを指摘しておこう。

ここまで見てきたように、心理学的探究の時期以降のフーコーの出発点は、心理学の諸理論と現象学の両方から離脱することによって可能となったものである。狂気についての構造主義的な研究を行うことで、フーコーはある時代のある思考の一般的な構造を明るみに出すことを目指すことになるが、では、フーコーによって明らかにされた近代的思考の構造はどのような特質を持つのか。近代において、狂気と理性はともにあるひとつの論理的循環を構成するようになる、とフーコーは言う。

今や狂気は、人間学的な言語を語る。すなわち、狂気が近代世界に対する不安な力をそこから発して持つことになる曖昧さのなかで、狂気は〈人間の真理〉と〈その真理の喪失〉、そしてそれゆえに〈その真理の真理〉を同時に目指すことになるのである。(63)

狂気は、ある根源的な世界の真理とつながることで秘かに人間の「本質」となるが、しかしそれは同時にもうひとつの真理すなわち理性から疎外された状態でもある。人間の有限性という限界のうちで、理性と非理性は二つの真理からなる対を形成し、その片方はもう片方について説明してくれない。フーコーは近代の思考に取り憑いた構造をそのように描き出す。ではそうした構造、フーコーが「人間学」と名付ける構造とは何か。

4　「人間学」とは何か

改めて確認しておくなら、フーコーの博士論文『狂気と非理性』には、『カントの人間学〔Kant, Anthropologie〕』と題された副論文が付せられていた。この副論文は二部から構成されており、その内容はカントの『実用的見地における人間学』（一七九八年）の全訳・注解およびフーコーによる長い序文であった。[64] 主論文の『狂気と非理性』において「人間学」という語について明確な説明を行わなかったフーコーは、その副論文において、カント哲学

（62） F. Gros, « Quelques remarques de méthode à propos de *Naissance de la clinique* », Coll., *Michel Foucault et la médecine*, Éditions Kimé, 2001, p. 54-55.
（63） HF, p. 535〔邦訳：五三八ページ〕／OE-I, p. 575.
（64） その翻訳のみが一九六四年にヴラン社から出版され、フーコーによる序文は長らく公刊されなかったが、二〇〇八年に序文と翻訳を併せた形でヴラン社から公刊された。E. Kant, *Anthropologie d'un point de vue pragmatique*, précédé de Michel Foucault, *Introduction à l'Anthropologie* [IAK], présentation par D. Defert, Fr. Ewald, F. Gros, Vrin, « Bibliothèque des textes philosophiques », 2008. この本のフーコーによる序文の部分のみの邦訳は以下の通り。フーコー『カントの人間学』王寺賢太訳、新潮社、二〇一〇年。

について論じるという形態をとりつつ、その語に明確な内容を与えようとしている。われわれが本書で主要な問題としているのはフーコーの哲学的な方法論とは何か、という問題だが、われわれは考古学という方法を「認識のアプリオリについての批判的分析」として定義することを追って試みることになる。そしてこの『人間学』論は、おそらく、フーコーのそうした批判的分析の出発点に位置するものだろう。というのも、この副論文においてフーコーは、「人間学的構造」を生み出すものが近代的思考にとってのアプリオリな条件であることを示すことになるからである。ここでフーコーが目指すのはカントのテクストについての注釈というよりはむしろ、カントによって創始されることになるひとつの哲学的な構図を明らかにすることであり、その意味において、カントのテクストは「プレテクスト」の役割を担うものでしかないとも言えるだろう。[65] ベアトリス・アンが指摘するように、フーコーによるカントの『人間学』の読解は「理論的というよりまずは戦略的なものであり、フーコーのコーパスに内的な仕方で機能する」ものなのである。[66] だがそもそも、フーコーのカントに対する態度は——というより、哲学の「古典」に触れる態度は——いささかも訓詁学的なものではなく、それを自らの思考に接続して新たな概念や思考を生産するような種類のものであることは今後も確認されることになるだろう。

　一七九八年に公刊された『人間学』は、カントがその公刊までに実に二十五年間ものあいだ常に手を入れていた、という点においてかなり特異なテクストである。[67] そうした指摘から始まるフーコーの『人間学』読解の主要な戦略は、それを他のカントの著作、とりわけ「三大批判」と『遺稿集《オプス・ポストゥム》』と関連づけることである。フーコーによれば、『人間学』は、「三大批判」によって取り出された形式的・主題的構造を「反復」しており、その反復は『遺稿集』のうちのある断片において完結する。先験的＝超越論的問いについて検討する「批判」と、経験的問いについて論じる『人間学』との間には、「人間学的‐批判的反復」[68] があるのだ。そしてその反復によって、人間学についての考察は、超越論的哲学への移行を徴《しるし》づけている。『人間学』（さらには『論理学』）の時期のカントの思考においては、経験的なものと超越論的なものが混ざり合っているのだ、とフーコーは指摘する。

『人間学』は『批判』が語ることしか語らない。そして、『人間学』が批判の企ての領域を正確に再び覆うものであることは、一七九八年のテクスト〔＝『人間学』〕に目を通すだけで明らかである。(69)

フーコーのこうした議論は、明らかにハイデッガーによるカント読解、とりわけ『カントと形而上学の問題』(70)（一九二九年）のそれを踏まえている。そこでハイデッガーは、カントの人間学のうちに「形而上学の根拠づけの反復」(71)を見出しているのだが、もちろん、『存在と時間』刊行後間もないハイデッガーとフーコーとのあいだに

---

(65) フーコーの博士論文審査の主査はアンリ・グイエが務めたが、グイエが作成した審査の報告書は、副論文をめぐって幾人かの審査員から出された、やや批判的な——「否定的な」というわけでは必ずしもないが——意見のいくつかを伝えている。例えば、ジャン・イポリットは「カントよりはニーチェから多くヒントを得たもの」と述べたとされ、またグイエによる報告にも、「魅力的な着想だが、単に若干の事実のみをもとに性急に練り上げられた着想である。フーコー氏は、注釈者や歴史学者であるよりも哲学者である」とある。エリボンによる伝記に引用された文書を参照。Eribon, *Michel Foucault*, *op. cit.*, p. 197〔邦訳：エリボン『ミシェル・フーコー伝』前掲書、一七二ページ〕.

(66) B. Han, *L'ontologie manquée de Michel Foucault*, Millon, « Krisis », 1998, p. 58. また、アンは次のようにも指摘している。「この『人間学』についてのフーコーの読解の目指すところが、それがカント研究にもたらしうる貢献でないことは明らかだと思われる。おそらくそれが、この読解がフーコーによる『人間学』の翻訳と同時に出版されなかった理由だろう」（p. 57）.

(67) 以下を参照。IAK, p. 11-17〔邦訳：一三—二五ページ〕.

(68) IAK, p. 52, 66, 68〔邦訳：一〇三、一三四、一四〇ページ〕.

(69) IAK, p. 52〔邦訳：一〇三ページ〕.

(70) ハイデッガー『カントと形而上学の問題』門脇卓爾、ハルトムート・ブフナー訳、創文社、二〇〇三年。

(71) ハイデッガーのカント論の第四章のタイトル。ただし、前掲邦訳書では「回復における形而上学の根拠付け」とされている。同書のフランス語訳では「回復」にあたる部分は「反復〔répétition〕」という語が用いられている。仏語訳は以下の通り。Heidegger, *Kant et le problème de la métaphysique*, trad. par Alphonse de Waelhens et Walter Biemel, Gallimard, 1953.

は明確な違いがある。前者にとってカントの批判哲学とは存在論としての形而上学の「根拠づけ」の企てを意味しているのであり、その限りにおいて、『人間学』における批判という企ての反復は、現存在の位置づけについての問いかけとして解釈されるだろう。だがフーコーにとっては、そうした反復は思考の新しい体制――その内実をこれから確認したいのだが――の開始を告げるような、あるひとつの徴候でしかない。つまり、フーコーはハイデッガーから「人間学による批判の反復」という主題を引き継ぎながらも、それを全く別の議論のうちに組み込もうとするのだ。その議論はどのようなものか。

「経験的なもの」から「超越論的なもの」への移行は、十八世紀の思考に重大な結果をもたらす、とフーコーは言う。『純粋理性批判』で提起された三つの問い（「私は何を知りうるか」、「私は何をなすべきか」、「私は何を望みうるか」）が『論理学』の冒頭で繰り返され、そこに第四の問い「人間とは何か」が付け加えられた時、カントの思考の体系のうちにだけでなく、近代の哲学的思考のうちに「哲学的人間学」が生まれた。つまり、理論的・実践的な領域において形而上学や道徳や宗教に関わる三つの問いが、付け加えられた第四項によって取りまとめられ、その最後の問いの中に包摂されるのである。カントの『人間学』は、「三大批判」を反復することで超越論的な問いを経験論の領域で繰り返すことになるのだが、それと同時に人間学の思考――すなわち、すべての思考が人間についての問いかけに関係づけられる思考――が繰り広げられる空間を開くことになる。そうした人間学の空間とは、「自己の観察が主観そのものや綜合する純粋な〈私〉ではなくて、むしろ客体＝客観としての私に、ただ現象の真理のなかにのみ現前する私にいたるような地帯である」[72]。

フーコーはさらに『遺稿集《オプス・ポストゥムム》』に含まれるある断章に登場する「神、世界、人間」という三つの概念に言及しつつ、「普遍的綜合」[73]の形象としての「人間」がどのようにカントの思考の体系のうちに現れるかを示している。「三つの部分からなる超越論的哲学の体系」[74]についての断章を分析しつつフーコーが指摘するのは、カントの思考において、人間は「神の人格性」と「世界の客観性」、すなわち超感性的なものと感性的なもの、超越論的なものと経験的なものが合流する統一の場となる、という点である。そして人間は「そこから出発して「ひとつの絶対的な全体」が描かれるような媒介者[75]」、つまり、「神、世界、人間」の三者と綜合の機能を媒介として経験的なものについての考察が可能となるような形象になるのだ。かくして、「人間についての考察はそのまま円環を描いて世界についての考察に送り返される[76]」。こうした自己自身を参照する円環の運動のうちに「ひとつの絶対的な全体」が現れ、さらにその運動によって自己意識の構造が補強される。こうした運動の中で、認識の対象〔objet〕でもあるような、自己意識ないし主体〔sujet〕が構成されることになるのである。「問われるべきは、〔…〕自己意識と「我あり」の展開である。つまり、主体が主体自身の対象となるような運動のなかで、自己を触発する主体の展開である[77]」。

こうして、ある哲学的思考の領域が定められ、その内部において人間学的思考が繰り広げられることになる。『批判』、『人間学』、『遺稿集』というカントの三つのテクストが交差し、三つの問題系（絶対的な源泉としての「神」、経験的事物が属する越えがたい領域としての「世界」、有限性の形象としての「人間」）が結び合うことになる。そしてその三つの項が、カントの哲学、さらにはカント以後の哲学の領域を決定するのである。そして、「神」、「世界」、「人間」という三つの項には、「源泉」、「領域」、「限界」という概念がそれぞれ対応することになる。

---

(72) IAK, p. 23-24〔邦訳：三八ページ〕.
(73) IAK, p. 49〔邦訳：九六ページ〕.
(74) 以下を参照。Kant, *Opus postumum*, tr. fr. par F. Marty, PUF, 1986, p. 214-217 et p. 217-224〔アカデミー版全集、XXI, p. 27-29 および p. 30-37〕.
(75) IAK, p. 49〔邦訳：九六ページ〕.
(76) *Idem*〔邦訳：九七ページ〕.
(77) 同前、強調は引用者。

この三つの概念こそが、「哲学すること」と『批判』にとって本質的な三つの問いをおぼろげに支配していたのであり、『人間学』の内容を明確にするものでもあった。いまやこの三つの概念が、存在論的な源泉としての神と、現実存在の領域としての世界と、有限性というかたちでそれらの綜合となる人間についての問いに、超越論的な意味を与えるのだ。(78)

こうして最終的に有限性という主題が明らかになるのだが、この有限性こそが、思考のある種の円環運動――自己自身から出発し、思考の対象そのものに他ならぬ自分自身へと回帰してくる運動――のうちに、人間についての認識を限界づけると同時に基礎づけるのである。こうした「人間学的構造」こそが、今日までの哲学の歴史にとって中心的な、ひとつの問いをもたらすことになるだろう。「人間学〔…〕は、神を奪われてしまったある古典哲学の影をわれわれの時代の哲学に移しかえることになるような、ある問いを提起するものだった。すなわち、有限性についての経験的な認識というものがあり得るのか、という問いである(79)」。

当然ながら、そうした有限性の限界の内部で、その有限性そのものについて経験的に思考することにはある種の論理的な困難がある。だからこそカントの人間学は『批判』を反復し、そのアプリオリの構造を参照するほかない。こうして、「綜合」と「限界」の主題がカントの思考の中心において結びつけられる。カントの思考の構成において、「有限性はそれ自身の水準で考察されることなどありえない。有限性が認識と言説に与えられるのは副次的にでしかないのだ。しかし、この有限性が参照すべく強いられるのは無限なものについての存在論ではなく、その総体的な構成における認識のアプリオリな諸条件である(80)」。

フーコーの言う「哲学的人間学」の構造がこうして明らかになる。この構造はカント以前の形而上学が陥っていた「超越論的錯覚(81)」の奇妙な反復から直接的に生じた「人間学的錯覚」の上にうち立てられた体系なのである。カント以後の哲学の仕組みのうちで、人間学的構造は経験的なものと超越論的なもの、認識の諸条件の分析と有限性への問いかけを混同しながら機能している。というよりむしろ、フーコーが一九六五年に別の場で述べているように、「人間学的なもの」こそが、近代的思考のうちで、「自然のレヴェルにおいて真であろうとするひとつの超越論的なもの」にほかならないのである。[82] この点において、カントが十八世紀末の思考に導入した断絶が標定される。こうした哲学的領野の「構造解体[83]」ののち、人間の「有限性」という形象のうちに具現化される経験的なものと超越論的なものとの混同が、例えばフッサールの現象学をも呪縛することになった、とフーコーは述べる。[84] こうしてフーコーは、「人間学的構造の乗り越え」という、さらに思考するための責務を見出すことになる。いささかニーチェ的色彩を帯びたこうした責務こそが、フーコーの哲学的方法を構成し、変化させる土台となるのである。

*

ここまでわれわれがフーコーの博士論文――『狂気と非理性』および『カントの人間学』――を辿りつつ明ら

(78) IAK, p. 66-67〔邦訳：一三五ページ〕.

(79) IAK, p. 74〔邦訳：一五一ページ〕.

(80) IAK, p. 75〔邦訳：一五三ページ〕.

(81) IAK, p. 77-78〔邦訳：一五七―一六一ページ〕.

(82) 以下を参照。Foucault, « Philosophie et vérité » (1965), DE-I, p. 452〔邦訳：フーコー「哲学と真理」慎改康之訳、『ミシェル・フーコー思考集成』、第II巻、筑摩書房、一九九九年、二四三ページ〕. なお、この討論の「忠実な」書き起こしがカンギレムの全集に収録されているが、ここで引用した箇所にはわずかに異同がある。以下を参照。Georges Canguilhem, *Œuvres complètes*, tome IV, Vrin, « Bibliothèque des textes philosophiques », 2015, p. 1215.

(83) IAK, p. 67〔邦訳：一三七ページ〕.

(84) フッサールの『論理学研究』についての評価は以下を参照。IAK, p. 67-68〔邦訳：一三七―一三八ページ〕.

かにしたのは、フーコーの思考の行程にとって重要な意味を持つことになる二つの企て、というよりむしろひとつの企ての表裏をなす二つの側面であった。ひとつは、いくつかの伝統的な主題（心理学、現象学的な主体の理論）からの根本的な断絶であり、もうひとつは、新たな問題系（哲学的人間学の分析と批判）の発見であった。さらに方法論の点から見るなら、構造主義的思考との邂逅をそれに付け加えることもできよう。一九六一年のフーコーのテクストから析出されたこうした論点をもとにしてわれわれは、考古学と呼ばれる、真にフーコー的な方法論の誕生を次に論じることができる。

第三章　考古学という方法とその問題

フーコーが自らの研究について「考古学」という名称を用いるようになるのは一九六一年の博士論文からのことだが、しかし、まだその名に明確な定義は与えられていない。しかし、心理学や現象学の思考から決定的に離脱して自身の探究を開始するにあたって、フーコーはこの考古学という名称に深い――方法としての――意味を与えようとしているように思われる。考古学という名称が用いられ始めたこの時点で（というのも、後にわれわれは考古学という方法の変遷そのものについても触れることになるからだが）、この方法によって目指されるものは以下の二つに要約される、と先回りして述べておくこともできるだろう。まず第一に、「認識する主体」の存在やあり方についての批判を理論化すること。第二に、所与の時代における「認識」のアプリオリな条件を明らかにすること。これら二つの点は、フーコーが近代に固有の思考の体系である「哲学的人間学」という主題において結びつくことになる。ここでは、一九六一年から一九六六年（つまり『言葉と物』の刊行前まで）の期間に、フーコーがどのように考古学の理論を打ち立ててゆくのかを追うことにしよう。その検討の過程で、フーコーの考古学にとって「言語」というものが占める位置についての問題が次第に浮上することになるだろう

1　考古学の源泉

方法としての「考古学」の内容を検討する前に、まずはその語そのものについて触れておこう。すでに述べたように、フーコーは一九六一年の博士論文において、自らの研究を指し示すためにこの語を用いているが、明確な定義は与えていない。(1) その後、フーコーは数度にわたって考古学という語を用いることになる。まず、『臨床医学の誕生』（一九六三年）は「医学的まなざしの考古学」という副題を、そして『言葉と物』（一九六六年）は、同様に「人文諸科学の考古学」という副題を持つことになる。さらに一九六九年には、直接方法論に関わる著作、『知の考古学』が刊行されることになるだろう。こうした考古学という語の登場から見ても、自らの研究の方法という問題がこの時期のフーコーにとって重要だったことが想像できる。さらに言うなら、そうした方法についての問いかけこそが、この時期のフーコーの思考の歩みを規定しているのではないか。

フーコー自身の説明によれば、(2) この語はカントが「形而上学の進歩にかんする懸賞論文」を準備する途中で書かれた草稿断片から借用されたものであるという。(3) カントはここで「哲学の哲学的な歴史」とは歴史的でも経験的なものでもなく、合理的＝理性的、つまりアプリオリに可能なものであると述べた上で、そうした哲学の歴史は理性の諸事実を歴史的事実から借りるのではなく、「哲学的考古学〔philosophische Archäologie〕」として、人間理性の自然＝本性から引き出すのだ、と述べている。

とはいえ、われわれはここで、考古学という語の起源そのものについて強調したいわけではない。ある言説の「起源」を探し求めることほど、フーコー的な思考と懸け離れた身振りもないように思われるからである。重要なことはむしろ、フーコーの思考の歩みのそれぞれの段階において、この語が何を指し示しているかを明らかにすることであり、それとともに複数の考古学のあいだにある差異を明らかにすることだ。ロベルト・マチャードが指摘するように、(4) 一九六一年の段階で登場する考古学的方法は、例えば後に『知の考古学』で定義されるそれとは同じものではない。後に詳しく見るように、『知の考古学』における考古学は、直接的に主体の位置づけに関わるものではなく、「言われたこと」としての言説そのものの位置づけに関わるものである。フーコーにとって、方法とは何か不変の原理のようなものでは決してなく、具体的な様々な問題に応答するためにその都度編み出される、探究の道具なのである。

(1) それより以前、『精神疾患と人格』にこの語が登場するが(「神経症とは、リビドーの自発的な考古学なのである」、Foucault, *Maladie mentale et personnalité, op. cit.*, p. 26〔邦訳：フーコー『精神疾患とパーソナリティ』、前掲書、四八ページ〕)、この用法はむしろフロイト的な用法と言うべきで、フーコーの方法論を示す「術語」としてのものではない。『狂気と非理性』およびカント論においては(すでに検討した初版の「序文」以外では)、以下の箇所で「考古学」の語が用いられている。HF, p. 94, p. 124, p. 265〔邦訳：一〇二ページ、一三三ページ、二六八ページ〕/OE-I, p. 98, p. 131, p. 282 ; IAK, p. 13, p. 71〔邦訳：一六ページ、一四四ページ〕.

(2) Foucault, « Les monstruosités de la critique » (1971), DE-II, p. 221〔邦訳：フーコー「批評の怪物性」大西雅一郎訳、『ミシェル・フーコー思考集成』、第Ⅳ巻、筑摩書房、一九九九年、一三〇ページ〕.

(3) カント「形而上学の進歩にかんする懸賞論文(「ライプニッツとヴォルフの時代以来ドイツにおいて形而上学がなした実際の進歩とはどのようなものであるのか」)」円谷裕二訳、『カント全集』第十三巻、岩波書店、二〇〇二年、二八一―三九八ページ。これはベルリン王立科学アカデミーが出した懸賞問題に応じる論文のために準備されていた草稿であり、カント没後の一八〇四年に刊行された。ただし、フーコーが参照している断片は邦訳全集では訳出されていない。仏訳は以下の通り。Kant, *Œuvres philosophiques*, t. III, Gallimard, « Bibliothèque de la Pléiade », 1986, p. 1284. また、『判断力批判』の第八十二節の注のひとつ、および『人間学』第二部E1の注のひとつに「自然の考古学」という表現が見られ、『判断力批判』第八十節には、「自然の考古学者」という表現も見られる。『カント全集』第九巻、岩波書店、二〇〇〇年、九三ページ、一〇六ページおよび『カント全集』第十五巻、岩波書店、二〇〇三年、三一四ページを参照。

(4) 以下を参照。「実際のところ、『知の考古学』における方法論的立場を、それ以前の著作で実際に作用していた諸々の方法と同一視することはできない。『知の考古学』は、すでに行われたことについての概念的説明というよりはむしろ、考古学的歴史におけるその後の諸研究のための新たな土台の創設なのである」。R. Machado, « Archéologie et épistémologie », Coll., *Michel Foucault philosophe : Rencontre internationale Paris 9, 10, 11 janvier 1988*, Seuil, « Des Travaux », 1989, p. 17.

では、『狂気と非理性』において作用している方法をどのように定義することができるだろうか。それに答えるために、まず一旦迂回して、『狂気と非理性』に続く著作、『臨床医学の誕生』を参照することにしよう。この著作において、人間学的構造についての分析がより的確かつ明確なものとなっているように思われるからである。この書物は、もちろん『狂気と非理性』と厳密に同じ時期に書かれたものではないが、この二冊は扱う時代の区分（古典主義時代と近代のはじまりを主な対象とする）と知の根底的な体系という主題（医学的・科学的体系）において共通している。フーコー自身、実際には一九六一年頃に執筆された『臨床医学の誕生』について、前著の「切り落とし」を集めたものと表現している。[5] つまり、『臨床医学の誕生』は、『狂気と非理性』の単なる繰り返しや補遺としてではなく、方法という点から見るならば、生まれつつある新たな方法の純化の試みとして読むことができる。ここまで確認してきたように、一九六一年の博士論文で用いられていた方法が、さまざまな方法のいわば寄せ集めであったなら尚更である。[6] まず、一九六三年の著作の「結論」の冒頭部分を見てみよう。

ここまで読まれてきた書物は、他に同様の書物が存在するうちのひとつに過ぎないが、〈思想史〔histoire des idées〕〉という、あまりに雑然としており、あまりに構造化されることが少なく、あるにしてもおかしな仕方で構造化されている領域におけるひとつの方法の試みである。[7]

また、フーコーが同様に「序文」においても述べているように、[8] 『臨床医学の誕生』が目指すのは、「解釈」という方法を用いることなく言説が作り上げる体系を明らかにし、それに基づいて臨床医学の歴史を描き出すことであった。重要なのは「意味されるもの」の内容を解釈することではなく、その構造的分析を行うことなのである。

2　アプリオリの「批判」としての考古学

その方法と対象

まず、方法論の純化に関するいくつかの点を指摘しておきたいが、それはとりわけ、知のアプリオリな体系という主題に関するものである。序文からすでに、フーコーは臨床医学の歴史についての自らの研究が何を目指すのか、明らかに述べている。

他の場合と同様に、これは、歴史的なものの厚みの中で、歴史自体の諸条件を解読しようと試みるひとつの構造的研究である。／人間の思考のなかで重要なのは、彼らが考えたことよりも、〈思考されないもの〉の

（5）以下を参照。D. Defert, « Chronologie », art. cit., p. 24〔ドフェール「年譜」、前掲、一八ページ〕.

（6）この点については、ガッティングも以下のように指摘している。「この仕事〔＝『狂気と非理性』が目指すもの〕を実行するためにフーコーはいくぶん混乱したさまざまな歴史的方法を用いる」。G. Gutting, *Michel Foucault's archaeologie of scientific reason, op. cit.*, p. 100〔邦訳：ガリー・ガッティング『理性の考古学――フーコーと科学思想史』、前掲書、一五一ページ〕.

（7）Foucault, *Naissance de la clinique : une archéologie du regard médical* [NC1], PUF, « Galien », 1963, p. 197 / NC2, p. 199〔邦訳：『臨床医学の誕生――医学的まなざしの考古学』神谷美恵子訳、みすず書房、一九六九年、二六四ページ〕／OE-I. p. 887. ここでは主に、一九六三年の初版を参照する。一九七二年の第二版ではかなりの変更が加えられており、われわれのクロノロジーの原則に従って初版をまず検討しなければならないからである（邦訳書は初版に拠っており、プレイヤード版著作集は第二版を収録している）。引用箇所の指示にあたっては、初版をNC1、改訂された第二版をNC2と示す。

（8）NC1, p. XI-XIV / NC2, XI-XIV〔邦訳：一〇―一四ページ〕／OE-I. p. 682-684.

ほうなのである。この〈思考されないもの〉は、初めから人間のもろもろの思考を体系化し、それ以後はその思考を言語によって際限なく接近可能なものとし、これについてさらに考える、という責務に向けて限りなく開かれたものとするのである。(9)

「思考されないもの」は「思考されるもの」の単なる裏返しではない。それは思考を可能にするもの、思考が存在するための不可欠な条件であり、しかし同時に思考の背後に隠れているものである。それは、ある時代における思考の体系全体がそれに依拠しているようなものであり、思考にとってのアプリオリの役割を果たすものである。そして、フーコーがここで問題にしようとしているのは、科学としての医学にとってのそうした「アプリオリ」にほかならない。

臨床科学としての医学は、その歴史的可能性のみならず、その経験領域とその合理性の構造とを規定する諸条件のもとにおいてあらわれたのである。それらの条件は、この医学の具体的なアプリオリを構成するが、いまやそのアプリオリを明るみに出しうるかも知れない。それは、病気についての新しい経験が生まれつつあり、その新しい経験が、医学が時間の彼方に押しやっていた経験に、歴史的・批判的な把握の可能性を提供しているからなのかも知れない。(10)

こうしたアプリオリの概念こそが、『狂気と非理性』から『言葉と物』までのフーコーの探究にとっての導きの糸となるものだ。例えばベアトリス・アンは、知の可能性の条件としての「歴史的アプリオリ」の概念こそが、幾度かの定義の変更を経つつも、フーコーの探究における「唯一で中心的な主題」であると指摘している。(11) しかし、われわれがこれから見るように、フーコーの用いるアプリオリという語の意味は、それが用いられる時期のそれぞれにおいて一貫している訳ではない。まずその用例を簡単に列挙しておくなら、フーコーのテクストにこの語が最初に登場するのは、一九五七年の心理学についての論文「科学研究と心理学」であり、そこでは、学問分野としての心理学の存在条件を指し示す際に「心理学にとっての歴史的アプリオリ」、「概念的・歴史的アプリオリ」という用法が見られる。[12] それ以後、この用語は時に「具体的アプリオリ」、時に「歴史的アプリオリ」というかたちで、この時期のフーコーの著作のほとんどすべてに現れることになる。そして最終的に「歴史的アプリオリ」という語が、いわば明確な意味を持った術語として、『言葉と物』と『知の考古学』において定義づけられることになるだろう。いずれにせよ、方法論という視点から見るなら、フーコーが一九六〇年代に行おうとしていたことは、このアプリオリという概念を中核として自らの方法を練り上げることだったのではないか。そして、その練り上げの作業こそが、考古学と呼ばれるまさに当のものではなかったのか。

まず、この用語のメタフォリックな意味について考えてみよう。この時期のフーコーの考古学において重要なのはこの語が持つ地質学的なイメージであり、地下の領域、つまり「深み」を掘り下げるというイメージである。すなわち、ある思考の領域の下に埋もれ、同時にそれを支え、体系化するような何かを掘り当てることである。

---

(9) NC1, p. XV / NC2, p. XV〔邦訳：一六ページ。第二版ではこの部分にも変更が加えられており、例えば最初の一文は「〔…〕これは、言説の厚みの中で、言説の歴史の諸条件を解読しようと試みるひとつの研究である」となっている〕／OE-I. p. 684.

(10) NC1, p. XI / NC2, p. XI〔邦訳：一〇ページ〕／OE-I. p. 680.

(11) 以下を参照。B. Han, *L'ontologie manquée de Michel Foucault*, *op. cit.*, p. 8. また、同じ著者による以下の論文も参照。B. Han, « L'a priori historique selon Michel Foucault : difficultés archéologiques », Emmanuel Da Silva (dir.), *Lectures de Michel Foucault*, vol. 2, ENS Éditions, 2003, p. 23-38.

(12) Foucault, « La recherche scientifique et la psychologie », art. cit., p. 138 et p. 155〔邦訳：フーコー「科学研究と心理学」、前掲論文、一六九ページおよび一八七ページ〕.

実際、一九六六年のR・ベルールとの対談においてフーコーは考古学的探究は「われわれ自身の土台の分析」としてしか行い得ない、と述べているし、[13]『言葉と物』においても「足下」、「地面」といった比喩がたびたび登場するだろう。[14]こうしたメタファーは、フロイトを想起するまでもなく、意識の下層にあって、多かれ少なかれ構造化された領域を対象とする精神分析の問いかけに近いものでもある。『狂気と非理性』でなされた研究について、フーコーは次のように述べている。

私が〔『狂気と非理性』で〕問題にしたかったのは、狂気について我々が持っている近代的意識の土台なのです。この土台に亀裂のようなものがなかったとしたならば、考古学は可能でもなかったし、求められることもなかったでしょう。[15]

こうしたメタファーの使用は、決して意味のないものではない。一九五四年に、ジャック・ラカンは誕生したばかりの新たな科学における地質学的メタファーの使用について述べていた。[16]いずれにせよ、『臨床医学の誕生』において明らかなのは、歴史的に規定され、存在する「歴史的アプリオリ」についてのそうした探究なのである。

アプリオリの探究としての歴史記述

古来からの医学的実践は、どのような歴史的条件のもとで「近代的医学」へと変貌したのか。科学としての近代的医学にとってのアプリオリとは何なのか。フーコーは、言語と視線とによって形づくられる構造の変容を示すことでそうした問題を論じようとする。[17]医学的実践が通常行うことは、病人の身体の内にある「徴候」を目に見えるものとし、解読格子を通すことでそれを病気の所在を示す「記号」に代え、最終的にそれを「言語化」することである。そうした一連の実践が、アプリオリな条件としてのある歴史的構造の上に成立しているのである。それを示すために、フーコーは著作の冒頭で二つの医学的テクストを引用している。ひとつは十八世紀中頃のポンムによる、あるヒステリー患者の治療の場面を「ファンタスムの言語」によって描いているテクストであり、もうひとつ、ベールが「恒常的な可視性」に支えられた確かなまなざしをもって進行麻痺の患者の脳損傷を記述している一八二五年のテクストである。[18] フーコーはこの二つのテクストのあいだに、というよりもテクストに現

(13) Foucault, « Michel Foucault, « Les mots et les choses » » (1966), DE-I, p. 500〔邦訳：フーコー「ミシェル・フーコー『言葉と物』」廣瀬浩司訳、『ミシェル・フーコー思考集成』、第Ⅱ巻、筑摩書房、一九九九年、三〇七ページ〕.

(14) 本書、第二部第一章1を参照。

(15) Foucault, « Michel Foucault, « Les mots et les choses » », art. cit., DE-I, p. 500〔邦訳：フーコー「ミシェル・フーコー『言葉と物』」、前掲、三〇七ページ〕.

(16) 以下を参照。「科学というものは、それもとりわけ我々の科学〔精神分析学〕のように黎明期にある科学は、他の科学からそのモデルを借りてくることがしばしばあります。皆さんは地質学にどれほどのものを負うているかを考えたこともないでしょうが、もし地質学が無かったら、同じ平面でも地層が新しいものから極めて古いものへと移行することがあり得るという考えに至ることができたでしょうか」。J. Lacan, *Le séminaire Livre I : Les écrits techniques de Freud*, texte établi par J.-A. Miller, « Le champ freudien », Seuil, 1975, p. 88-89〔邦訳：ラカン『フロイトの技法論』(上)、小出浩之ほか訳、岩波書店、一九九一年、一二一ページ〕. また、フロイトの「文化の中の居心地悪さ」(一九三〇) における、過去が重層的に積み重なったローマについての記述を想起することもできよう。

(17) この書物において、フーコーが現実的・実際的な制度の問題について歴史的に分析していることは確かである (例えば、病院組織の改革案などについて)。しかし、「考古学」という企てから見たとき、そうした歴史的現実についての議論それ自体はどちらかと言えば二次的なものであり、重要なのは言説に関わるすべての領域、およびそれを通じて析出される限りにおいての実践の領域を貫く共通の構造を明らかにすることであるように思われる。こうした「歴史的現実」の扱い方の問題については、後の『監視と処罰』でも同様に問題となるだろう (本書、第三部を参照)。

(18) NC1, p. V-VI / NC2, p. V-VI〔邦訳：一—二ページ〕／OE-I, p. 673-674.

れている医者のまなざしとそれを語る言語のあいだに、単なる「医学の近代化」がもたらした進歩を見るのではなく、そのようなまなざしと言語を可能にするような構造の根底的な変化を見出す。二つのテクストの間で「変化したのは、言語の支えとなる音のない配置＝ゲシュタルト〔configuration〕であり、また、語るものと語られるものとの間の、位置と姿勢の関係なのである」[19]。

近代の臨床医学を可能にし、支えるアプリオリな構造についての記述は、フーコーの描き出す歴史のあちこちにそのヴァリアントが見出される。例えば、近代医学を根本的に特徴付ける実証主義における、「条件付けるもの」と「条件付けられるもの」の関係はその一例である。物事の実証性《ポジティヴィテ》＝実定性は、「まなざし＝視覚」という知覚の一形式に特権的な権威が与えられることによって成立する、とフーコーは述べている。

> それ〔近代医学〕が自己について内省してみるとき、それは自己の実証性《ポジティヴィテ》＝実定性の起源を、あらゆる理論を越えた、〈知覚されたもの〉の有効なつつましさへの回帰と同一視するのである[20]。

しかし、医学の歴史における近代が、知覚されるがままの事物への回帰によって定義されるとしても、それは、歴史のある一時点において、ひとが事物そのものに対して認識の上での重要性を与えるようになったということではない。そうではなく、そうした知覚の対象としての事物は、「まなざし」とそれに基づいた認識の体系との関係のうちにしか存在しないのである。いわゆる実証主義の理論と「経験的なまなざしの至高の力」[21]に反して考古学的探究が示すのは、そうしたまなざしの実証的な明証性は、まなざしと言語の、歴史的に規定された構造的条件によってはじめて支えられている、という点である。「見えるもの」の体制は、言語の体制、そして「見えないもの」の体制に基づいて成立しているのだ。この「見えないもの」という語は、メルロ＝ポンティが用いたような意味で解されなければならない。すなわち、それは「見えるもの」の単なる反対ではなく、可視性を成り立たせる条件そのものである。[22] 考古学が明るみに出そうとするのは、そうした「条件付けるもの〔le conditionnant〕」としての「不可視なもの」の領域である。

そうした「条件付けるもの」と「条件付けられるもの〔le conditionné〕」が作り出す構造は、フーコーによるビシャの病理解剖学についての分析のうちにも見ることができる。ビシャの理論は、実証的医学の基礎としての役割を果たすと同時に、実証的な認識を条件付ける不可視な構造を明らかにしているのであり、それがもたらした認識論的転換は、臨床的まなざしの位置づけ、そして死の定義という二つの領域において見られる。まず医学的な視線の問題について言えば、ビシャの理論は「表面」を見るまなざしに認識論的な特権性を与える。それ以前には、医者は言表可能性（言語）と可視性（まなざし）が論理的に重なり合っているという理論――それは「認識論的神話」に過ぎないのだが――にもとづいて、まなざしの機能のうちにある構造的な秩序を見出していた。[23] ビシャにおいては、かつてはそれ自体としては知覚されることのなかった「組織の層」が、病が定位する実質的な「場」へと変化するのである。かくして、事物を区分し分類する構造的な秩序は、実際に触知可能な人間の身体という空間のなかに定位される、「見られた表面」へと移行することになる。「〈見るもの〉の構造としての表面は、ある現実的な転移によって、〈見られるもの〉の形象となったのである。医学の実証性《ポジティヴィテ》＝実定性は、その転移のうちに自らの起源を見出すこととなる」。[24] ここに、近代医学のアプリオリを準備する諸条件のひとつが形づく

(19) NC1, p. VII / NC2, p. VII〔邦訳：三ページ〕／OE-I, p. 675.
(20) NC1, p. VIII / NC2, p. VIII〔邦訳：五ページ〕／OE-I, p. 676.
(21) NC1, p. X / NC2, p. X〔邦訳：七ページ〕／OE-I, p. 678.
(22) 以下を参照。M. Merleau-Ponty, *Le visible et l'invisible*, *op. cit*〔邦訳：メルロ＝ポンティ『見えるものと見えないもの』、前掲書〕.
(23) NC1, p. 116-123 / NC2, p. 116-123（変更あり）〔邦訳：一六三―一七二ページ〕／OE-I, p. 803-811.
(24) NC1, p. 130 / NC2, p. 130〔邦訳：一八一―一八二ページ〕／OE-I, p. 817.

られる。そのアプリオリとは、「条件付けるもの」と「条件付けられるもの」の両方が、あるひとつの構造的均質性によって生み出されるということにほかならない。

次に死の定義について。先に述べた知覚可能な表面の対象化、そしてその分析が疾病分類学の基礎的な理論を可能にする。表面というものが対象として確定されることで、解剖－臨床医学的な分析は、身体の厚みのなかに「病の歴史〔histoire pathologique〕」（病気が辿る時間）を書き込むことが可能になるのであり、ここに病気の時間的な進行についての理論が生まれる。そして、病理解剖学によって初めて、死という出来事が線状の時間的連鎖のうちに位置を占めることになる。十八世紀までの医学的思考においては、死は生命に対して突然訪れる絶対的な終局であり、生命が持つ時間の流れと関連づけられてはいなかった。だが、「死体についての技術」たる病理解剖学は、死という概念に厳密な位置づけを与えなければならない。そこでビシャが生み出したのが、死は時間のうちに分散的に配分された時間的プロセスであるという考えであった。そこにおいて病気とは、「死」に向かって徐々に進行してゆく過程にほかならない。こうして、死は生命をその外から襲う「終わり」ではなく、生と根本的に結びついたものとなり、臨床医学の理論のうちに統合されることになるだろう。「生、病と死は、今や技術的・概念的な三位一体を形づくる」[25]。つまり死は、生命についてのポジティヴな認識がそこから可能になるような、ひとつの土台となるのである。フーコーによれば、病理解剖学は「死こそが生にポジティヴな真理を与えうる唯一の可能性であるような経験」[26]だったのである。

かくして、近代的臨床医学のアプリオリな条件が明らかになる。すなわち、死についての認識である。

死が医学的経験の具体的なアプリオリとなった時にこそ、病は反－自然から離れ、個体の生きた身体〔corps vivant〕の中で具現化〔prendre corps〕することができたのである[27]。

先に見たように、フーコーは『狂気と非理性』において、近代の心理学の経験が狂気というアプリオリの上にうち立てられていたことを指摘していたが、それと同様に、近代医学は死というアプリオリの上で可能となったものなのである。いずれの場合も、科学《サイエンス》＝学問の実証性《ポジティヴィテ》＝実定性は、狂気や死といった純粋な否定性《ネガティヴィテ》によってしか保証されない。『臨床医学の誕生』という書物において用いられている方法は、そうした医学という科学を可能にし、支えているアプリオリの探求なのである。

フーコーの方法論に改めて立ち返ることにしよう。『狂気と非理性』や『臨床医学の誕生』などの著作においてアプリオリの概念が中心的な役割を果たしている点において、ここでの考古学の方法を「カント的」と形容することもできそうに思われる。実際、フランソワ・ダゴニェは『臨床医学の誕生』の公刊当時の書評において、フーコーが精神医学や医学の歴史的現実というより、むしろそれらを「可能にしたもの」について問いかけているという点において、この著作と『狂気と非理性』において見られる方法は「カント的方法」である、と指摘している。[28] しかし、フーコーの方法におけるアプリオリの概念は、それほどカント的なものとは言えないのではないか。というのも、この概念は経験一般を可能にする理性の普遍的原理と関わりを持つようなものではないからである。フーコーはアプリオリの語を、何らかの特定の経験（例えば医学のような）にとっての具体的な条件を指し示す、きわめて限定された意味で用いている。それゆえに、一般的なカント哲学の理解からすれば矛盾しているようにも思われる「具体的なアプリオリ〔*a priori* concret〕」[29] や「歴史的アプリオリ〔*a priori* historique〕」[30] といった表現が、特定の秘められた諸条件を指し示すために用いられているのである。

（25）NC1, p. 145 / NC2, p. 146〔邦訳：一九八ページ〕／OE-I, p. 834.
（26）NC1, p. 147 / NC2, p. 147〔邦訳：二〇〇ページ〕／OE-I, p. 835.
（27）NC1, p. 198 / NC2, p. 200（変更あり）〔邦訳：二六六ページ〕／OE-I, p. 889.
（28）F. Dagognet, « Archéologie ou histoire de la médecine », *Critique*, nº 216, mai 1965, p. 436.

このフーコーの「歴史的アプリオリ」という表現については、フッサールの『ヨーロッパ諸学の危機と現象学』の第三補遺である「幾何学の起源」のうちにその起源を見出す論者もいる。[31]その指摘はもちろん間違いではないだろう。しかし、フーコーのテクスト中においてもその語の使用法が一定していないことを考えるならば、重要なのはその起源よりも、その語のそれぞれの使用例を、そのコンテクストとともに位置づけていく作業である。先に引用した、死が臨床医学の経験にとってのアプリオリになったというくだりの文章（前出、注27）において注目されるのは、一九七二年に『臨床医学の誕生』の改訂版が公刊された際に、アプリオリの語が削除されているという点である。[32]こうした変更が何を意味するのか。そこに、フーコーの考古学における方法論的な変化が反映してはいないか。そうした問いを提起した上で、さらに議論を進めよう。

ポジティヴィスムと哲学的人間学

知の領域における実証性《ポジティヴィテ》＝実定性と否定性《ネガティヴィテ》の絡み合いを分析しつつ、フーコーは近代の思考におけるポジティヴィスムが持つ特徴を明らかにしようとする。とりあえずこの語を「実証主義」と訳すこともできるだろうが、ここでのポジティヴィスムとは、上記の臨床医学の例から明らかなように、何よりも「まなざしによって捉えられたもの」に基づいて知を構築していくような思考のあり方である、と考えておこう。フーコーが分析する医学的まなざしとは、逆に言えば、その対象自体を作り出すようなまなざしである。そして、言語とまなざしによって構成される体系としての近代的思考の構造においては、病気を記述するという行為は、何よりもまず「隠れたものを明るみに出す」という性格を帯びることになる。それが近代における真理の経験を構成するのであり、その真理の源として位置づけられるのは「死体の言説的空間、すなわち明らかにされた内部〔l'intérieur dévoilé〕」[33]ということになるだろう。この「内部」とは、生と死が交錯する人体という空間であり、それが明るみに出されたときには身体は死体へと変化してしまうがゆえに、理論的に接近し得ないような空間である。近代医学のまなざしは、自らの対象を自分自身で生み出すような、近代的主体性に特有のまなざしである。そして死とは、そのまなざしにとって限界であると同時に条件でもあるだろう。そのような限界によって基礎づけられる認識の構造を、フーコーは「人間学的構造」と呼んでいる。

個人が自己自身の認識の主体〔sujet〕であると同時に対象＝客体〔objet〕でもありうるという可能性は、有限性の構造におけるひとつの逆転を意味する。古典主義時代の思考にとって、有限性とは、無限性の否定という以外の内容を持たなかった。ところが、十八世紀末に形成される思考は、有限性というものにポジティヴなものの力を賦与する。その時に出現する人間学的構造は、限界としての臨界的＝批判的役割と、起源を創始する役割とを同時に果たすのである。(34)

(29) NC1, p. XI, p. 196, p. 198 (NC2, p. XI, p. 197)〔邦訳：一〇、二六〇、二六六ページ〕／OE-I. p. 680, p. 886, および HF, p. 147, p. 397〔邦訳：一五三、三九九ページ〕／OE-I. p. 156, p. 425.

(30) NC1, p. 196 / NC2, p. 197〔邦訳：二六〇ページ〕／OE-I. p. 886.

(31) 以下を参照。F. P. Adorno, « *A priori* historique et discontinuité chez Foucault », Y. C. Zarka (éd.), *Comment écrire l'Histoire de la Philosophie ?*, PUF, 2001, p. 323-329. また、B・アンによる以下の論文も同様だが、ただアンはフーコーの「歴史的アプリオリ」とフッサールのそれを、後者は「普遍的」な性格を持っていることを強調して区別している。B. Han, « L'a priori historique selon Michel Foucault : difficultés archéologiques », art. cit., p. 23-38.

(32) 一九七二年版での該当箇所は以下のようになる。「死が認識論的に医学的経験に統合された時にこそ、病は……〔以下同じ〕」、NC2, p. 200 / OE-I. p. 889.

(33) NC1, p. 198 / NC2, p. 200〔邦訳：二六五ページ〕／OE-I. p. 888.

(34) NC1, p. 199 / NC2, p. 201（変更あり）〔邦訳：二六七ページ〕／OE-I. p. 889-890、強調は引用者。

臨床医学における実証主義《ポジティヴィスム》は人間学的構造に支えられてはじめて可能となるものだが、その思考の構造における人間とは、自らの有限性の内部で、認識の主体であり対象としての存在である。それが近代における実証的《ポジティヴ》＝実定的な知の構造である。

その意味において、近代的な知は、自らの土台について問うことを運命づけられている。つまり、近代においては、自らを可能にする条件、自らのアプリオリを認識しなければならないという義務が思考に課せられるのである。そして認識する主体は、まさにその自らを認識するという行為によってしか存在を保証され得ない。こうして、その近代的な知の構造のうちにある心理学や医学は、自らの認識論的基礎についての問いに繰り返し直面することになる。

3　人間学的構造と認識する主体

人間学の批判

考古学という方法との関連において見た場合、フーコーによる人間学の批判は二つの側面を持つだろう。まず一方でそれは、「どのようなアプリオリな条件のもとで思考が可能になるのか」ということを明らかにする。その場合、考古学的方法は主体それ自身の存在を可能にする土台、すなわち認識する主体（認識と知覚の主体）による自己省察についての研究ということになり、それはカントの批判哲学に接近した手続きをとることになるだろう（付言しておくなら、ここでの「批判」という語は、論難や攻撃を意味するのではなく、その語源的な意味、「分離する、判断する」という意味をより強く響かせている）。[35] また他方で、その批判は、人間学的構造と名付けられる近代的思考の体系そのものに対するものでもあり、それは最終的に、思考する主体と思考される対象のあいだの循環的運動を明らかにするものである。認識の対象が認識の行為それ自体によって作り出されるという人間学的構造においては、認識の領域全体が人間の有限性という限界のうちに閉じ込められていることになる。そして、すでに見たように、そうした思考の循環を、フーコーはカントの『人間学』を分析しつつ明らかにしていたのであった。

さて、ここでひとつの疑問が浮かぶ。フーコー自身の方法が多かれ少なかれカント的なものであることは先に触れたが、フーコーの批判の対象となるものは、ある種のカント主義に属するような思考の構造である。となれば、方法論的に依拠しているものと批判の対象が同じものということにならないか。だが、こうした点こそが、まさにフーコーの考古学的方法の本質的な点にほかならない。その方法は、われわれ自身の知の本質的あり方と限界とを示しつつも、その知の構造の乗り越えや根本的な刷新の可能性について示すことはない。つまり、その方法は純粋に批判的なものである。

そうしたカント主義が意味するものについてさらに考えてみる必要がある。そのために、ここで一人の思想家を参照することにしよう。とりわけ数学史の領域において哲学的思考を繰り広げたジャン・カヴァイエスである。第二次世界大戦中にレジスタンスとして活動し、ナチス・ドイツに処刑されたこの思想家の遺作であり、没後の一九四七年に公刊された『論理学と科学の理論について』は、カント以降、フッサールの「超越論的論理学」までの論理学の歴史を論じた書物だが、ここでカヴァイエスは、論理学のある種の理論、つまり経験の諸条件が同時にその経験の対象自体を生み出しているような種類の論理学を批判している。カヴァイエスの難解な議論自体

（35）批判〔critique〕という語はギリシア語のクリネイン（分離する、判断する、裁く）に由来するものとされている。この同じ語を「批評」とも訳せることから明らかなように、「批判」には本来正しいものと正しくないものを判断し分別するという意味が含まれている。

をここで細かく検討することはできないが、そのカントについての議論を簡単に参照することにしよう。一般にカント哲学は、対象としての事物を「現象」として認識可能にするような感覚的受容性の形式的条件に、その対象＝事物の「現れ」を従属させるものとして了解されている。つまり、認識の対象である現象は、あたかもそれ自体では存在しないかのように扱われており、理性的な「自己意識」という、ある自発的な行為に従属させられている。そうした視点からすれば、カントの『論理学』は、カヴァイエスの言う「意識の哲学〔la philosophie de la conscience〕」が「強化」されたものにほかならない。理性の自己認識は形式に依拠することによって可能となるのであり、「形式に依拠することで、少なくともカントが提示したような意識の哲学は強化されるし、また明瞭にもされる」[36]。

こうした観点からすれば、カント哲学がもたらした最も重大な帰結のひとつは、「事物そのもの」の無視ないし軽視ということになるだろう。カント的思考においては、論理学は主観性の限界内における自己反省のひとつの形式となるのであり、事物の存在論と結びついた古典的な（アリストテレス的な）論理学とはまた別の何ものかとなる。カヴァイエスによれば、「伝統的存在論との協力は不可能である。意識の哲学のなかでは論理学は超越論的であるか、さもなくば存在しない」[37]。そして「超越論的分析論」においては、「対象への無関心〔…〕は、〔…〕実質を形式に従属させるということにあらわれている」[38]。そうした「事物そのもの」の無視という問題に対して、フッサールは志向性の概念を導入することによって解決を見出そうとした。「意識は何ものかについての意識である」という見地から、意識される対象と意識する意識自身、つまり「事物＝客体《オブジェ》」と「意識の主体」の存在をともに救い出そうとするこの現象学の理論も、やはりカヴァイエスの批判を免れることはない。「意識の志向性――すなわち「その意識の中に何かあるものを持つという経験」〔フッサールの『形式論理学と超越論的論理学』からの引用――引用者注〕――こそが、思念される対象と対象を思念する作用とのあいだの二元性を説明し保証するのだが、この対象とは、思念する作用の極にほかならず、〈内容〉が形づくる体系は、ノエシスの極にしてノエマが形づくる統一体にほかならない」[39]。フッサールの言う志向性は、カヴァイエスによれば、対象と意識の両方の存在を認めながらも、対象は意識なしには存在し得ず、意識の方も対象なくしては自らの存在を認められないという相互依存の関係にある。対象の存在そのものを完全に意識の作用に還元するわけではないにしても、やはりあらゆる対象の認識の可能性が意識のうちに閉じ込められている点において、志向性の議論もやはりカント主義の補強にほかならない。

哲学的思考における「認識する主体」のステイタスについての問題を提起せずにはおかない、上記のようなカヴァイエスの問い——カヴァイエス自身の思考にとっては、主体という問い自体は必ずしも重要なものでないとしても——をフーコーも共有しているように思われる。そしてカヴァイエスの提起した問いを、フーコーは「哲学的人間学」の問題として再構成したとも言えるだろう。近代的な知にとってのアプリオリは、認識の条件が、まさにその認識の行為そのものにほかならないという点において現れる。カヴァイエスの表現を借りるなら、「措定する意味〔sens posant〕」が「措定される意味〔sens posé〕」を生み出し、それがひとつの意味〔sens〕を形成するのである[40]。そして、そうした論理的な循環は認識の構造の有限性を明らかにしつつ、ある超越論的な事物、一種の接近不可能な物自体を彼方の領域に生み出すことになる。そしてそのような超越的な構造を持った理性は、自分自身の限界に直面することになる。そしてそれこそが、哲学的人間学の根本的な特徴なのである。

（36）J. Cavaillès, *Sur la logique et la théorie de la science*, Vrin, « Bibliothèque des textes philosophiques », 1994, p. 19〔邦訳：ジャン・カヴァイエス『構造と生成II——論理学と学知の理論について』近藤和敬訳、月曜社、二〇一三年、一一ページ〕.
（37）*Ibid.*, p. 26〔邦訳：一七ページ〕.
（38）*Ibid.*, p. 29〔邦訳：二〇ページ〕.
（39）*Ibid.*, p. 70〔邦訳：五二—五三ページ〕.
（40）*Ibid.*, p. 45〔邦訳：三四ページ〕.

再び『臨床医学の誕生』に戻ることにしよう。フーコーが検討した医学的ポジティヴィスムも、やはりそうした人間学の循環的構造の例外ではないことが分かるだろう。

臨床医学の形成は、経験の根本的な諸構造におけるもろもろの変化を、最も可視的に証言するもののひとつに過ぎない。それらの変化は、ポジティヴィスムというものの表面的な読解によって解読できるよりも多くのものを巻き込んでいることが分かるだろう。しかし、このポジティヴィスムについて垂直的な調査をしてみると、ポジティヴィスムによって隠されてはいるけれども、同時に、ポジティヴィスムが生まれるために不可欠であるような、一連の形象が現れてくるのがみえる。そしてそれらの形象は、その後解放されて、逆説的にも、ポジティヴィスムに抗して用いられることになる。(41)

そして、その「隠されたもの」、つまり「見えるもの」を成立させるために存在している「見えないもの」をめぐって、現象学的思考に対する批判が続くことになる。

とりわけ、現象学が最も執拗に、ポジティヴィスムに対置することになるものは、すでにポジティヴィスムの土台の構造の中に存在していた。つまり、知覚されたものの原初的な力と、経験の根源的形態における言語との相互関係。記号の価値を出発点とする客観性の構成。所与〔donné〕の、秘かに言語的な構造。身体的空間性の構成的性質。人間の真理への関係、及びこの関係の基盤における有限性の重要性。こうしたものはすべて、ポジティヴィスムの発生において作用していたのである。(42)

「知覚されたもの」を持ち出してポジティヴィスムを批判しているかに見える現象学も、実は、自ら哲学的人間学という知のアプリオリな構造の上に成立している。というよりむしろ、その人間学の最も極端な形態であると言うべきだろう。こうしてフーコーは、近代の知のなかに閉じ込められた主体の科学として、現象学を批判するのである。

とはいえそうした批判は、現象学とポジティヴィスムにのみあてはまるものだろうか。むしろその批判は、近代的な知に対する一般的な批判へと拡張されうるのではないか。『狂気と非理性』から『臨床医学の誕生』までのフーコーの思考の歩みには、すでにそうしたある種の拡大適用が見られるとも言えるだろう。実際、心理学の基礎に対する批判から発して、フーコーは実証的《ポジティヴ》な科学一般——医学もその一部である——の批判へと向かっていたのだった。そして、そうしたフーコーの批判はその最大限の適用対象、すなわち「人文科学〔sciences humaines〕」全体へと向かうことが予想されよう。そして言うまでもなく、一九六六年の著作、『言葉と物』がそれにあたる。「人文科学の考古学」という副題を持つことになるこの書物においても、やはり認識についての歴史的秩序としてのアプリオリを分析することが問題になるはずだ。

言語の問題

だが、フーコーの考古学的方法の次の段階を追う前に、臨床医学についての研究のうちに現れてくる、別の重要な主題についても触れておかなければならない。『狂気と非理性』にはまだ現れていなかったその新たな問題とは、言語の問題である。実際、『臨床医学の誕生』の書き出しには、すでに次のような言葉が読まれる。「この

（41）NC1, p. 201 / NC2, p. 202-203〔邦訳：二六九ページ〕／OE-I, p. 891.
（42）NC1, p. 201 / NC2, p. 203（変更あり）〔邦訳：二六九ページ〕／OE-I, p. 891.

書物においては、空間、言語そして死が問題となる。つまり、まなざしが問題となる」[43]。ここで「言語〔langage〕」が、フーコーがそれをめぐって自らの方法を繰り広げてゆくような主題としてはじめて現れることになる。そしてそれは、ただちに「まなざし」を通じた認識の問題、より正確には認識を可能にするアプリオリという主題と結びつくことになる。さらに正確に言うなら、認識の行為が常にすでに言語の体系に貫かれているために、言語は認識の構造を形づくる要素のひとつなのである。以上のことを前提とした上で、フーコーがここで論じようとするのは臨床医学の言語と臨床医学におけるポジティヴィスムとの共犯関係についてである。すでに見たように、ポジティヴィスムのまなざしは、患者の身体の可視的な表面の彼方に「隠された深層」を見る、というより作り出す。そしてそれが医学的言語にもある種の変化をもたらすことになるのだが、その一例としてフーコーは、ラエンネックらの理論家たちに見られる、解剖された身体を記述する方法を挙げている。その理論のうちに、まなざしと言語が形づくる構造の変化が見出されるのだ。

〔そうした理論においては、〕もはや問題は一対一の〔bi-univoque〕対応によって、〈可視的なもの〉を〈読みうるもの〔lisible〕〉に変えることや、コード化された言語の普遍性によって、〈可視的なもの〉を〈意味を持つもの〔le significatif〕〉に移行させることでもない。反対に、言葉をある種の質的な洗練、つまりつねにより具体的で、より個別的で、より物の起伏に沿うような洗練へと、ことばを開いていくことが問題なのである〔…〕。[44]

フーコーが臨床医学の歴史のうちに見出す認識論的な断絶以後、解剖学者が見下ろす解剖台上の人体やその器官の姿を何らかの意味の格子によって「記号」として解読することはもはや問題ではない。解剖学者の使命は、ひとつひとつの身体のうちで個別的な姿を見せている対象を記述し、描き出していくこととなるのである。人間学的構造と名付けられることになる新たな認識の構造において言語に割り当てられる機能とは、事物を記号として解読する道具としての機能ではなく、「表面」の背後にあるものを明らかにし、それを記述することで「見えるもの」にする機能である。つまり、言語は物事を「見させる」という、終わりのない働きを担うことになるのである。

そのため、発見するということは、無秩序の下にひとつの本質的な一貫性を読むということではなくなり、言葉の波頭の泡の線をもう少し先まで押し進め、知覚の明るみに対してはまだ開かれてはいるものの、慣れ親しんだ言葉《パロール》に対してはもはや開かれていない、そうした砂浜の領域へと波頭の線を食い込ませることとなる。まなざしがもはや言葉を持たないあの薄明の中へと言語を導入することである。[45]

ところで、こうした言語のあり方——追って見るように、これはまさに文学の言語と同じものだ——、ある種の接近不可能な領域へと向けられた運動から生み出されるこうした言語は、同時にフーコー自身の言語であるとも言えないか。つまり、ここまでわれわれが見てきたフーコーの思考は、それ自体には接近不可能ないくつかの超越的な概念ないしイメージ——『狂気と非理性』における「狂気」、あるいは「死」など——にひとつの不可触の場所を与え、その空虚な中心に向けて言葉をにじり寄らせていくような種類のものにほかならないのではないか。そうした問題に関連して、われわれはある奇妙な点を指摘することができる。つまり、この時期のフー

---

(43) NC1, p. V / NC2, p. V〔邦訳：一ページ〕／OE-I, p. 673. 強調は引用者。
(44) NC1, p. 171 / NC2, p. 173〔邦訳：二三〇ページ〕／OE-I, p. 860-861.
(45) NC1, p. 171-172 / NC2, p. 173〔邦訳：二三一ページ〕／OE-I, p. 861.

コーのテクストにおいて、言語という主題は二つの異なった側面から扱われているのである。一方には、その働きが認識の行為のうちに含まれているような種類の言語があり、他方には、人間主体の存在や機能から切り離された、完全な自律性を持つような言語がある。前者は、臨床医学における言語の例がそうだったように、認識行為に相関的で、その行為を可能にする要素として分析されるのに対し、後者は「文学言語」に代表されるような、自らの剝き出しの存在を顕わにするような種類の言語として登場することになる。そしてこの時期のフーコーの考古学においては、その二つの言語は互いに曖昧な関係をとり結ぶことになる。その二つは同形のものでありながら両立不可能なものであり、その関係の曖昧さこそが、この時期のフーコーの思考における言語の位置づけを特徴付けているのではないか。

4　文学の言語と臨床医学の言語——同形性と両立不可能性

この時期のフーコーは、文学の言語をどのように位置づけているのか。とりわけ一九六二年から一九六六年にかけての時期、フーコーは数多くの文学についてのテクストを発表している。文学作品についての分析や文学理論や言語理論の粗描とも言えるもの、そして作家レーモン・ルーセルについての著作（『レーモン・ルーセル』、一九六三年）などがそこに含まれるが、数の多さのみならず、その内容の多様さも注目に値する。[46] ヘルダーリン、フローベール、ヴェルヌ、バタイユ、ブランショ……テクストが直接対象としている作家の名をいくつか列挙するだけでも、それらのテクストの数の多さがうかがえようし、直接主題とはならないがこの時期のフーコーの著作（『狂気と非理性』から『言葉と物』まで）に頻出する、サドやボルヘスといった名をここに付け加えることもできる。

そうしたテクストのいくつかは、ヌーヴォー・ロマンの作家たちをはじめとする、同時代の理論家や作家たちから好意的に受けとめられもするのだが、(47) そうした受容の問題については措いておこう。われわれがここで問いたいのは次のような問題である。すなわち、フーコーが哲学的アプリオリについての分析をひとつの方法として練り上げつつあったこの時期（『臨床医学の誕生』から『言葉と物』にかけての時期）、まさにその同じ時期に、文学に対して注がれた情熱をどのように説明すべきだろうか、という問いである。やがて見るように、「〜とは何か」という本質主義的な問題を立てることは歴史主義的な経験論者たるフーコーの思考にあまりふさわしくない身振りである。しかし、この時期のフーコーの文学についての思考は「文学を成立させている言語とは一体何か」という問いに支えられたものであって、彼自身こうした問いをそれ自体直接的に提示していたわけではないにせよ、文学における言語という事象の「本質」を見極めようとする、極めて本質主義的な動機がそこに付随しているように思われる。さらに、フーコーが文学を論じたのは実質的にこの時期に集中しており、一九七〇年代以降、

(46) その内容は、主なものを列挙すれば以下のようなものである。ルソーの『ルソー、ジャン＝ジャックの裁き手――対話』を論じた« Introduction »（「ルソーの『対話』への序文」）、ヘルダーリンを論じた« Le "non" du père »（「父の〈否〉」）（以上一九六二年）、バタイユを論じた« Préface à la transgression »（「侵犯への序言」）、文学と言語の問題を論じた« Le langage à l'infini »（「言語の無限反復」）、ヌーヴォー・ロマンの作品を論じた« Distance, aspect, origine »（「距たり・アスペクト・起源」）（以上一九六三年）、フローベールの『聖アントワーヌの誘惑』を論じた« Postface »（「幻想の図書館」）、クロソウスキーを論じた« La prose d'Actéon »（「アクタイオーンの散文」）、同時代の小説を論じた« Le langage de l'espace »（「空間の言語」）、マラルメを論じた« Le Mallarmé de J.-P. Richard »（「J－P・リシャールのマラルメ」）（以上一九六四年）、ヴェルヌを論じた« L'arrière-fable »（「物語の背後にあるもの」）、ブランショを論じた« La pensée du dehors »（「外の思考」）（以上一九六六年）。この夥しい論文の分量自体、まず注目すべきものだが（しかもこれが総てではない）、後に見るように、フーコーが文学作品を対象とした文章を発表するのは、いくつかの例外を除いてほぼこの時期に集中している。

(47) 例えば、ソレルスらが主宰した「テル・ケル」グループは、彼らの文学理論についての一種のマニフェストとして *Théorie d'ensemble* という論文集を一九六八年に刊行するが、そこにはフーコーの論文「距たり・アスペクト・起源」が収録されている。以下を参照。Tel Quel (éd.), *Théorie d'ensemble*, Seuil, « Tel Quel », 1968, p. 11-24.

フーコーはそうした問題系から遠ざかってゆくことも強調しなければならない。この時期のフーコーにとって、認識のアプリオリについての問いと文学についての問いとのあいだに、何らかの共通の道筋、ないし相補的な関係が存在したということだろうか。そしてフーコー自身も、考古学と文学言語の領域の相互関係、さらには本質的な同形性に意識的だったのではないか。実際、一九六三年のフーコーは、『臨床医学の誕生』と『レーモン・ルーセル』という、出版社の異なる二冊の著作がほぼ同時に出版されることを喜んだと伝えられている(48)。

文学言語とは何か

フーコーの文学についての中心的な問いは、文学における言語の問題である。文学作品という場において、言語は言語自身の上に折り重なり、二重化する運動のなかで自らの「存在〔être〕」を明らかにし、そこにフィクションの空間が生み出される。それが文学という経験であるが、それは、言語がそれ自体の姿を露呈させるとともに主体（語る主体、読む主体）が消滅し、ブランショが「文学空間」と呼ぶような空間、つまり言語によって形づくられる固有の空間性を内包した文学テクストの空間が開かれるという経験である。また、文学の非人称的な空間は、主体の消滅という経験と同時に「限界」についての経験――有限性の経験と限界＝境界の侵犯という経験――をもたらす。その経験のうちに、思考は自らのアプリオリな基礎を見失い、自らの有限性によって画された境界の「外」にある、別の思考に直面することになる。その議論を、まずフーコーのブランショ論である「外の思考」（一九六六年）(49)を例に追ってみよう。

文学経験とは、ある思考がその支えを失い、その思考をとりまく砂漠の領域が突如現れるといった経験であり、思考がその有限性の限界を知らず知らず踏み越えてしまうような経験である。それは、例えば厳格な論理が何らかのパラドックスによって揺るがされるのに比すべき経験であり、フーコーはそうした現象から論を書き起こしている。「ギリシア的真理は、かつて、「私は嘘をつく」という、このただひとつの主張のうちに揺るがされた。「私は話す〔Je parle〕」という主張は、現代のあらゆるフィクションに試練を課す」[50]。この「私は話す」という言表のうちには、言語のむき出しの実体が現れているのみであって、話す主体も、その言説のもとに自己を表明するどころか、その姿が不在であることによってその言語に場を与えているような、そうした存在ならぬ存在として姿を現すことになるのだという。どういうことか。

フーコーが「外の思考」で引用しているパラドックスとは、ギリシア以来の哲学的伝統としての論理に基づいた思考を揺るがすような、よく知られた論理的矛盾〔自己言及〕の例であって、「クレタ人のパラドックス」と呼ばれるそのもとの形は次のようなものである。

「クレタ人は嘘つきだ」とクレタ人が言った。

よく知られているように、このパラドックスを論理的に解消するには、二回出てくる主語を区別すれば足りるとされる。すなわち、

「(大部分の)クレタ人は嘘つきだ」とクレタ人(であるエピメニデス)が言った。

(48) 以下を参照。D. Eribon, *Michel Foucault*, *op. cit.*, p. 249〔邦訳:エリボン『ミシェル・フーコー伝』、前掲書、二一五ページ〕.
(49) Foucault, « La pensée du dehors » (1966), DE-I, p. 518-539〔邦訳:フーコー「外の思考」豊崎光一訳、『ミシェル・フーコー思考集成』、第II巻、筑摩書房、一九九九年、三三五—三六五ページ〕/OE-II, p. 1214-1237.
(50) *Ibid.*, p. 518〔邦訳:三三五ページ〕/OE-II, p. 1214.

という具合に発話者を二つに区別すれば、論理的整合性は保たれる。しかし、フーコーが「外の思考」で書いているように主語が「私」である場合、

「私は嘘をつく〔Je mens.〕」（＝私は嘘をつく、と私は言う〔Je dis que je mens.〕）

という命題は主語を区別し得ない（「話している主体が、話の対象になっている主体と同じものであるからだ」）。[51] すなわち、主語が「クレタ人」であった場合のような手法でパラドックスを回避することができず、この一文は真か偽かがそもそも決定できないような文、論理的に成立し得ない非－命題となってしまう。

一方、フーコーが続いて挙げる「私は話す〔Je parle.〕」という命題に関してはそうした問題は生じない。« Je dis que je parle. »〔「私は話す、と私は言う」〕という形でも、論理的には問題なく成立するからだ。だが、その「私は話す」という文章は、論理の形式としては問題を含まないが、また別の次元の問題を提起する。そしてその問題こそが、文学というものに典型的な、ある種の言語の作用を明らかにする、とフーコーは主張する。つまり、「私は話す」という文章には « Je parle que ... » の従属節（「…」）の部分が欠けており、それゆえそれが話しかけている対象によっても、言っていることが真か偽かということによっても、言表の価値によっても、また言表が依拠している表象体系のあり方によっても意味が限定され得ない。要するに「私は話す」というこの文章は、「私は話をしている」ということしか意味していないのであって、この文章が「真」であるためには「私は話す」と実際に言わなければならない。そう話している瞬間しかこの文章は真ではないのであり、この文章の意味作用は、話している瞬間にしか、本当の意味で成立しないことになる。

あらゆる言語の可能性が、ここでは、その中で言語が成就される他動詞性によって干上がってしまっている。

砂漠がそれを取り巻いているのだ。「私は話す」という、余分をそぎ落とされた形の中で自分自身を取り戻そうとするような言語が、一体どのような極端な繊細さ、どのような奇妙でかすかな先端のなかで、自分自身を受け止められるというのか。それはまさしく、「私は話す」という内容のない薄っぺらさが明らかになるような空虚〔vide〕が、あるひとつの絶対的な開け――そこを通じて言語は無限に拡散することができ、一方で主体（話している私）は断片化し、ばらばらになり、ちらばり、ついにはその剝き出しの空間に消えていく――になるという地点にほかならない(52)。

言語使用それ自体のうちに意味が限りなく消滅してゆき、その言語を発話するものの存在は、その意味の消滅に付随して消えてゆく。そして、言語の価値を言語そのものが支えている。これこそが、ある論理の枠組みのなかに成立している思考を揺るがすような経験であり、思考の外部の領域についての経験である。

> あらゆる主体性の外に身を保ち〔…〕、同時にあらゆる実証性《ポジティヴィテ》＝実定性の閾に位置している〔…〕この思考は、われわれの哲学的反省の内面性、およびわれわれの知の実証性＝実定性に対して、一言で言えば「外の思考」とでも呼び得るかも知れないものを形づくっているのである(53)。

その「外」は、例えば否定神学のような思考によって西欧的思考に絶えず存在が示唆されてきた領域だったの

(51) *Ibid.*, p. 519〔邦訳：三三五―三三六ページ〕／OE-II, p. 1214.
(52) *Ibid.*, p. 519〔邦訳：三三六ページ〕／OE-II, p. 1215.
(53) *Ibid.*, p. 521〔邦訳：三三八―三三九ページ〕／OE-II, p. 1217.

であり、そして、われわれの思考にそうした領域を開示する特権的な経験として、現在の文学というものがある、とフーコーは言う。では、そうした経験を可能にする言語の様態とはどのようなものか。

フーコーによれば、文学言語とは、古典主義時代から近代への移行期に表象体系が被った変容の結果として生じた言語の一様態なのであり、定義上、近代の表象体系上でしか「文学」という問題設定は成立しない。その文学言語とは、言語の自律性によって支えられているものであり、文学を存在論的に支えているのは、フーコーが言語の「自己表象〔autoreprésentation〕」や「反復〔répétition〕」と呼ぶ、[54] 自らを二重化する言語の運動である。

そうした文学言語のイメージの典型的な例として、フーコーがモノグラフィーを捧げたレーモン・ルーセルによる執筆方法、すなわち「手法〔procédé〕」のひとつを挙げることができるだろう。ルーセルは、自身の死後、ある種の遺言として出版されるように手配していた書物、『私はいかにして私の書物のいくつかを書いたか』においてそうした手法について説明しているが、[55] そのひとつの例として、彼が若い頃に書いた「黒人たちのあいだで」と題された短編小説《レシ》を見てみよう。まず、綴りが非常に似通った二つの単語、例えば「billard〔ビリヤード台〕」と「pillard〔略奪者、強盗〕」を選ぶ。そして、それぞれに同じ単語だが別の意味に解しうるような単語を付け加え、先ほどの二つの単語以外はすべて同じ文章だが意味の全く異なる、以下のような二つの文章を得る。

（1）Les lettres du blanc sur les bandes du vieux billard…〔古いビリヤード台の縁に書かれた白墨の文字……〕

（2）Les lettres du blanc sur les bandes du vieux pillard.〔年老いた強盗の一味について白人が出した手紙〕

第一の文章では、「lettres」、「blanc」、「bandes」の語がそれぞれ「文字」、「白墨〔チョーク〕」、「側面のクッション」の意味に解されるのに対して、第二の文章ではそれぞれ「手紙」、「白人」、「徒党」の意味に解されるという具合に、これらの文章では、フランス語の特徴のひとつでもある単語の多義性が利用されている。そして、そうした二つの文章が生成されたのち、「最初の文章で始まって、二番目の文章で終わる短編を書く」(56)。こうして、二つの文章のあいだに存在する一単語の違い、いや、「b」と「p」というわずか一文字の違いによって――この二つのアルファベットの形態の類似性を考えれば、左側の縦線のわずかな上下方向のずれだけがその違いを生み出しているのだが――、同一性と差異の戯れに基づいたひとつの物語全体が生み出され、あるフィクションの空間の全体が開かれることになるだろう。そしてその二つの文章のあいだで、言語のあり方それ自体もまた変化するのだ。「最初の文章と最後の文章とのあいだで、何かしら重大なことが言語のあり方《スティタス》のうちに生じたのである〔…〕」(57)。

そうした言語のあり方の延長として、フーコーの文学分析において繰り返される、「空間」や「鏡」といったメタファーの重要性を理解することができる。つまりそれらが目指しているのは、言語それ自体のうちに穿たれる言語の「存在論的亀裂」(58)を明らかにすることであり、また、言語に内在的な「欠如〔manque〕」から発して繰り広げられる文学空間を指し示すことであった。そうしたフィクションの空間とは、「空虚」、「欠如〔manque〕」(59)、

(54) Foucault, « Le langage à l'infini » (1963), DE-I, p. 253-254〔邦訳：フーコー「言語の無限反復」野崎歓訳、『ミシェル・フーコー思考集成』、第I巻、筑摩書房、一九九八年、三二九―三三一ページ〕.

(55) 以下を参照。Raymond Roussel, *Comment j'ai écrit certains de mes livres*, Union générale d'éditions, « 10/18 », 1977, p. 11-12〔邦訳：レーモン・ルーセル「私はいかにして或る種の本を書いたか」、ミシェル・レリス『レーモン・ルーセル――無垢な人』岡谷公二訳、ペヨトル工房、一九九一年に所収、一〇八―一一〇ページ〕. また、以下を参照。Foucault, *Raymond Roussel*, Gallimard, « Le Chemin », 1963, chap. II〔邦訳：フーコー『レーモン・ルーセル』豊崎光一訳、法政大学出版局、一九七五年、第二章〕.

(56) Roussel, *Comment j'ai écrit certains de mes livres*, *op. cit.*, p. 11-12〔邦訳：ルーセル「私はいかにして或る種の本を書いたか」、前掲書、一〇九ページ〕.

(57) Foucault, *Raymond Roussel*, *op. cit.*, p. 31〔邦訳：フーコー『レーモン・ルーセル』、前掲書、二八ページ〕／OE-I, p. 920.

(58) *Ibid.*, p. 176〔邦訳：一九二ページ〕／OE-I, p. 1010.

(59) 「言語が語るのは、それにとって本質的であるようなひとつの欠如から出発してのみのことであろ」(*Ibid.*, p. 208〔邦訳：

「不在〔absence〕」[60]といった否定性を出発点あるいは根源として言葉が無限に自己増殖してゆく場であり[61]、事物も意味も消滅した空間で、言葉そのものが網目状の織物、つまりテクストを織りなしてゆくという空間である。そして、そうした言語の二重化ないし増殖は、「指示すべき事物よりも指示する語のほうが少ないという、言語において根源的な、単純な事実[62]」によって可能となるものなのだ。

ひとつの語がいくつもの事物を指し示すことによって、ひとつの語は自らを増殖させてゆく。そうした言語のエコノミーによって、文学の言語は無限に自らを反復し、増殖していくことを強いられている、「増殖という内部からの病に冒されているかのように[63]」。つまり、文学言語の本質とは、自らに本質的な「欠如」から発して語るということであり、その欠如こそが自らの起源であるということなのである。

そこから由来するのが言語の増殖する空虚のすべて、事物を——あらゆる事物を——言いあらわすその可能性〔…〕なのだ。だがやはりそこから由来するのは、自己の単なる反復によって、かつて言われたことも、聞いたことも、見たこともない事物を生み出すというその力だ[64]。

臨床医学の言語

だがそれにしても、そうした文学言語の特徴とは、フーコーが臨床医学の分析において提示した言語のあり方と同じものではないだろうか。より正確に言うなら、文学と臨床医学という二つの言語のあり方についての分析には、ある種の類似性があるのではないか。ラエンネックの言語について先に見たように、臨床医学の言語は知られざる事物を「見える」ものとし、言葉で言い表されたことのない領域に向かって「言表可能なもの」の限界を食い込ませてゆく。そうした言語は、文学作品における事物の描写という例を考えれば明らかなように、自らに固有な増殖する力によって自らに固有の領域を開いてゆく文学言語のあり方と等しいものだ。

実際、フーコー自身も文学言語と臨床医学の言語の歴史的同時代性を指摘している。臨床医学という知のあり方が十九世紀冒頭に誕生したのと同じく、言語の特殊な様態としての文学も、十八世紀末、フーコーの定義による「近代」のはじめに誕生する。

おそらく、厳密な意味で「文学」と呼ぶべきものは、この十八世紀末、雷の一閃のうちにあらゆる他の言語を反復しかつ焼き尽くす言語が出現し、死、鏡、分身、言葉の無限の連鎖が戯れる、漠とした、しかし支配的な形象が生み出されたまさにその時に存在し始めたのである。(65)

二三一ページ〕／OE-I, p. 1029)。

(60) 以下を参照。Foucault, « La folie, l'absence d'œuvre » (1964), DE-I, p. 412-420〔邦訳：フーコー「狂気、作品の不在」石田英敬訳、『ミシェル・フーコー思考集成』第II巻、筑摩書房、一九九九年、一八三―一九四ページ〕／OE-I, p. 615-624.

(61) 以下を参照。Foucault, « Le langage à l'infini », art. cit., p. 250-261〔邦訳：フーコー「言語の無限反復」、前掲論文、三二六―三三九ページ〕.

(62) *Ibid.*, p. 22〔邦訳：一九ページ〕／OE-I, p. 914.『臨床医学の誕生』において、フーコーはこの言語の原理を「注釈」という営みに結びつけている。「注釈するということは、その定義からして、意味するもの（シニフィアン）よりも意味されるもの（シニフィエ）が過剰にある、ということをみとめることである」。NC1, p. XII / NC2, p. XII〔邦訳：一一ページ〕／OE-I, p. 681.

(63) Foucault, « Le langage à l'infini », art. cit., p. 259〔邦訳：フーコー「言語の無限反復」、前掲論文、三三七ページ〕.

(64) Foucault, *Raymond Roussel, op. cit.*, p. 208〔邦訳：フーコー『レーモン・ルーセル』、前掲書、二三一ページ〕／OE-I, p. 1030、強調は引用者。

(65) Foucault, « Le langage à l'infini », art. cit., p. 260〔邦訳：フーコー「言語の無限反復」、前掲論文、三三七―三三八ページ〕.

フーコーの分析はここでも、考古学の方法に従ってもろもろの知のアプリオリを掘り起こそうとしている。そして、十八世紀末から十九世紀冒頭に見いだされる、言語のステイタスが歴史的に変化する瞬間を標定しようとしているのである。考古学が明らかにするのは新しい言語の誕生であり、それが一方で文学言語を生み出し、他方で臨床医学の言語を生み出した。フーコーは『臨床医学の誕生』の末尾において、ビシャの言説とサドの言説との同質性を通じて、以下のように医学と文学を横切るひとつの同じ思考の存在について指摘している。

> おそらくビシャがそれについて最初に〔…〕伝えている新しい医学的精神は、〔…〕病気の構文上の再編成にほかならないのであって、そこでは、可視と不可視の限界が新しい輪郭を描くのである。つまり、障害の下にあった深淵、悪そのものであった深淵が、ことばの光の中にあらわれ出たのである――この光は、おそらく同じ明るさで『百二十日』と『ジュリエット』と『不幸』とを照らし出しているにちがいない。(66)

とはいえ、フーコーが医学と文学という二つの領域を取り扱う際、その領域のあいだに見出される差異を無視することはできないだろう。医学的知についての考古学と文学言語についての分析とは、そこで用いられる用語や方法の類似にもかかわらず、あるひとつの差異によって隔てられているように思われるのである。そうした差異は、文学についての研究がその後のフーコーの思考から（明示的なモチーフとしては）消滅することの理由を説明するものかも知れない。ここでもやはり、一九六三年に刊行された二冊の著作を例として挙げよう。例えばドゥニ・オリエが指摘するように、『臨床医学の誕生』と『レーモン・ルーセル』は、議論の組み立ての中心に「読解の鍵としての〈死〉」を共通に持っているという点において「双子の書物」(67)であると確かに言える。先に見たように、近代医学の実証主義《ポジティヴィテ》は、究極の否定性《ネガティヴィテ》とも言える死の経験を土台としてはじめて可能になったのだし、ルーセルの言語は「死の経験」とでも言うべき絶対的な「空虚」を起源の場として持っていたことが示唆されていた。つまり、二冊の著作は、経験を可能にするアプリオリとして「死」を共有していることになる。

しかし、両者のあいだには両立不可能な点も存在する。『臨床医学の誕生』がカント的な意味における批判的分析、つまり認識の基礎づけと限界についての研究であるのに対して、『レーモン・ルーセル』は「認識」や「認識の主体」といった主題から能う限り遠ざかろうとしているという点である。先に見たように、文学についてのフーコーの分析が二重化し自立した文学言語の様態に関するものだったとすれば、それは合理性や理性についての歴史的批判としての考古学の企ての一部とはなり得ない。それはむしろ、そうした理性的認識の歴史的形成過程についての分析に基づいた主体の分析論には包摂され得ない、ある特権的なひとつの領域を形づくることになるのだ。そして「文学」は自らをそれ自身の上に閉ざす独立した領域であり、合理性や理性の歴史的形成過程のうちに置き直すことができないなら、フーコーは、自らの方法の枠内において文学言語の誕生の理由を語ることはできない。さらに言うなら、フーコーの文学についての分析の主眼は、まさしく、主体という問題系をまるまる問題の埒外に放り出すことだったとさえ言えるかも知れないのだ。

5　考古学における言語の位置づけ

この章を終えるにあたって、この時期のフーコーの考古学的方法にとって重要に思われる問題、つまり言語を考古学の内部にどう位置づけるかという問題に触れておこう。これまでの探求の歩みにおいて、フーコーは言語

(66) NC1, p. 197 / NC2, p. 199（変更あり）〔邦訳：二六四―二六五ページ〕／OE-I, p. 887-888.
(67) D. Hollier, « Le mot de dieu : « Je suis mort » », *Michel Foucault philosophe*, *op. cit.*, p. 159.

を二つの仕方でしか問題化し得ていないように思われる。つまり、主体性の問題系を完全に乗り越えた自立的な言語としてか、あるいは主体の言表行為への付属物として現れる、認識の機能のうちに織り込まれた言語としてである。すなわち、文学言語としてか、主体の認識作用の一機能としての言語として。

しかし実のところ、その二つの言語はお互いに無関係なものではない。両者ともに、ある種の失われた起源のようなもの、そこを出発点として言語の存在が浮上してくるようなものを必要としている。すでにわれわれが見たように、臨床医学の言語はある種の「接近し得ない」起源（すなわち死という終極点）へと絶え間なくにじり寄って行く運動によって特徴付けられており、他方、文学の言語はそれ自体のうちにひとつの起源、「作品の不在」という地点（ルーセルの言語にとっては「到達し得ない場」であり、「起源の「迷宮化」」）[68]を内面化している。そしてフーコーの言語についての思考は、この段階において、そこから意味が流れ出す、言語にとっての空虚な起源というものを想定しないで済ませることはできない。その結果として、言語のほとんど実定的《ポジティヴ》＝実証的な存在に張り付いている裏面のように、ある「深さ」のイメージがフーコーの言語に付きまとっている。考古学の理論を練り上げるフーコーは「超越的なもの」――ある理論・体系の内部において説明不可能な、しかし外部から挿入されることでその理論・体系の存在を救うようなもの――が占める場所を最小限にしようと試みてはいるが、やはりそれはフーコーのテクストにとどまり続けるのである。

そうした視点から、一九六四年、「狂気、作品の不在〔La folie, l'absence d'œuvre〕」と題されたテクストを読むことができるだろう。ここで、フーコーは『狂気と非理性』に登場する「作品の不在」という概念――だが、それは本当に概念と言いうるだろうか――について改めて検討し、より精密なものとすることを目指しているように見える。だが、このテクストは一九六一年の著作の延長線上に単純に位置づけられるものではなく、著作とのあいだにある種の方法に関する変化を見出すことができるように思われる。慎改康之が指摘しているように[69]、一九六一年の著作において強調されていた、あらゆる実証的合理性を逃れるような狂気そのものに固有の力なるものは、一九六四年のテクストにおいては喚起されていない。それ自体で接近不可能なものとしての「狂気そのもの」の存在を前提とするのではなく、狂気を、何らかの体系から排除された言語として改めて定義しようとするのである。「狂気は、排除された言語である」[70]。狂気は、言語を生み出す根源や起源なのではなく、それ自体でひとつの言語なのである。しかしその言語は言語的コードから外れていることによって意味をなさなかったり、文化的コードから外れていることによって許容されないものであったりするために禁じられ、排除される。そしてその排除された言語は、その意味を理解し解釈しようとする別の言語を誘発する、というかより正確には、その意味をなさない切れ切れの言語の意味作用のネットワークを通じて、その言語が含み持つ別の言語へと遡及する運動を開始させる（フロイトが狂気の言語について行ったように）[71]。

狂気を「排除された言語」として再解釈することに、『狂気と非理性』からのどのような方法的変化が含まれているだろうか。一九六一年の著作において、少なくとも言語との関わりという観点からは、狂気は言語そのものではなく、むしろ言語のある種の起源、「言語を可能にするもの」とみなされていた。先に見たように、『狂気と非理性』におけるフーコーは、狂気をある種の「物自体」として扱わないためにこそ構造主義的方法を用いて

(68) Foucault, *Raymond Roussel, op. cit.*, p. 204〔邦訳：フーコー『レーモン・ルーセル』、前掲書、二二七ページ〕／OE-I, p. 1027.

(69) 以下を参照。Y. Shinkai, *L'invisible visible : étude sur Michel Foucault*, Thèse de doctorat soutenue à l'EHESS, 1999, p. 73-79.

(70) Foucault, « La folie, l'absence d'œuvre », art. cit., DE-I, p. 417〔邦訳：フーコー「狂気、作品の不在」、前掲論文、一九〇ページ〕／OE-I, p. 620.

(71) *Ibid.*, p. 416-418〔邦訳：一八八―一九一ページ〕／OE-I, p. 619-621. なお、フーコーの著作におけるフロイトの位置づけが――「善玉」と「悪玉」のあいだで――揺れ動いていることについては、以下を参照。Jacques Derrida, « « Être juste avec Freud » : L'histoire de la folie à l'âge de la psychanalyse », *Résistances de la psychanalyse*, Galilée, 1996, p. 89-146〔邦訳：ジャック・デリダ「フロイトに公正であること――精神分析の時代における狂気の歴史」石田英敬訳、デリダ『精神分析の抵抗』鵜飼哲ほか訳、青土社、二〇〇七年、一三七―二二二ページ〕.

いた。しかし、原初的な、起源としての力という狂気のイメージを最終的に維持していたこともやはり確認された通りである。だが、一九六四年のテクストにおける「言語としての狂気」という再定義によって、そうした狂気についてのイメージは放棄されたと言うことも可能だろう。

だが、そうした理論的な変更にもかかわらず、「意味の根源」としての狂気の概念は完全には退けられていない。「作品の不在」としての狂気というイメージが維持されている限りにおいて、狂気は（言語の起源ではなく）言語そのものの領域へと移しかえられたにせよ、狂気は相変わらず、そこに向けて言語が接近してゆこうとする、言葉を持たない空虚として表わされることになるからである。一九六四年のテクストにおいて、フーコーがなお「狂気と文学とのあの奇妙な隣接」(72)を確認しているのもそのひとつの証左であり、狂気を「その作品がそこから生み出される空虚な形式、すなわち作品がそこから不断に不在なものとなり、作品はそこに位置していたことが決してなかったがゆえに決してそこに作品を見いだすことができない場所」(73)というイメージでとらえ続けている限りにおいて、フーコーは純粋な客観性を備えた言語についての理論に到達することはないのだが、そうした言語についての理論を一九七〇年代のフーコーがどのように理論化しようとするのか、後に検討することになるだろう。いずれにせよ、言語にまつわる現象のひとつとして狂気を再定義することによって、フーコーは主体的＝主観的な現象としての狂気の概念を遠ざけている。しかし、そのように遠ざけられた主体は、主体のある種の否定性、認識する主体の裏返しとして言語の深みへと回帰してくるだろう。

ここで、フーコーの考古学的方法に課せられる問題が明らかになるように思われる。つまり、そうした「深み」あるいは「起源」のイメージ、そして超越的作用を廃絶することである。「認識のアプリオリ」と「文学言語」という二つの探求の領域は、こうして同形のものでありながら、結局は両立し得ないものとなるのである。『臨床医学の誕生』以後のフーコーの思考の歩みは、フーコーの方法論の新たな展開を示すことになるだろう。すなわち、言語についてのポジティヴな理論を創出するという試みである。

＊

ここまでの歩みをもう一度振り返っておこう。この段階でのフーコーの考古学は、知のアプリオリについての調査として定義されるのであり、それは経験からは独立しているがその経験を支えているような、認識の条件を明らかにすることであった。その点において考古学的方法はひとつの方法たり得ているのであり、次の著作である『言葉と物』にもその方法は基本的に受け継がれることになるだろう。しかし、追って見るように、次の著作において考古学の方法はいわば飽和した状態において現れることになり、同時に自らの限界を示すものともなる。フーコーは『言葉と物』において、言語を中心とした知の歴史を描き出そうと試みるのだが、その言語は考古学において相変わらず曖昧な位置にとどまり続ける。

（72）Foucault, « La folie, l'absence d'œuvre », art. cit., p. 419〔邦訳：フーコー「狂気、作品の不在」、前掲論文、一九二ページ〕／OE-I, p. 623.
（73）同前。

第二部　転換点と断絶——一九六六—一九六九年

第一章　『言葉と物』——考古学の限界点

第一部でわれわれは、フーコーの一九五〇—六〇年代のテクストを参照しつつ、考古学と名付けられた、知の歴史的条件についての研究がどのように成立していったかを見た。『臨床医学の誕生』までの著作において作動している方法について、以下のような三つの主要な特徴を見出すことができたように思われる。すなわち（一）現象学的な主体の拒否、（二）認識のアプリオリについての探求、（三）言語についての最初の問題構成の試みである。これから取り扱おうとする時期において、フーコーは近代の思考の構造についての批判を、より一般的でより包括的な観点から改めて遂行しようとする。ある特定の領域の知についての固有かつ具体的な条件の分析——それは、いわゆる「科学認識論《エピステモロジー》」的な個別研究に接近したものと言えるだろう——ではなく、あらゆる領域にまたがる知一般の全体的構造の歴史的条件についての分析が行われようとしているのである。フーコーのそうした企ては包括的なもので、それまでの研究の総括ともなるものだが、同時にそれは、かねてから問題となっていた人間学的構造への批判をより包括的な視点から行い、「人間」という認識論的な主体性の歴史的誕生（あるいは消滅）の諸条件を明らかにすることを意味している。以上が、フーコーが一九六六年の著作『言葉と物——人文諸科学の考古学』において試みる事柄であるとひとまず言えるだろう。

しかし他方で、フーコー自身が一九七八年に行われたインタヴューで以下のように述べていることも確かである。

『言葉と物』は私にとって、全体的書物などではまったくなかった〔…〕。あの書物は、いくつかの問いに答えるために、一定の次元のなかに位置づけられていたのです。私は、あの書物のなかに、私の方法論すべてと私の関心事のすべてとを投入していたわけではありませんでした(1)。

つまり、この著作は決して「全体」であることを目指したものではないと言うのだが、そうしたフーコーの弁明は、同時代の読者達の目にこの著作がそのように映り得たことを逆に示しているとも言えるし、やはりこの著作においては、考古学の諸々の主題や方法論が一貫した統一性を示していると言うべきだろう。というのも、先取りして言うなら、まず、ここで用いられている考古学の方法は、先に見たような「アプリオリについての研究」として定義される方法の延長と言ってよいからであり、第二に、知の人間学的構造を歴史的に分析するというこの研究の目標は、より広範囲を対象とするものであるとはいえ、これまでと同じものだからである。『言葉と物』は『狂気と非理性』以来の考古学のプロジェクトの流れの中に位置づけられるものであり、ガリー・ガッティングが述べているように、「『言葉と物』は『狂気と非理性』の歴史的研究計画《プロジェクト》の歴史的一般化と見なすことができる(2)」のである。フーコー自身、先に引用したインタヴューにおいてこう語っていたのだった。「私は続き物《シリーズ》としてしか書物を書かない(3)」。

(1) Foucault, « Entretien avec Michel Foucault », art. cit., p. 66〔邦訳：フーコー「ミシェル・フーコーとの対話」、前掲、二二七ページ〕.

(2) G. Gutting, *Michel Foucault's archaeology of scientific reason*, *op. cit.*, p. 110〔邦訳：ガリー・ガッティング『理性の考古学——フーコーと科学思想史』、前掲書、一六六ページ〕.

(3) Foucault, « Entretien avec Michel Foucault », art. cit., p. 66〔邦訳：フーコー「ミシェル・フーコーとの対話」、前掲、二二七—二二八ページ〕.

とはいえ、『言葉と物』はそれまでの方法をそのままそっくり引き継いだ訳ではなく、一九七〇年代に開始されるフーコーの新しい探求の方法を予見させるような新しい側面も含まれているように思われる。そうした観点から、われわれは主にその中心的な概念である「エピステーメー」をめぐる議論を追うことにするが、この著作において、フーコーの考古学は最終的にある種の飽和点に達することになるだろう。そしてそうした状況が、フーコーの思考の歩みに根底的な変化をもたらす原動力となるだろう。つまり、フーコーの考古学はここで自らの限界に逢着し、同時にそれを乗り越える可能性を垣間見せることになるのである。一九六六年の著作は、それゆえ、考古学的研究の終着点であると同時に、新たな研究を準備する転換点でもあるのだ。

1　エピステーメーと不連続性

アプリオリの体系としてのエピステーメー

まず、『言葉と物』に現れる方法的特徴を明らかにしよう。この著作の序文において、フーコーはすでに自身が描き出そうとするものを明確に表明している。つまり、近代という時代における思考の基礎と限界である。序文で引用される、ボルヘスの「中国の百科事典」についてのテクストがそうした対象の説明ともなるだろう。

動物は次のごとく分けられる。（a）皇帝に属するもの、（b）香の匂いを放つもの、（c）飼いならされたもの、（d）乳呑み豚、（e）人魚、（f）お話に出てくるもの、（g）放し飼いの犬、（h）この分類自体に含まれているもの、（i）気違いのように騒ぐもの、（j）算えきれぬもの、（k）駱駝の毛のごく細の毛筆で描かれたもの、（l）その他、（m）いましがた壺をこわしたもの、（n）とおくから蝿のように見えるもの。[4]

こうした奇妙な「中国の分類学」は、「こ、う、し、た、こ、と、何の論理的一貫性も持たない、動物の奇妙な分類である。こうした奇妙な「中国の分類学」は、「こ、う、し、た、こ、と、を思考することの、剝き出しの不可能性」[5]を「われわれの」――つまり近代ヨーロッパの――思考にまざまざと見せつけ、その思考の限界を明るみに出す。ここに描かれたさまざまな事物のひとつひとつが異常なのではなく、そうした事物の「出会いの共通の空間」、「物を隣りあわせることをゆるす座そのもの」[6]が、この事物が列挙されている書物のページ以外に存在しえないことが異常なのである。[7] ここでは表象の体系を支え、思考の行為そのものを可能にするような「共通の場」がそもそも欠けているのであり、その欠如ゆえに、ある種の病を持つ人々においてそうであるように、言語は「崩壊して」[8]しまう。

ところで、そうした思考の基礎、あるいはその上で事物を「似ている・異なっている」と見分ける「同一性と相似性と類比性の空間」としての「台〔table〕」[9]こそ、あるひとつの文化に特有の思考にとってのアプリオリな条件を構成するものではないか。より正確に言えば、アプリオリとそれを中心に構成される諸条件が、事物同士の出会いを可能にする台を準備する。歴史的に条件付けられたあらゆる思考はそれ自身のアプリオリを持ち、それ

（4）J.-L. Borges, « La langue analytique de John Wilkins », *Autres inquisitions*. 以下に引用。MC, p. 7〔邦訳：一三ページ〕／OE-I, p. 1035.
（5）MC, p. 7〔邦訳：一三ページ〕／OE-I, p. 1035.
（6）MC, p. 8〔邦訳：一四―一五ページ〕／OE-I, p. 1036-1037.
（7）こうした「思考しえないもの」の空間が言語の空間においてのみ可能となっている、というフーコーの指摘のうちに、先に見た「文学言語」についての議論の反響を読みとることも可能だろう。
（8）MC, p. 10〔邦訳：一七ページ〕／OE-I, p. 1039.
（9）MC, p. 11〔邦訳：一八ページ〕／OE-I, p. 1039.

が経験一般を可能にする、というのがフーコーの考古学における主要なテーゼだったのであり、その問題構成を『言葉と物』も明確に受け継いでいる。序文で頻出する「座〔site〕」、「地面〔sol〕」、「台〔table〕」等のメタフォリックな語は、実際のところそうした認識のアプリオリを指し示すために用いられている。そして考古学とは、知を下から支えている条件としての「土台〔sous-sol〕」[10]を掘り起こす営みなのである。

フーコーは、思考のアプリオリを分析するにあたって、思考を成り立たせる構造のうちに三つの領域を区別している[11]。まず、知覚の経験や言語の体系のような、経験的諸秩序〔ordre〕を規定する根底的シェーマとしての「ある文化にとっての基本的諸コード」がある。そしてもうひとつの極には、それぞれの経験に対する学問的＝科学的解釈を与えてくれる「学問的理論あるいは哲学者による解釈」といった領域がある。そしてその二つのあいだには、媒介的でありながら同時に認識にとって根底的な、ある「中間領域」が拡がっており、それが「秩序の経験」の領域である。この中間の領域は、自然発生的な第一のコードの上で一種の解読格子のようなものとして機能するのだが、基礎的なコードに基づいた経験的諸秩序に対して「はじめて距離を」[12]おくがゆえに「批評」や「反省」の最初の契機ともなる。この領域こそが「秩序がある〔il y a〕」[13]という根底的経験を思考に与えるものであり、各文化に固有の「思考の土台」としての価値を帯びるものなのである。

> だからこの「中間」領域は、秩序のさまざまな存在様態を明確にするというかぎりにおいて、もっとも根底的なものとして現されうる。つまりそれこそ、〔…〕言葉や知覚や身振りに先立ち〔…〕、それらに何らかの明瞭な形式や網羅的適用、あるいは何らかの哲学的基礎をあたえようとこころみる理論よりも、より堅固で、よりアルカイックで、より疑わしくなく、常により「真」なのである[14]。

この領域、「秩序とその諸存在様態についてのむき出しの経験」[15]の領域こそ、フーコーが「エピステーメー」と名付ける領域である。認識する主体の「経験」を相関物として持つこのエピステーメーがフーコーの研究の中心となるが、この「中間」となる第三の領域について、フーコーは必ずしも明確な定義を与えていない。マンフレート・フランクが述べるように、[16] この「秩序の経験」の領域は、ハイデッガー的な意味における、概念化される以前の「世界解釈」と同一視できるようなものなのかも知れない。だがいずれにせよ、『言葉と物』のその後のページにおいてエピステーメーにはっきりした定義が与えられることはない。

こうした議論の上での曖昧さによって、同時期の論者のあいだに多くの議論が引き起こされた。ある論者たち——例えばレイモン・アロン[17]——はエピステーメーの概念を「世界観〔Weltanschauung〕」の概念に引き寄せて理解したし、またある論者たちは、エピステーメーをひとつの一貫した構造ないし体系と解釈することで、その概念のうちに構造主義の紛れもない刻印を見出している。[18] フーコーはと言えば、そうした解釈を誤解として退けよう

---

(10) Foucault, « Michel Foucault, « Les mots et les choses » », art. cit., p. 500〔邦訳：フーコー「ミシェル・フーコー『言葉と物』」、前掲、三〇七ページ〕.

(11) MC, p. 11-13〔邦訳：一八—二〇ページ〕／OE-I, p. 1040-1042.

(12) MC, p. 12〔邦訳：一九ページ〕／OE-I, p. 1041.

(13) 同前。

(14) MC, p. 12〔邦訳：二〇ページ〕／OE-I, p. 1041.

(15) MC, p. 13〔邦訳：二〇ページ〕／OE-I, p. 1042.

(16) M. Frank, « Sur le concept de discours chez Michel Foucault », *Michel Foucault philosophe*, *op. cit.*, p. 134.

(17) 以下を参照。Defert, « Chronologie », art. cit., p. 30〔ドフェール「年譜」、前掲、二七ページ〕. フーコーとレイモン・アロンの知的交流については、以下の書物に所収の両者の対談、および編者解説を参照。Raymond Aron et Michel Foucault, *Dialogue*, avec un analyse de Jean François Bert, Lignes, 2007〔邦訳：フーコー『レイモン・アロンとの対話』西村和泉訳、水声社、二〇一三年〕.

(18) 以下を参照。Pierre Burgelin, « L'archéologie du savoir », *Esprit*, n° 360, mai 1967, p. 844-845〔邦訳：ピエール・ビュルゲラン「知の考古学——ミシェル・フーコー論」、J‐M・ドムナック編『構造主義とは何か——そのイデオロギーと方法』伊東守男・谷亀利一訳、平凡社ライブラリー、二〇〇四年、一六五—一六六ページ〕.

とし、後にエピステーメーという語の使用そのものを放棄することになるだろう。一九六九年に公刊される次の著作、『知の考古学』において、上記のような思考の基礎の三領域について再び触れられるが、後で見るように、ここで問題となっている「中間」の領域についての定義にある種の変化が見られることになるだろう。

いずれにせよ、この段階でまず注目しておくべきことは、フーコーが思考の根底的な層を指し示すのに「アルカイックな」という表現を用い、それがエピステーメーというアプリオリの原理と重なり合っているという事実である。すでに確認したように、[19]フーコーのここまでの考古学的探求のテクストにおいては、「層〔fouille〕」という語のメタフォリックな意味（地質学的意味）が重要であった。この「アルカイック」という表現から、フーコーの考古学《アルケオロジー》が概念化される以前の根底的な領域、認識の「始原《アルケー》」とも言うべき領域を対象とするものであったことが確認できるだろう。その意味において、考古学はまぎれもなく、アルケーについての学としての「アルケオロジー」なのである。

不連続性

もうひとつ、『言葉と物』で重要な役割を果たしている概念に、知の体系の通時的連続性に断絶をもたらすものとしての「不連続性〔discontinuité〕」がある。ルネサンスの思考から古典主義時代の思考へ、そして古典主義時代の思考から近代の思考へ、という具合に、「西欧の文化のエピステーメーのなかに、二つの大きな不連続性」[20]があることをフーコーは示すことになるが、その不連続性ないしは断絶という現象が、考古学の営みにとって重要な意味を持つ。ロベルト・マチャードが言うように、「『言葉と物』の主たる野心は、諸々の知のあいだの共時的連続性と通時的不連続性を示すことに」[21]ある。共時的な軸、すなわちあるひとつの時代に属する知の拡がりにひとつの統一性＝連続性を見出すこと、そして通時的な軸、つまり時代ごとの知の歴史を不連続性で区切ること、それがこの書物の叙述の骨格をなしているのだ。そして、通時性と共時性というふたつの軸の交叉するところに位置する概念こそがエピステーメーである。つまりこの概念は、本来歴史的な変化の契機というよりは、区切られた結果として析出される、知の平面の統一的な性質に関わっているものなのだ。

『言葉と物』が出版された当時、その歴史的記述について批判した批評家たちがとりわけ問題としたのは、エピステーメーという概念のそうした統一的な性格だった。例えば、あるひとつの時代にただひとつのエピステーメーしか存在しないという点に批判が寄せられたのであり[22]、その点についてはフーコー自身もこう書いていた。「ある文化のある時点においては、つねにただひとつのエピステーメーがあるにすぎず、それがあらゆる知の成立条件を規定する」[23]。確かに、後に見るように、フーコーは後にエピステーメーの定義を変化させ、その統一的な性質を否定することになるだろう。だが、エピステーメーの概念による、確かに強引とも見える時代区分の仕方、そして思考の下層に拡がっている「思考されないもの」の層に一義的な性格を付与してしまうやり方は、逆の意味で理解することも可能だろう。つまり、この時点でのフーコーの考古学にとって問題なのは、思考の体系の数々を歴史の中に浮かび上がらせることではなく、むしろその体系が変化する瞬間、つまりひとつの知が機能することを止めて別の新たな知へと組み替えられる瞬間を摑まえることだったのではないか。結局、フーコーが

（19）第一部第三章を参照。
（20）MC, p. 13〔邦訳：二二ページ〕／OE-I, p. 1042-1043.
（21）R. Machado, « Archéologie et épistémologie », art. cit., p. 27-28. 強調は引用者。
（22）以下を参照。Michel Amiot, « Le relativisme culturaliste de Michel Foucault », *Les Temps Modernes*, n° 248, janvier 1967, p. 1291-1292. および、P. Burgelin, « L'archéologie du savoir », art. cit., p. 854-856〔邦訳：ピエール・ビュルゲラン「知の考古学――ミシェル・フーコー論」、前掲論文、一八六―一九〇ページ〕.
（23）MC, p. 179〔邦訳：一八九ページ〕／OE-I, p. 1220.

思考の領域に「エピステーメー」という共時的連続性の概念を導入したのは、むしろその「断絶」、「不連続」という、通時的不連続性の現象を記述するためではないのか。[24] そして例えば、『狂気と非理性』、『臨床医学の誕生』、『言葉と物』という三つの著作において「古典主義時代」という時代区分が特権的な重要性を帯びて導入されるのは、そうした変化と差異から発して、「われわれ」の思考を成り立たせている時代、つまり近代という時代の特異性を明るみに出すためではないのか。

ここでも、地質学的意味における考古学のメタファーが重要である。つまり、われわれの足元に広がる思考の大地の、そのまた下層に眠っている「思考されないもの」の層を見ることができるのは、その大地が深く切れ込み、本来覆い隠されているものが露わにされる場所、つまり断層においてではないだろうか。そしてその断層が位置する場所として、『言葉と物』においてエピステーメーの二つの転換期に位置づけられていた二人の作家に重要性が与えられるのである。ひとりは、ルネサンスという世界（「類似」と「相似」の支配する世界）の終わりと古典主義時代という世界（「表象」の世界）のはじまりにまたがるテクストを生んだ作家、セルバンテスであり、もうひとりは、表象の作用を極限まで押し進め、古典主義時代の言説を崩落させた作家、サドである。[25]『ドン・キホーテ』と『ジュリエット』は、ある思考が最期の強烈な光芒を放って姿をくらまし、その空間に一瞬生じた歪みのなかに新たな思考の到来が一瞬垣間みられる、つまりは思考の断層が開示される特権的な書物なのであり、考古学者は、そこに生じた地層の裂け目を出発点として二つの地層のあいだの差異を測定する。

2 「人間学的眠り」と人間の形象

近代のエピステーメー

『言葉と物』における考古学的方法の分析の重点は、近代という時代に置かれている。そしてその時代は、すでにフーコーが論じてきた哲学的人間学の主題をめぐって論じられる。そしてここでもやはり、近代の人間学的構造における思考は、近代のエピステーメーについてのカント的な意味においての批判に近い営み、すなわち構造の内部に捉えられた主体自身が、その構造の内実と限界を調査するという営みとして描き出される。そして、その近代のエピステーメーの分析を導入するために、まずそれとは異質なエピステーメー、すなわち「類似〔similitudes〕」の原理に依拠するルネサンスと、表象の「秩序〔ordre〕」の原理に依拠する古典主義時代のエピステーメーの分析が必要となるのである。

フーコーは近代への移行に当たって標定される断絶、すなわちエピステーメーの変化についてこう述べている。

十八世紀末に西欧のエピステーメー全体に生じた変動については、〔…〕次のように特徴付けることができるであろう。すなわち、古典主義時代のエピステーメーが形而上学的に強い契機をもったところに科学的に強い契機が成立し、逆に、古典主義がこの上なく強固な認識論的な錠前を備えていたところに哲学的な空間が開けるのだ。[26]

（24）イアン・ハッキングは、『狂気と非理性』を例に挙げながら、ある断絶の以前と以後を対置させるフーコーの叙述の仕方を「ビフォー・アフターのストーリー〔before and after story〕」と呼んでいる。以下を参照。Ian Hacking, « Between Michel Foucault and Erving Goffman : between discourse in the abstract and face-to-face interaction », *Economy and Society*, Vol. 33, No. 3, August 2004, p. 295.

（25）以下を参照。MC, p. 60-64, 133-134, 222-224〔邦訳：七一—七五、一四三—一四五、二三〇—二三一ページ〕／OE-I, p. 1092-1096, p. 1171-1173, p. 1266-1268.

（26）MC, p. 219〔邦訳：二二八ページ〕／OE-I, p. 1263.

古典主義時代の知を支配していた秩序が消滅し、そこに新たな知の領域が浮上する。古典的な形而上学を成立させていた知の配置が近代科学を支えるものへと変化し、認識論的に遺漏なく組み立てられていた知の体系が緩んだ空間に近代哲学が、そして「文献学」、「生物学」や「経済学」、そしてその背景となる「歴史」が誕生するのである。そして、そうした認識論的断絶は、古典主義時代の言語体系としての表象体系が自らを支えることを止めたことによってもたらされる。

表象が、その諸要素のあいだに成り立ちうる結合を、表象それ自体から出発して、表象固有の展開において、表象を自らの上に折り重ねて二重化する作用によって、基礎づける力を喪失したのである。[27]

フーコーによれば、古典主義時代のエピステーメーにおいて、言語はそれ自身で思考そのものとして機能していた。その機能において、言語は表象体系のうちに一要素として組み込まれ、それ自身の存在を表明することはなかった。「極言すれば、古典主義時代の言語は存在しなかったと言えるかもしれない。そうではなく、言語は機能しているのだと」[28]。古典主義時代、言語は「思考の外的な結果ではなく、思考それ自体」[29]だったのであり、その表象的機能は言説の存在と等しいものだったのである。その表象作用は、自らの存在そのものを支えるような、堅固な性質において特徴付けられる。その作用は「二重化された」表象、すなわち、「諸表象を指示し、分析し、合成し、分解する役割をおび、かくて諸表象のうちにそれらの同一性と差異の体系とともに秩序の一般的原理を出現させるような表象」[30]なのである。自分自身のうちに安らう、古典主義時代の秩序の経験はそこに由来するだろう。

そうした古典主義時代の思考の体系に、近代の思考は表象の秩序をはみ出すひとつの要素を導き入れることになる。フーコーはそれを経済、生物学と言語についての近代的理論のうちに見出している。十八世紀末における

「一般文法」、「博物学」、「富の分析」という知の領域のそれぞれにおいて、それまでの表象の体系のなかに収まらない概念、「言語の屈折体系」、「組織」、「労働」といった概念が登場し、それぞれの領域を基礎づけることになるのである。

いずれの場合にも、表象の表象それ自身にたいする関係と、この関係によっていかなる量的測定もなしに決定される秩序関係は、いまや、現にあたえられている表象そのものの外部にある諸条件によって媒介されることとなる。[31]

表象の外部にあらわれるそうした「何ものか」は、近代の知に二つの超越的＝先験的な領域を開く。ひとつは客体の側、客体を越えたところに構成される「擬‐先験的なもの〔les quasi-transcendantaux〕」の領域であり、もうひとつは主体の側に構成される先験的な主観性という領域である。[32] フーコーによる近代的な「人文諸科学＝人間諸科学〔sciences humaines〕」の体制の分析は、そうした二つの領域ないし二つの問題系をめぐって行われることになる。最初の場、つまり客体の側においては、事物が属している領域に、表象の体系に異質な概念が入り込む。それは例えばリカードの経済学理論における「労働」の概念であり、キュヴィエの生物学理論における「生命」であ

(27) MC, p. 251〔邦訳：二五八ページ〕／OE-I, p. 1296.
(28) MC, p. 93〔邦訳：一〇三ページ〕／OE-I, p. 1127, 強調は引用者。
(29) MC, p. 93〔邦訳：一〇二ページ〕／OE-I, p. 1127.
(30) MC, p. 233〔邦訳：二四一ページ〕／OE-I, p. 1275-1276.
(31) MC, p. 250〔邦訳：二五七ページ〕／OE-I, p. 1294, 強調は引用者。
(32) MC, p. 262〔邦訳：二六九ページ〕／OE-I, p. 1307.

り、ボップの文献学理論における、客観的な対象としての「言語《ランガージュ》」である[33]。経済学を例にとるならば、市場における品物の価値を決めるのは、他の品物や必要性や交換行為ではなく、そこに入り込む「労働」の概念を通じて算定される、「その物の生産に要した人間の活動」ということになるのだ（先回りして言うなら、古典的な経済の秩序に入り込む異物の真の姿は、労働という概念を通じて浮かび上がる「人間」にほかならない）。それぞれの学問領域に登場するそうした概念は、古典的な表象体系においては場所を持ちえなかったものであり、古典的な表象秩序の消滅——言語と事物との「ずれ」の発生——を補うかのように現れるものである。一七七五—一七九五年という極めて限定された時期に登場したそのような新しい知の配置は[34]、事物が配列される基礎となる、認識のアプリオリとしての「台＝タブロー」に変動をもたらすことになるだろう。

> 以後、表《タブロー》は、可能なすべての秩序の場、あらゆる関係の母胎、単独的な個別性におけるすべての存在物の配分形式であることを止め、知にたいして、もはやわずかな表面〔surface〕の薄膜を形成するものにすぎなくなる[35]。

秩序を可能にする「タブロー」が知の「表面＝表層」でしかないものとなったことで、西洋近代の思考に変化が生じる。それ以後、その思考は絶え間なく事物の「深層」を思考しようとするのである。「こうしてヨーロッパ文化はみずから一個の深層を創りだすのであって、そこでは、〔…〕近づきえぬ原初の核から出発して発展してきた隠れた偉大なる諸力が、起源と因果性と歴史が、問題となるであろう[36]」。近代の思考は古典主義時代のエピステーメーのうちに見出されていた秩序と明瞭さを失い、「深層」によって目をくらまされることになる。フーコーがニーチェ的用語を用いて「ある種の背後世界[37]」と呼ぶこの「深み」の領域こそ、近代的な形而上学、すなわち「人間の有限性によって寸法の定められた形而上学[38]」の起源なのである。

二つ目の「超越的＝先験的な場」は主体の側に開かれるものだが、それは、主体の綜合的機能を可能にするものである。フーコーによるその機能の分析は哲学的な「人間学的構造」の批判というかたちを取って遂行されることになる。ここで「人間」の形象が主要な哲学的主題として浮上するのであり、その形象が、知の古典的体系においては空虚だった場所を近代の思考において占めることになる。

『言葉と物』の第一章に置かれたベラスケスの《侍女たち》《ラス・メニーナス》についての分析において、このタブローの中には「古典主義時代における表象作用についての表象」(39)があるとフーコーは言う。それは、このタブローのうちに表象についての徴《しるし》や形式があちこちに描き込まれているにもかかわらず、それが表象しているのは、結局のところ「表象するもの」〔画家の姿〕でもなければ「表象される（べき）もの」〔王の姿〕でもないからである。つまり、この「古典的な」タブローには、「主題＝主体〔sujet〕」が不在なのだ。

古典主義時代のエピステーメーで空虚のままだった場所は、近代のエピステーメーにおいては人間の形象によって占められる。その形象こそが、表象の体系の全体を綜合することで、近代の知を支配することになるので

(33) MC 第八章を参照。
(34) フーコーは、そうしたエピステーメーの変動に二つの局面を区別しており、そのひとつが一七七五―一七九五年であり、もうひとつが一七九五―一八二五年である。以下を参照。MC, p. 233〔邦訳：二四一ページ〕／OE-I, p. 1275-1276.
(35) MC, p. 263〔邦訳：二七〇ページ〕／OE-I, p. 1308、強調は引用者。
(36) MC, p. 263〔邦訳：二七〇ページ〕／OE-I, p. 1309.
(37) MC, p. 252〔邦訳：二五九ページ〕／OE-I, p. 1296.
(38) MC, p. 328〔邦訳：三三七ページ〕／OE-I, p. 1380.
(39) MC, p. 31〔邦訳：四〇ページ〕／OE-I, p. 1060.

あり、その存在は近代のエピステーメーのもとでしか思考されることはない。「十八世紀末以前に、人間なるものは存在しなかったのである(40)」。それを逆に言えば、「近代〔modernité〕」とは、人間という形象が誕生した時代である、と言うこともできるだろう。

> われわれの近代性の発端は、人々が人間の研究に客観的諸方法を適用しようと欲したときではなく、人間と呼ばれる経験的＝先験的二重体がつくり出された日に位置づけられる〔…〕(41)。

古典主義時代の表象においては、言説《ディスクール》の体系が思考の行為そのものとぴったり重なり合っていたために、思考の行為の中で、経験的主体の存在が問題とされることはなかった。主観的合理性をもたらすものとしての主体は、それゆえ存在しなかったのである。

そうした人間の形象は、有限性の概念のうちに明確なものとなる。カントの『人間学』についての論文において、フーコーは近代の思考がこの概念を中心に繰り広げられていることを指摘していた(42)。ここでは、人間の有限性は事物との関係性において明らかになる。つまり、事物は人間を中心としてその周囲に——知の体系にもとづいて——配置されることになり、逆に、人間の存在は事物の存在によって保証されることになるのである。人間の存在すらその機能の結節点として組み入れられていた古典主義時代の表象の秩序が崩壊するとともに、事物の真実は表象作用の中にではなく、事物の深層＝背後世界に位置づけられることになる。

> 〔近代の〕表象のなかで、諸存在は、もはやそれらの同一性をではなく、それらの定立する、人間にたいする外的関係をあきらかにするのである。人間が、その固有の存在、みずからに表象をあたえるその力とともに、生物、交換される品物と語によってしつらえられた窪みに姿をあらわすとき、生物、交換される品物と語は、

それまでその自然の座〔site〕だった表象を捨てて、物の深層に身を引き、生命と生産と言語の諸法則にしたがって、自らの上にとぐろを巻くのだ(43)。

古典主義時代の知においては、事物は「一般文法」、「博物学」、「富の分析」といったそれぞれの知の領域に固有のシステムに属していた。だが近代においては、事物は表象作用の綜合的機能を果たすものとしての「人間」の周囲に配置されることになる。近代的人間はそうした客観的事物によって自らの有限性＝限界を知ることになるのだ。だが、そうした事物は純粋な外在性としてあるのではなく、「死」、「欲望」や「時間」といった人間の特性にすべて結びついている。

そこにおいて、限界は、人間に外部から課せられた決定としてではなく（人間はひとつの自然あるいは歴史をもっているから）、人間固有の事実にのみもとづき、あらゆる具体的限界の実定性にむかって開かれている基本的有限性として現れるのである(44)。

こうして人間の形象は、知の主体でもあれば客体でもあるという奇妙な位置を占めることになる(45)。人間は自ら

（40）MC, p. 319〔邦訳：三二八ページ〕／OE-I, p. 1371.
（41）MC, p. 329-330〔邦訳：三三八ページ〕／OE-I, p. 1382.
（42）本書、第一部第二章を参照。
（43）MC, p. 324〔邦訳：三三二ページ〕／OE-I, p. 1376.
（44）MC, p. 326〔邦訳：三三五ページ〕／OE-I, p. 1378.
（45）「人間は、知にとっての客体であるとともに認識する主体でもある、その両義的立場をもってあらわれる」。MC, p. 323〔邦訳：三三二ページ〕／OE-I, p. 1375.

に固有の有限性のうちに閉じこもり、思考はその構造によって対象＝客体〔objet〕と主体〔sujet〕を終わりなく行き来し、思考し続けるという終わりない責務へと駆り立てられることになるのである。人間は「経験的なもの」が可能となる土台でありながら、そこには先験的なもの＝超越的な性質がこっそりと忍び込むことになる。「有限性の分析論において、人間とは奇妙な経験的＝先験的二重体である。それこそ、そのなかであらゆる認識を可能にするものの認識がおこなわれる、そうした存在だからだ」[46]。認識の経験的内容が先験的諸原理を可能にするが、その先験的原理こそが、その経験の基礎にほかならないのである。自己自身の限界に閉じ込められた認識の形態がこうして明らかになるだろう。人間学の構造が形成されたのである。

ここで、カントの『人間学』に関する議論を思い出しておこう[47]。カントの哲学体系においては、『批判』から『人間学』への移行のうちに経験的なものと先験的なものとの接合が見られ、それが人間学的構造を生み出していたのだった。『言葉と物』における近代的エピステーメーの分析は、カント論における上記のような議論を、歴史的展望のうちに位置づけながら再び繰り返すものだと言えるのだが、ここでのカント哲学がやや曖昧な位置に置かれていることが分かる。例えば、観念学的分析とカントの批判哲学との認識論的な対応関係について述べながら、フーコーはカント哲学の二つの異なった側面について指摘している。

> 〔…〕観念学は、古典主義時代の最後の哲学で〔…〕ある。観念学の分析は、もっとも複雑なものまで含めた表象のすべての形態を、ひとつの誕生の物語のうちに取りもどすのだ。その観念学にたいして、カントの批判は、逆にわれわれの近代の発端をしるしづけている。それは、単純な要素からあらゆる可能な組み合わせにいたる際限のない動きに即してではなく、表象の権利上の限界から出発して表象に問いかける。〔…〕この意味において、批判哲学は、十八世紀の哲学が表象の分析のみによって滅却しようとした、形而上学的次元を明るみにだしたといえよう。だが、同時に批判哲学は、表象の由来と起源をなすすべてのものに表象の

外部で問いかけることを意図するような、もうひとつの形而上学の可能性を開くものでもあった。[48]

『言葉と物』におけるフーコーは、『批判』のカントと『人間学』のカントを明確に区別しているように思われる。『人間学』における批判の「反復」についての議論では、『批判』が「超越論的なもの」と「経験的なもの」とを明確に区別したにもかかわらず、『人間学』がその両者を混同してしまっていることが指摘されていた。カントが『論理学』の序論で「人間とは何か〔Was ist der Mensch ?〕」という第四の問いを付け加えた時、ある「移行〔passage〕」が起こったのである。そうした問いによって人間学的構造が誕生したという指摘を、フーコーは『言葉と物』においても繰り返している。

この問いは、〔…〕十九世紀初頭以来思考のすみずみをめぐり、カントがともかくもその分割を示した、経験的なものと先験的なものとを、あらかじめ、ひそかに混ぜ合わせていたのである。この問いをつうじて、近代哲学を特徴付ける、折衷的レベルでの反省が成立したわけだ。[49]

フーコーは人間学的構造の誕生と完成の両方をカント哲学のうちに見出しているとも言えるのだが、それとともに、フーコーのテクストに現れる、哲学史的事項としての「カント哲学」と、ある種の哲学的思考としての

(46) MC, p. 329〔邦訳：三三八ページ〕／OE-I, p. 1382、強調は引用者。
(47) 本書、第一部第二章を参照。
(48) MC, p. 255-256〔邦訳：二六二―二六三ページ〕／OE-I, p. 1300.
(49) MC, p. 352〔邦訳：三六二ページ〕／OE-I, p. 1407.

「カント主義」を区別しておくべきだろう。前者が批判の歩みのうちで理性の限界と人間の有限性を明らかにするものであるのに対して、後者は自らの思考の営みをある種の不活性の状態に閉じ込めてしまうものである。その前者が「批判」、後者が「人間学」によって代表されることになるのだが、その後者における思考の不活性状態こそ、フーコーが「人間学的眠り」と呼ぶものである。

こうして、〔…〕哲学は新しい眠りを、独断論のそれではなく人間学の眠りをねむるのだ。経験的などのような認識も、人間にかかわりさえすれば、そこで認識の基礎とその諸限界の規定と最終的にはすべての真実の真実とがあきらかにされるはずの、ありうべき哲学的場としての価値をもつだろう。[50]

3 考古学の方法――主体と客体についての問い

再び方法についての問いに立ち戻ることにしよう。先に見たように、『言葉と物』という著作は「認識のアプリオリの分析」としての考古学的方法の純化であり、それ以前の著作に現れた様々な主題を綜合的に扱ったものと考えられる。では、この著作において、考古学の理論的な要素にもたらされた純化はどこに見出されるのか。

歴史的アプリオリ

『言葉と物』においては、アプリオリの概念がより詳しく再検討されている。『臨床医学の誕生』に現れた「具体的アプリオリ」が、具体的かつ歴史的に定義されるものを指し示していた点についてはすでに見た。[51]『言葉と物』において繰り返し登場する歴史的アプリオリという語は、その延長線上に位置するものだろう。カントの言うアプリオリは認識一般を可能にする条件そのものであり、「カテゴリー」について言うなら、それは例えば「時間」のように、主体の客観的経験を可能にする綜合的機能の根本的なかたちであり、あらゆる経験を可能にするものだった。

だが、フーコーにおけるアプリオリはカントのそれとは異なり、より経験的で歴史的な側面を有している。

〔歴史的アプリオリは、〕ある時代において、経験のなかにひとつの可能な知の場を浮かび上がらせ、そこにあらわれる対象の存在様態を規定し、日常的視線を理論的能力で武装するものであり、物に関して真実と認められる言説を述べうるための諸条件を規定するものなのだ。(52)

歴史的アプリオリは、ある時代における思考（カントのような一般的な認識ではなく、理論的な知としての思考）を秘かに条件付け、支えている。そしてそれと相関的に、考古学的分析が行われるレヴェルは「様々な知のそれぞれにとっての、歴史的で一般的なアプリオリを明るみにだす(53)」レヴェルであると定義される。つまり、フーコーの考古学において主導的な役割を果たすアプリオリの概念はいささかも超‐時間的なものではなく、あくまで歴史的展望のうえに位置づけられている。そしてその点にこそ、考古学の最も本質的な点のひとつがある。つまり、

（50）MC, p. 352〔邦訳：三六二―三六三ページ〕／OE-I, p. 1407.
（51）本書、第一部第三章を参照。
（52）MC, p. 171〔邦訳：一八一ページ〕／OE-I, p. 1212.
（53）MC, p. 329〔邦訳：三三八ページ〕／OE-I, p. 1381.

あらゆる概念や事象をそれに固有の歴史的生成過程の中に置き直し、その具体的・個別的な意味を解きほぐしつつ、あらゆる超越性＝先験性を排除しようとする点である。[54]

ところで、こうした知のアプリオリの条件についての分析においては、人間の形象についての記述に関して、『言葉と物』とそれ以前のテクストのあいだに本質的な相違が見出される。例えば『狂気と非理性』において、それ自体が理論的に定義不可能なものとしての「狂気」が知の構造的布置の中心に据えられていたように、以前の著作においては、ある未確定の要素が認識的構造の内部に見出されていた。だが『言葉と物』においては、そうした未確定の対象が、人間という、より具体的な形象に置き換えられている。勿論、人間という形象そのものもフーコーの議論において完全に定義可能な概念ではないが、そうした概念の未確定性がある認識的構造を支えるアプリオリな機能を果たしている、という点を批判的に明確化した点が重要なのである。また、合理性の個別的主体となる形象を導入することで、フーコーは合理性という問題を集合的ではなく、個別主体的な形態によって取りあげ直すことになる。つまり、フーコーがここでその機能と限界とを明らかにしようとする「理性」は、社会的・文化的なレヴェルにおける非人称的な体制として論じられるのではなく、知のアプリオリの体系において形づくられる主体性の問題として取り扱われることになるのである。

『臨床医学の誕生』においては、医師のまなざし、そして疾病の知覚についての分析を通じて、知の構造的布置における主体の位置づけにつながる問題が提起されていた。それは、「まなざし」や「言語」に基礎づけられた、知の体系についての歴史的記述から導き出される「認識する主体」についての分析であったが、そうした分析は、主体の認識という綜合的機能を問題としている限りにおいて、多かれ少なかれ抽象的・普遍的かつ超‐歴史的なものだったのであり、主体それ自体が歴史的に規定された形成物として分析の対象になっていた訳ではない。そうした主体の分析は、後の著作『知の考古学』（一九六九年）において、フーコー自身による自己批判の対象となるだろう。[55]

『言葉と物』においては、先述のように、認識における主体性が歴史的過程のうちで分析される。人間という形象が導入されることで、真の意味において「近代的」と呼ばれうるような、思考の人間学的構造が批判されることになるのである。しかしながら、そうした「歴史化〔historicisation〕」の企てが本当に有効なものたり得るのかが検討されなければならないだろう。というのも、歴史的な形成物として論じられる「認識の主体」という主題にも、ある方法論的な困難が付きまとっているように思われるからである。

主体と対象

フーコーの考古学は、そもそも近代のエピステーメーのうちに、どのように主体を位置づけているのだろうか。だがこうした問いは、対象＝客体〔objet〕の位置づけについての問いを同時に提起することになる。まず、考古学の企てそれ自体にとって原理的で素朴な問いを立てることにしよう。つまり『言葉と物』という書物において、「考古学の営みを実践する者」はどこに位置づけられるのか、という問いである。「知の考古学者」自身も、紛れもなく近代のエピステーメーにおける主体の位置を占めている以上、認識論的主体についての分析も、原理的に

(54) 以下を参照。「私は最大限まで歴史化し〔historiciser au maximum〕、超越論的なものに対して可能な限り場所を残さないようにしているのです」。Foucault, « Les problèmes de la culture. Un débat Foucault-Preti » (1972), DE-II, p. 373〔邦訳：フーコー「文化に関する諸問題――フーコーとプレティの討議」安原伸一朗訳、『ミシェル・フーコー思考集成』、第Ⅳ巻、筑摩書房、一九九九年、三四八ページ〕.

(55) 「したがって、『臨床医学の誕生』において使用された「医学的視線」という表現は、あまり適切なものではなかった」。Foucault, *L'archéologie du savoir* [AS], Gallimard, « Bibliothèque des sciences humaines », 1969, p. 74〔邦訳：フーコー『知の考古学』慎改康之訳、河出文庫、二〇一二年、一〇七ページ〕.

何らかの限界に逢着することになるのではないか。主体は、思考が自らに課す限界内において、自らの思考という行為について思考することができるのだろうか。つまるところ、知の考古学者は、自らが所属する時代のエピステーメーを分析することができるのか。

フーコーの議論に従うなら、ある認識の主体が自らの属するエピステーメーの外部に位置することは原理的にあり得ない。自らの思考の限界について自ら思考しなければならないのである。そうした、理性についてのカントの問いに類似した問題は、改めてフーコーの考古学がカント哲学に対してとり結ぶ両義的な関係を想起させずにはおかない。繰り返しておくなら、考古学の方法は主として思考の体系を支えるアプリオリの領域と、その体系における認識主体の位置づけに関するものであり、その限りにおいて、フーコーの探求を「カント主義的」と呼ぶことができたのだった。しかし、カント的思考によれば、経験を可能にする諸条件は経験の対象を可能にする条件でもあったのであり、事物の現れは、それらの事物を「現象」とするような形式的諸条件に従うのであった。対象としての現象はそれ自体として存在するものではなく、「自己意識」に従属するものなのである。

そして、一九六〇年代のフーコーの考古学に見られる「カント主義」は、必ずしもカントに忠実なものではない。例えばジル・ドゥルーズは、「可視性」と「言表」の概念を「その条件のもとで、ある時点に、あらゆる観念が形式化され、様々な行動が現れるようなアプリオリな条件」と見なした上で、次のように述べている。「このような諸条件についての探究は、フーコーに特有な一種の新カント主義を構成する(56)」。しかし同時に、フーコーにおけるカント主義とカント哲学との相違について以下のようにも指摘している。

> しかしカントとは根本的な違いがある。諸条件は現実的な経験の条件であって、あらゆる可能的経験の条件ではないのだ〔…〕。それらは「対象」の側、歴史的編成体〔la formation historique〕の側にあるのであって、普遍的主体の側にあるのではない（アプリオリは、それ自体歴史的である）。どちらも、外部性の形態なのである(57)。

フーコーにおいては、アプリオリな諸条件は主体の綜合的機能のうちにではなく、対象そのものの領域に位置づけられる。だが、カント哲学そのものから距離を置いているとはいえ、そうした差異は、フーコーが「カント的なもの」から完全に解放されたことを意味しない。フーコーが試みる対象とアプリオリについての分析は、主観性の側における経験という主題に最終的に関わるものであるがゆえに、「綜合する主体」という主題から切り離されてはいない。この時期のフーコーの考古学は、主体と対象とを結びつける志向性という現象学の主題をまだ排除し得ていないのである。フーコーがそうした「構成する主体」という主題から完全に脱却するには、対象それ自体の位置づけが明確にされねばならないだろう。つまり、何らかの主観性に結びつけられることのないような対象である。

対象

そうした対象の位置づけについては、言語についての例を挙げることで明確になるだろう。『言葉と物』で描き出されているのは、「生の存在〔être brut〕」における言語という、思考の新たな対象が出現するに至る歴史である。すでに見たように、『臨床医学の誕生』や同時期の文学についてのテクストにおいて、フーコーは認識論的体系のうちに現れる限りにおいての言語の問題を扱っていた。そうした観点から見れば、『言葉と物』は、近代

（56）G. Deleuze, *Foucault*, Minuit, « Critique », 1986, p. 67〔邦訳：ドゥルーズ『フーコー』宇野邦一訳、河出文庫、二〇〇七年、一一三ページ〕.
（57）同前、強調は引用者。

のエピステーメーにおける言語の特異的な位置づけを歴史的に解明しようとする試みである、ということもできよう。[58] 言語は古典的な「言説」の機能から遊離し、人間の思考にとっての純粋な外在性として姿を現し、人間の思考の限界を明らかにする。それが、近代のエピステーメーにおける「言語の回帰」とフーコーが呼ぶ事態であった。[59]

だが、そうした分析において、言語の位置づけはまだ曖昧なままである。というのも、言語は認識する主体に外在的ではあるが、その主体の思考の限界点として現れてくるという点において、主体に相関的なものだからである。別の言い方をするなら、言語についての歴史は、人間学的構造との関連においてしか明らかにされていない。われわれがここまでに見た（つまり、一九六一年から一九六六年までの）フーコーの考古学において、言語は二つの種類に分けられていた。まず一方に、思考の働きそれ自体のうちに溶け込んだ言語があり、古典主義時代における言説の概念は、言語のそうした側面を明らかに示している。しかし他方で、表象機能から切り離されて「対象＝客体〔objet〕となった」[60] 近代の言語も存在する。思考の機能を越えたところに位置するそうした言語が、例えば文学の言語であった。前者の言語が主観的認識と絡み合って存在しているが故に、それ自体で概念的な分析の対象とはならないとすれば、後者はあまりに自律的であるが故に、エピステーメーを構成する要素のひとつとして自らを示すことができない。すなわち、後者についての分析は考古学の一部とはなり得ない。

『言葉と物』の最終章において、フーコーは「人文諸科学」という知の配置における、精神分析と文化人類学の特異性について述べている。[61] それら二つの知の領域は、人間学的思考の構造の基礎づけそのものを批判し、人文諸科学の実定性を生み出す「人間」という概念を解体することによって、むしろ「対抗‐科学〔反‐科学〕」[62] である、というのだ。その両者が対象とするのは「無意識」の体制であり、そこから人文諸科学の歴史的アプリオリ、あるいは根底的構造が明らかにされる。それらは、「人間のそとにあって、その意識にあたえられるものと逃れるものを、実定的な知によって知ることを可能にするものを目指している」[63] のである。さて、ここでわれわれが注目したいのは、精神分析と文化人類学が、意味作用の体系を分析するという点において言語学的分析に接近しているとされている点である。フーコーによれば、精神分析や文化人類学においては、人間の概念を脱中心化し、人文諸科学の体系を乗り越える作業は言語理論への参照によってなされている。「そのとき、このようにして構想された文化人類学と精神分析に形式的モデルをあたえる、言語の純粋理論というテーマが形成されるわけだ[64]」。言語理論は、それがとりうる新たな形態のもとで[65]、精神分析や文化人類学以上にラディカルな、第三の「対抗－科学〔反－科学〕」となり得る可能性がある、とフーコーは述べる。

> 言語学によって、人間の外部にある実定的諸領域（なぜならそれは純粋言語だから）において完全に基礎づけられ、人文諸科学の全空間をつらぬいて有限性の問題にふたたびつながるような（なぜなら思考が思考することが可能となるのは、言語を通じて、言語のなかにおいてだからである。それゆえ、言語はそれ自身、基本的なものとしての価値をもつ実

(58) D・ドフェールの証言によれば、フーコーは後に『言葉と物』となる書物について、その準備段階では「記号についての書物」と呼んでいた。以下を参照。Defert, « Chronologie », art. cit., p. 26-27〔邦訳：ドフェール「年譜」、前掲、二一ページ〕.
(59) MC, 第九章第一節を参照。
(60) MC, p. 307〔邦訳：三一五ページ〕／OE-I, p. 1358.
(61) MC, p. 385〔邦訳：三九五ページ〕／OE-I, p. 1442 以下。
(62) MC, p. 391〔邦訳：四〇一ページ〕／OE-I, p. 1448.
(63) MC, p. 390〔邦訳：四〇一ページ〕／OE-I, p. 1448.
(64) MC, p. 392〔邦訳：四〇三ページ〕／OE-I, p. 1450.
(65) ここでのフーコーの言語理論への言及は、プレイヤード版の編者が注で述べているように（OE-I, p. 1632）、レヴィ＝ストロースによる、文化人類学と言語学の共通性についての議論を踏まえている。だが、ここでフーコーが問題にしている「言語学」とは、文化を記述する際の構造的モデルを文化人類学に与えたような言語学ではなく、「新たな形態」におけるそれであると考えるべきだろう。

定性なのだ)、ひとつの科学が得られるかも知れない。文化人類学と精神分析の上位に、より正確に言えば、それらと交錯しながら、第三の「対抗‐科学」が、もろもろの人文諸科学からなる領域全体を通覧し、活気づけ、不安にさせ、その領域を実定性の側と有限性の側の両側にあふれ出ることによって、人文諸科学にたいするもっとも全般的な異議申し立てを形成することになるかも知れない。(66)

その明確な姿は明らかでないにしても、フーコーはここでひとつの「言語学」、すなわち人間の有限性の主題から截然と切り離された、実定性にもとづく分析を可能にするような言語についての学を指し示している。人文諸科学における人間学的構造のあり方を根底的に描き出すことを試みた『言葉と物』の考古学にとって、こうした言明は、条件法(67)(「〜かも知れない」)で語るほかないほとんどフィクショナルな存在としての「新たな学」であるという点において、同時代的な知が人間の有限性の構造に対して内在的な批判以上のことを行い得ないということを示しており、その意味においては、この議論のうちに考古学的方法の終局を見るべきであるようにも思える。だが同時に、そうした「新たな学」の具現化に向けてのプロジェクトの始動をそこに読みとることも、おそらくは可能だろう。

そうした「新たな学」の内実とは、純粋な客観的対象——フーコーの言い方によれば「人間の外部にある実定的な領域」——としての言語についての理論ということになるだろう。フーコーが言語学に重要性を与えるのは、言語学は人文諸科学のさまざまな領域で観察された経験的事象を単に説明するものではなく、知の内容の構造化に関わるものだからであり、事実の解読の原理そのものを提供し、事物を、あるひとつの意味体系に含まれる要素として把握することを可能にするものだからである。「言語学的分析は、説明である以上に知覚である。すなわち、それはその対象そのものの基本的構成要素をなすわけである」(68)。言語の作用についてのこうした議論は、一見したところ『臨床医学の誕生』における議論、つまり認識において作用する言語についての議論に類似しているが、言語が作用する場としての「主体による認識」といったものがここでは前提されておらず、言語が知の領域において形づくる意味の体系が問題とされていることに注意しよう。「認識する主体」という審級そのものが、ここでは消滅しているのである。

こうして、フーコーがここで述べる言語学的研究が、研究の対象についての問いを提起することになる。こうして、対象を純粋な実定性として確定することを可能にするような、言語学に基礎づけられた新しい研究の方法が予告されることになる。この『言葉と物』における言語への問いかけは、いわば考古学から新たな方法論への蝶番となるものなのだ。

4 新たな方法論に向けて

考古学の限界＝臨界

だが、新しい探求へのありうべき方向性が示されたとはいえ、『言葉と物』はひとつの方法の完成ないし完結とも捉えられるべき性格を帯びている。近代的思考の人間学的構造がその歴史的な様態において分析され、近代

(66) MC, p. 392〔邦訳：四〇三ページ〕／OE-I, p. 1450、強調は引用者。
(67) フランス語における「条件法」をフーコーは好んで用いるが、これはある「条件」のもとでのみ成立しうる事柄について語る用法であり、その意味では「仮想現実」的な性質をもつものについて語っていると言える。
(68) MC, p. 393〔邦訳：四〇四ページ〕／OE-I, p. 1451.

のエピステーメーの中心を占める形象が人間として提示された。それによって、近代の哲学的思考にとっての究極的な形象が提示されたことになる。カントが理性についての探求を限界まで押し進めたように、フーコーの探究もまた、近代的思考の内部からその限界まで踏破し尽くしたということになるだろうか。それによってフーコーは、これまでの著作で繰り広げられていた考古学的方法にピリオドを打つのである。

『言葉と物』（そして、同時期のその他のいくつかのテクスト）は、有限性の円環のうちに閉じ込められた哲学的反省の「内面性＝内在性」(69)を強調しつつ、近代的思考の限界を明らかにしている。人文諸科学は、人間のあいまいな性質に基礎づけられている限りにおいてのみ「科学」なのだが、近代以降の哲学も、そうした人文科学に属しつつ、思考に関する批判的営みを遂行している。フーコーもまた、自らの考古学によって、有限性に閉じ込められた近代的思考に特有の運動を模倣していると言うべきだろうか。実際、フーコーは自らの言説のうちに探求の終わりについての徴《しるし》を書き込んでいるようにも思われる。例えば、古典主義時代の言説において、事物を命名するという行為が「言説の終わり」を意味していると論じている『言葉と物』のあるページは、そのままフーコー自身の言説と重ね合わせられるようにも見える。

蓮實重彥が指摘しているように、(70)『言葉と物』という書物は、ベラスケスの絵画において空白のまま残されていた空間を埋めることになる何ものかが「人間」と名指されることによって、その終焉を演じてみせる書物なのかも知れない。いずれにせよ、近代的な知に人間という形象が導入され、近代のエピステーメーの中心にあるものが命名されるやいなや、フーコーは自らの言説が終わりを迎えることを示唆しているのだ。

解決されぬかくもおびただしい無知、かくもおびただしい問いをまえにして、あるいは立ち止まるべきなのかもしれない。ここに言説《ディスクール》＝論述の終わり、そしておそらくは仕事が再開される地点が定められているのだ。(71)

こう言ってよければ、『言葉と物』の分析は、ある種の限界の内部においてのみ完璧なものであり得る。その分析が示すのは認識の歴史的体系の内部における主体性の形成過程であり、また人文諸科学は自らの学としての正当性を自らの対象――つまり人間――からしか汲み上げることができないという点であった。しかし、そうしたフーコーの分析もやはり哲学的思考にほかならず、同じく思考の人間学的構造に捉えられていることになるだろう。つまりその分析は、近代的思考による、近代的思考への内在的批判なのである。

ある限界内における批判が成し遂げられてしまったとすれば、今後、知の批判的分析にどのような作業が残されていることになるだろうか。人間という究極的な形象が名指された後に、人間学についての分析を続けることは可能なのか。ここで思考の歴史的条件についての分析はひとつのサイクルを終えたのであり、それ以上は語り得ないだろう、ニーチェが「超人」[72]と呼ぶような別の主体性の到来について語るのでなければ。「仕事の再開」という問題が、ここでフーコーの思考にとって浮かび上がることになるだろう。つまり、人間学という問題系に属さない新たな研究のあり方を定め、思考の新たな方法を構築することが問題となるのだ。

(69) Foucault, « La pensée du dehors », art. cit., DE-I, p. 521〔邦訳：フーコー「外の思考」、前掲論文、三三九ページ〕／OE-II, p. 1217. ブランショについてのこの論考は一九六六年のものであり、『言葉と物』と同時期のものであることを強調しておくべきだろう。この時期のフーコーの思考は、思考の「内在性」(「人間の有限性」)と、その内在性を超えることへの夢想(「外の思考」)を巡るものであると言ってもよい。

(70) 蓮實重彥「肖像画家の黒い欲望――ミシェル・フーコー『言葉と物』を読む」、『フーコー・ドゥルーズ・デリダ』、河出文庫、一九九五年、二一―七一ページ。

(71) MC, p. 318〔邦訳：三二七ページ〕／OE-I, p. 1370.

(72) カントの『人間学』についてのフーコーの分析がこの語で締めくくられていたことを想起しよう。本書、第一部第二章参照。

カヴァイエス、カンギレム、フーコー

一九六七年、ジョルジュ・カンギレムは、『言葉と物』についての書評においてジャン・カヴァイエスの名前を引き合いに出している。

二十年前〔つまり一九四七年——引用者注〕、ジャン・カヴァイエスの死後出版の著作、『論理学と科学の理論について』の最後の数頁、とりわけ最後の数行が、科学の理論が概念〔concept〕を意識〔conscience〕に取って代える必要性について述べていた。(73)

カンギレムのこうした指摘は何を意味しているのか。いささか唐突にカヴァイエスの名前が出された後、その死後出版の著作の最後の数行が引用される。まずそのカヴァイエスのテクストを引用しよう。

科学の学理〔doctrine〕をあたえうるのは、意識の哲学ではなく、概念の哲学である。産出的必然性〔nécessité génératrice〕とは、活動の必然性ではなく、弁証法の必然性なのである。(74)

以上の引用に、カンギレムの次のようなコメントが続く。

当時、多くの人々にとってこの言葉は謎のように思われた。だが今日われわれは、その謎にはある予兆としての意味があったことを理解できる。カヴァイエスは現象学の企てに対して、それら自身の限界を定め

〔…〕、先んじること二十年、今日哲学が自ら認識しつつある責務を定めたのである。すなわち、生きられ、あるいは考えられた意識の優位を、概念や体系《システム》や構造の優位へ置き換えることである。(75)

つまり、カンギレムによれば、『言葉と物』の中心的な主題のひとつ、「経験的でもあれば先験的でもあるような奇妙な二重体」としての「近代的コギト」についてのフーコーの議論は、カヴァイエスが一九四七年の時点で示唆していた「哲学にとっての責務」への明確な応答だったというのである。そして、知の体系をめぐるフーコーの分析、そして「人間の死」についての最終章は、現象学がその一例となり得るような「意識の哲学」への根底的な批判だったということになる。

ともに「概念を意識に置き換えること」を目指したフーコーとカヴァイエスの議論の並行性を示すために、例えばコギトについての分析を挙げよう。カヴァイエスはある手紙において、フッサールの超越論的論理学との対決の必要性に触れ、「『危機』のうちには、コギトの少々法外な使用、そしてもろもろの行為の記述についての、濫用気味で気がかりな重ね合わせがみられます」と述べている。(76) カヴァイエスが構想したのは、「数学化するコギト〔Cogito mathématifiant〕」のようなものを参照せずに「数学的対象」を救い出すような数学の哲学であった。(77) で

(73) Georges Canguilhem, « Mort de l'homme ou l'épuisement du cogito ? », *Critique*, n° 242, 1967, p. 616.
(74) J. Cavaillès, *Sur la logique et la théorie de la science*, *op. cit.*, p. 90〔邦訳：ジャン・カヴァイエス『構造と生成II――論理学と学知の理論について』、前掲書、六七ページ〕.
(75) Canguilhem, « Mort de l'homme ou l'épuisement du cogito ? », art. cit., p. 616-617.
(76) カヴァイエスからレオン・ブランシュヴィクに宛てられた一九四一年の手紙。以下を参照。Gabrielle Ferrières, *Jean Cavaillès : un philosophe dans la guerre 1903-1944*, Le félin, 2003, p. 182.
(77) 以下を参照。G. Canguilhem, *Vie et mort de Jean Cavaillès*, Allia, 1996, p. 28-29.

は、その「数学的対象」とは何か。その概念について、カヴァイエスは「数学的思考」と題された講演において論じている。数学における対象とは、体系や数学者の営みから独立してそれ自体イデア的に存在しているものなのか、それとも、数学者の営みに相関的なものなのか。カヴァイエスは、前者のプラトン主義的思考を否定しつつ、次のように述べている。

> したがって、それら〔対象〕をそれ自体で定めることも、まさしく〈ここに世界がある、つまりわれわれが描き出す世界だ〉などと言うことも決してできません。その都度、われわれは「それらこそ、何らかの活動の相関物《コレラ》である」と言わざるを得ないのです。われわれがその対象のうちで思考するものは、提起される問題によって要請される数学的推論の諸規則であり、またそこには、未だ解決されない問題のうちにあってわれわれに新たに別の対象を定めたり、最初に定められた対象の定義を変形させるように強いる、〈はみ出し〉や〈乗り越え〉の要求さえあるのです。[78]

カヴァイエスが述べているのは、もちろん、数学的対象がイデア的に超越的な領域に自立的に存在しているということではなく、数学的営みを行う人の活動との弁証法的相互関係のうちにそうした対象が存在するということである。

さて、カンギレムは、『言葉と物』におけるコギトについての議論について次のように述べる。

> 〔『言葉と物』の〕「コギトと思考されぬもの」という短い章〔…〕を書きながら、フーコー氏はおそらく、自分自身のために語っているだけでもなく、また、秘密とは言わないにせよ難解なある一点――そこから出発して『言葉と物』の濃密で、しばしば難解な言説が繰り広げられているような一点――を示しているだけでも

なく、同時に、あらゆる伝統的な先入観から外れたところで哲学にとって今日の責務となっているような問いを指し示しているという感じを抱いたことだろう(79)。

『言葉と物』においてフーコーは、コギトの歴史的存在条件を明らかにすることでその近代的機能を相対化した。デカルト的コギトは、古典的エピステーメーの秩序に支えられてのみ可能だったのであり、そこでのみ「我思う」の言明が「我あり」の明証性に繫がり得たのである。古典的秩序の消滅とともに、コギトは奇妙な「経験的=先験的二重体」へと変容してしまう。そして、思考と存在とを結びつけていた繫がりの明証性を失って、近代におけるコギトは「思考」と「思考のなか、思考のまわり、思考のしたにあって、思考されていないもの」との「連接」について思考するという責務を自らに課すことになる。思考を存在の言明へと導くどころか、近代におけるコギトは「まさしく、そこで存在が問題とされる一連の問い全体に通じる」ことになる(80)。

フーコーはこうして、人間学的構造に捉えられた思考が、主観的意識として哲学の基礎を構成する「近代的コギト」という主題を乗り越える必要性を示唆している。われわれがすでに見たように、考古学的方法は、構造主義的方法を援用し、現象学的記述を退けることで、主観性を超えた歴史的条件を主観性に代えることを試みていた。だがここで明らかになってきたように思われるのは、その方法が対象の新たな次元を発見し、「意識」ではなく「概念」についての分析を行う必要性であろう。その対象は、どのようなものでありうるか。

(78) J. Cavaillès, « La pensée mathématique », *Œuvres complètes de philosophie des sciences*, Hermann, 1994, p. 604.
(79) Canguilhem, « Mort de l'homme ou l'épuisement du cogito ? », art. cit., p. 617.
(80) MC, p. 335〔邦訳：三四四—三四五ページ〕／OE-I, p. 1388-1389.

＊

カヴァイエスの『論理学と科学の理論について』における中心的な主題のひとつは、数学の存在論の問題であった。彼にとっての問題は、数学を純粋な形式として、論理学的形式のように存在すると考えるのか、それとも主体の意識に内在する認識や判断の形式であると考えるのか、という問題であった。それが純粋に形式的に存在しているのではなく、それが主体の意識によってとらえられる限りにおいて存在していると考えるのが「意識の哲学」であって、それは主体の意識・認識という視点を設定し、主体のスクリーンに映し出される限りにおいての世界を記述しようとする態度なのだが、言うまでもなく、こうした哲学的思考の典型としてカント哲学がある。その「コペルニクス的転回」と言われる発見は、「認識」が「対象」に従うのではなく、その「対象」の方が「認識」に従うというものだったわけだが、そうした哲学史上の契機によって、意識の哲学が形づくられたのである。

カヴァイエスは『論理学と科学の理論について』において、論理学や数学におけるいくつかの例を挙げながら「意識の哲学」の系譜を批判しており、そこで取り上げられる例はカント、ボルツァーノ、カルナップ、フッサールである。例えばカントの『論理学』について、その論理学が事物そのものを対象とするロジックではなく、その事物の現れを、その事物が「現象」として主体に受容・認識される際の形式的条件であると規定していることを批判している。ここにおいては、経験を可能にする条件が、同時にその経験の対象の存在を可能にする条件となっているのであり、そうしたカントの論理学は、カヴァイエスによれば「形式に依拠することで〔…〕意識の哲学は強化される」[81] ようなものであり、そこでは事物そのものの存在が忘却されることになる。

カヴァイエスは以上のように「意識の哲学」を批判し、数学的対象すなわち概念のレヴェルが消去される事態を批判していたわけだが、カンギレムがフーコーの『言葉と物』のなかに読み取ったのも、それと同じ系譜に連なる批判だったのである。実際、用いられる言葉こそ違うものの、『言葉と物』などの著作においてフーコーが描き出していた「近代的思考」の構造こそ、カヴァイエスが断罪した「意識の哲学」と同形のものだ。つまり、カヴァイエスの言うような、事物の現れをある形式的条件に拠りながら経験の対象として知覚する意識をフーコー的に言いかえるなら、近代の哲学的思考の構造において主体として君臨する人間の形象ということになるだろう。ここまで見てきたように、フーコーの『狂気の歴史』から『言葉と物』までの著作は、そうした近代の思考の構造を明らかにし、批判することに向けられていた。つまり、「知の考古学」という名称のもとに繰り広げられたフーコーのプロジェクトは、カントを起源とする近代的思考の構造（思考のカント主義）を批判することを目指したものだったのであり、『言葉と物』は、それを人文科学全体という広汎な領域にわたって、歴史的なパースペクティヴのもとに集大成した書物だったのである。そしてフーコーは、カント以後の近代的な思考の構造との対決によって「意識の哲学」を退け、「概念の哲学」の側に身を置こうとすることになる。実際、一九七八年のあるテクストにおいて、フーコーはカヴァイエスとカンギレムの名を挙げながら、戦後フランスの思想に「概念の哲学」の系譜が存在することを指摘し、その延長線上に自らの仕事を位置づけようとするだろう(82)。

（81） J. Cavaillès, *Sur la logique et la théorie de la science*, *op. cit.*, p. 19〔邦訳：前掲書、一一ページ〕. また、本書第一部第三章を参照。

（82） カンギレム『正常と病理』米語訳への序文として書かれたフーコーのテクストを参照。「最近の数年間さらには第二次世界大戦後に、マルクス主義者と非マルクス主義者、フロイト主義者と非フロイト主義者、ある学問の専門家と哲学者、大学人と非大学人、理論家と政治家などの間に深い溝があったことを無視するつもりはない。しかしこうした対立を貫いて、もうひとつの分割線があると思われる。それは、経験・意味・主体の哲学、そして知・合理性・概念の哲学を隔てる分割線である。一方ではサルトルとメルロ＝ポンティの系列があり、他方にはカヴァイエス、バシュラール、カンギレムの系列がある」。Foucault, « Introduction par Michel Foucault » (1978), DE-III, p. 430〔邦訳：フーコー「フーコーによる序文」（一九七八）、廣瀬浩司訳、『ミシェル・フーコー思考集成』、第Ⅶ巻、筑摩書房、二〇〇〇年、四ページ〕.

だがそれにしても、『言葉と物』の時点において、フーコーは「概念の哲学」の明確なヴィジョンを描き出すことができただろうか。そうとは思われない。確かに、ここでは主観的意識やコギトを相対化し、非人称的な構造的体系（エピステーメー）を分析することで、言説という客観的対象を直接の分析対象としながら、言語の脱－主体的なあり方を強調している。しかし、考古学はまだこの時点で、言語に純粋な外在性というステイタスを与えるには至っていない。

『言葉と物』以後、フーコーの方法は根底的に変化することになるだろう。それをわれわれはこれから見ることになるが、あらかじめ先取りしておくなら、それは「言説」という新たな研究対象の発見によって拓かれる新しい方法であり、それによってフーコーは哲学的主体という問題系それ自体を括弧に入れるような研究を創始するだろう。それによって、「語られたこと」についての全般的な分析という、通常の哲学のあり方をはみ出すような研究、そして言説という対象の実定性にもとづき、人間学的主体の概念に拠ることのない研究が始まるのである。

第二章　新たな方法に向かって

ここでわれわれの最初の問い、つまりフーコーにおける主体の位置づけという問題を思い出しておこう。一九五四年から一九六六年まで（心理学に関する諸テクストから『言葉と物』まで）の思考の過程において、フーコーは自らの哲学的方法を練り上げつつ、哲学の歴史において伝統的に価値付与されてきたひとつの主題から徐々に遠ざかってきた。それは認識の起源、ないし実体的単位＝統一体《ユニテ》としての主体という主題である。フーコーによる現象学への批判や構造主義的思考の援用などを通じて、考古学的方法の練り上げが、そうした主体についての伝統的主題から離脱しようとする動機によって貫かれていたことが確認された。そこで否定されるべき主体とは、ひとつの起源としての、すなわちそこから存在論的・形而上学的な「意味」が生み出されるものとしての主体だったのである。

そうした批判的検討を通してであるにせよ、フーコーの著作のひとつひとつは、多かれ少なかれ主体の問題系――時にそれが暗黙のものであるとしても――をめぐって構成されている。一九八〇年代のフーコーが回顧的に述べるように(1)、その主題は思考を導く軸のひとつである。しかしフーコーにおいて、主体は常に一貫した概念として存在するわけではなく、例えば様々な時代の諸理論をつなぎ合わせる構成的要素として機能したりはしない。そうではなく、フーコーにおける主体は、むしろ一種の操作概念として現れるのであり、その概念を中心としてフーコーは自らの（その時期における）研究を結晶化させることになるのだ。したがってその概念は、フーコーの思考の全体的配列《エコノミー》のなかで常に変化し続ける動態的なものである。初期の心理学についてのテクストにおいては、主体は静的ではなく動的なポジションにおいて分析されていたし、一九六一年から六六年にかけての考古学においては、それは認識の主体として、認識論的体系のなかで形成されてゆくものだった。

ここまでフーコーは、後に主体性の問題と呼ばれるもの、つまり、一九八〇年代に「主体が自己と関係を持つ真理のゲームにおいて、自分自身を経験する経験の仕方」[2]と定義されるようになる主体性について明示的に問題とはしていない。ここまでの考古学的探求において主体の自己参照的なメカニズムが問題とされたとしても、それはフーコーが人間学的構造という名のもとに批判してきたもの、すなわちある種の自己参照的な認識の型と、それによって認識が可能となるような知の歴史的体系を批判するためであった。つまり主体そのものよりも、主体が属し、また主体を構成する知の体系の方が問題だったのであり、そこにおいて主体は、近代的な知のアプリオリな形象である限りにおいて、フーコーの問題系においても、知の変動が予見されるや「砂の上に描かれた顔」のように消滅する運命にあったと言えるのかも知れない。

こうしてフーコーの思考は、新たな課題の発見とともに新たな段階へと入る。その課題とは、哲学的人間学の問題系から離脱して別の仕方で主体を論じるということであり、これから導入されるフーコーの新しい方法は、特に、認識の主体という伝統的なあり方における主体を廃棄することになるだろう。しかしそれは、単に主体を消滅させるということではもちろんない。主体の問題系は『言葉と物』以降のフーコーの思考においても重要であり続けるにしても、その問題は否定的な仕方で問題化されるのである。この時期のフーコーにおいては、哲学的主体〔sujet〕を回避して、哲学的対象〔objet〕についての研究に向かうことが問題となる。

1　対象の問題

『言葉と物』以後のフーコーの方法においては、ある時代における思考のアプリオリの（カント的意味における）批判的分析を行うことはもはや問題ではなく、そうした批判の段階を越えて新たな研究を創始することが問題となるのだ。しかし、ある古い概念を捨てて新しい思考のエコノミーを構成することはどのように可能なのか。例えばドゥルーズは、哲学に思考におけるそうした乗り越えは、以前の概念を無効化しうるような新しい概念を発見することによってのみ可能である、と述べている。

哲学的な概念は思考の諸領野においてひとつあるいはいくつかの機能をみたすものであり、これらの領野はそれ自体、内的変数によって定義される。ついには内的変数と機能との複雑な関係において、外的変数が存在する〔…〕。つまりひとつの概念は、快楽によって生きたり死んだりするわけではなく、新しい領野において新しい機能が、概念の位置を相対的に下げることによって、生き死にするのだ。だからこそ、概念を批判することはあまり興味深いことではない。むしろ新しい機能を構築し、ある概念を無効にしたり、不十分

（1）例えば以下を参照。「この二十年間を通じての私の仕事の目標〔…〕は〔…〕、私たちの文化において人間が主体化されているさまざまな様式について、ひとつの歴史を構想することであった」。Foucault, « Le sujet et le pouvoir » (1982), DE-IV, p. 222-223〔邦訳：フーコー「主体と権力」渥海和久訳、『ミシェル・フーコー思考集成』、第IX巻、筑摩書房、二〇〇一年、一〇ページ〕. また、以下も参照。「〔『監視と処罰』出版以降の研究において〕ミシェル・フーコーは、やはりそうした全体的企図の内側において、自分自身にとっての対象としての主体の形成を研究しようと試みた」。Maurice Florence, « Foucault », art. cit., DE-IV, p. 633〔邦訳：モーリス・フロランス「フーコー」、前掲、一〇四ページ〕.

（2）Maurice Florence, « Foucault », art. cit., p. 633〔邦訳：モーリス・フロランス「フーコー」、前掲、一〇四ページ〕.

にしたりする新しい領野を発見するほうがいいのだ。(3)

こうした観点から、フーコーの新たな探究が持つ意味が浮かび上がることになるだろう。『言葉と物』における主体性の歴史的分析ののち、人間の概念についての「批判」を続けることは「あまり興味深いことではない」。同一パラダイム上における研究を延長することは、それ自体、「人間学的問い」(「人間とは何か」)のひとつの変奏に過ぎないことになるからである。

かくして、フーコーの研究が次に目指すのは、研究の新たな対象の確定ということになる。『言葉と物』とそれに続く著作『知の考古学』のあいだに、われわれはある方法論的な変化を見出すことになるだろう。そして、それは主に探求の新たな領域の発見にかかわるものとなるだろう。一九六七年におこなわれたレイモン・ベルールとの対談において、フーコーは刊行されたばかりの『言葉と物』に言及しつつ、新たな研究の計画について次のように述べている。

言表〔énoncé〕それ自体の厳密な記述を行うという立場をとることで、言表の領域が形式的諸法則に従っていることがわかった。例えば、異なった認識論的領域に対して、ただひとつの理論的モデルを見つけることができ、この意味で、諸々の言説〔discours〕の自律性を確認することができたのです。(4)

この「言説の自律性」という概念は、『言葉と物』においては顕在的に現れていなかった。すでに見たように、そこでは言説を生み出す主体、つまり思考し、ものを見、言葉を発するある種の主体の存在が前提されていたからである。言説という概念を中心として議論が組み立てられていたにせよ、そこでの言説は認識の過程の内なる機能として存在したのであり、言説の領域は——「文学」という特殊な領域を除いては——認識に依拠したかたちでしか分析され得なかったのである。さらに『言葉と物』においては、言説という用語はそもそも古典主義時代のエピステーメーと歴史的に結びつけられており、その様態のもとでのみ論じられていた。その言説とは、むしろその表象機能のうちに言語の存在を溶解させるようなものだったのである。[5] ここで現れる「言説の自律性」という概念こそが、フーコーの思考に導入された決定的に新しい事柄ではないか。

2　一九六七年――チュニスでの講演

では、フーコーはいかにして対象としての「言説」を発見したのか。そして、その対象をめぐって、どのように新たな方法論を練り上げたのか。そうした方法論の最初の粗描とも言えるものを、フーコーは一九六七年にチュニスで行った講演で明らかにしている。

一九六六年の四月に『言葉と物』が刊行されたのち、九月の終わりからフーコーはチュニジアに移り、チュニス大学で哲学を講じることになる。[6] 彼はそこで「哲学的ディスクール」についての講義を行い、『言葉と物』で

(3) G. Deleuze, « Réponse à une question sur le sujet », *Deux régimes de fous : Textes et entretiens 1975-1995*, Minuit « Paradoxe », 2003, p. 326〔邦訳：ジル・ドゥルーズ「主体についての質問への答」宇野邦一訳、ドゥルーズ『狂人の二つの体制　一九八三―一九九五』、河出書房新社、二〇〇四年、二三五ページ〕.

(4) Foucault, « Sur les façons d'écrire l'histoire » (1967), DE-I, p. 590〔邦訳：フーコー「歴史の書き方について」石田英敬訳、『ミシェル・フーコー思考集成』、第II巻、筑摩書房、一九九九年、四三七ページ〕、強調は引用者。

(5) 以下を参照。MC, p. 92-95〔邦訳：一〇二―一〇五ページ〕／OE-I, p. 1126-1130.

(6) Defert, « Chronologie », art. cit., p. 28-29〔邦訳：ドフェール「年譜」、前掲、二五―三一ページ〕. また、以下を参照。D. Eribon, *Michel Foucault, op. cit.*, p. 293-297〔邦訳：エリボン『ミシェル・フーコー伝』、前掲書、二五四―二五七ページ〕.

取りあげられた「西洋思想における人間」の形象について論じていたと伝えられている。[7] こうした事実から、この時期のフーコーが『言葉と物』での議論を延長し、それについて再び考察しようと試みていたことが推測されるが、実際、チュニスで行われた講演からは、自らのそれまでの研究を再構成しようとする姿勢がうかがえる。そうした視点から、まず一九六七年二月にチュニスで行われた講演、「構造主義と文学分析」[8] を検討しよう。

構造主義の問い――「構造主義と文学分析」

フーコーがこの講演でまず取りあげるのは同時代、つまり一九六〇年代の文学批評である。その当時のさまざまな文学批評は、その多様なあり方にもかかわらず、おしなべて「ヌーヴェル・クリティック（新しい批評）」の名によって呼ばれている。また「構造主義」という呼称も、人文科学のあらゆる領域を覆っている、という点をまずフーコーは問題にする。では、そうした「ヌーヴェル・クリティック」や「構造主義」といった概念によって指し示されている対象は何なのか、またそのような呼称を可能にするものは何なのか。それがフーコーの設定する問題である。

フーコーは、そのあり方をめぐってさまざまな論争を巻き起こしているヌーヴェル・クリティックの多種多様な性質は、構造主義との近縁関係によってひとまず整理できると述べる。だが、この構造主義という概念それ自体がさらに大きな疑問を引き起こすだろう。レヴィ＝ストロースが行う神話分析やバルトによるラシーヌ読解、アルチュセールのマルクス主義哲学、それらすべてに構造主義というレッテルが貼られていることを考えてみれば、構造主義はひとつの哲学でもなければ、ひとつの方法でも有り得ない。それでは一体、構造主義とは何だと言えるのか。そうした問いをめぐる、同時代のいくつかのテクストについてはすでに参照した。[9] そしてフーコーはといえば、その問いに対して次のように答えるのである。

実際には、構造主義という言葉によって指し示されているのは〔…〕、もろもろのディシプリンや関心事、いくつかの分析の総体なのであり、それらは結局のところひとつの対象を共有しているように思われます。そして、逆説的ながら、私は構造主義、そしてもろもろの構造主義というものを、それらの対象〔objet〕の共通性という点において定義したい気がします。つまり、こう言えるのではないでしょうか。構造主義とは、実際のところ、ドキュメントの集積〔masse documentaire〕とでも呼びうるもの、すなわち人類が自らの背後に遺し、いまだに日々生み出し続けており、自らの周囲にますます多く積み上げつつあるような記号〔signes〕、痕跡〔traces〕、刻印〔marques〕の総体を分析しようとする際におこなわれる企ての総体のことである、と。(10)

フーコーは普通考えられるように構造主義を「方法」として、つまり学問的＝科学的対象を操作する仕方として定義しようとはしない。もろもろの構造主義的分析に共通する諸基準を明らかにすることで構造主義を定義しようとしたドゥルーズとは異なり(11)、フーコーはむしろ、あらゆる構造主義がひとつの共通する研究の対象を持っ

(7) 以下を参照。Defert, « Chronologie », art. cit., p. 29〔邦訳：ドフェール「年譜」、前掲、二五ページ〕。および、Eribon, *Michel Foucault*, *op. cit.*, p. 296〔邦訳：エリボン『ミシェル・フーコー伝』、前掲書、二五六ページ〕.

(8) Foucault, « Structuralisme et analyse littéraire », *Les cahiers de Tunisie*, t. XXXIX, n° 149-150, 1989, p. 21-41. 一九六七年二月四日にチュニスで行われた講演。*Dits et écrits* には収録されていない。エリボンの伝記によれば、フーコーは一九六七年にチュニスのクラブ・タハール・ハダードで二回の講演を行っている。もうひとつの講演は「狂気と文明」（« Folie et civilisation »）と題され、「構造主義と文学分析」と同時に活字化されている。チュニスでのこれらの二つの講演については、以下の論文で概略が紹介されている。Dominique Séglard, « Foucault à Tunis : À propos de deux conférences », *Foucault studies*, No. 4, Feb 2007, p. 7-18.

(9) 本書第一部第二章で引用された、ドゥルーズやカンギレムの構造主義についてのテクストを参照。

(10) Foucault, « Structuralisme et analyse littéraire », art. cit., p. 24. 強調は引用者。

(11) Deleuze, « À quoi reconnait-on le structuralisme ? », art. cit.〔邦訳：ドゥルーズ「何を構造主義として認めるか」、前掲論文〕.

ている、と強調するのであり、その対象こそが人類によって遺された「記号」として存在する「ドキュメントの集積」なのである。この「ドキュメントの集積」とは、どのような形態であるかを問わず保存された記憶の集積、「普遍的＝包括的アルシーヴ〔archive universelle〕」であるとされる。[12] それは文学作品や文書記録として保存されるもの以外に「書かれ、印刷され、流布し得た他のすべてのもの」までをも含むだけでなく、芸術作品や建築、都市などのように心理的・物質的記憶のうちに保存されたすべてのものまで含む、広義の記号を指している。

そのように定義された構造主義が現在発見しつつあるものはそうした「ドキュメントの集積」の自律的な位相《アスペクト》なのであって、構造主義はひとつの過渡的な企てとして、その位相についてのディシプリンを現在――つまり一九六七年の時点ということだが――まさに構成しつつあるのだ、とフーコーは続いて述べる。そして、そのディシプリンにひとつの名を与えさえするのだ。

> この位相は、そうした対象や事物や記号や刻印等々の経済的な産出についての位相ではなく、むしろその働きによってそれらの刻印が記号として存在するような、そうした位相なのです。つまり、ドキュメントをドキュメントとして決定するシステムを発見するということが問題なのです。このドキュメントとしてのドキュメント〔le document en tant que document〕に関するディシプリン、それは、ある種の語源学によって、ダイクソロジー〔deixologie〕とでも呼ばれ得るようなものです。それはつまるところ、構造主義が現在まさに構成しつつあるもの、そのようなものとしてのドキュメント〔le document comme tel〕にとっての内在的拘束〔contrainte interne〕についての分析ということになるでしょう。[13]

フーコーが「ダイクソロジー」と名付けるひとつのディシプリンは、あるドキュメントを「そのようなものとして」存在させている秩序〔「内在的拘束」〕を対象としたものであり、ドキュメントの産出に関するエコノミックなレヴェルの秩序（誰が、どのようにその「痕跡」としての言説を生み出すのか、といった）の分析とは区別される。そうではなく、そのドキュメントに内在的なレヴェルでそれを「ドキュメント」として、つまり「痕跡」として滞留させ、分析・読解の対象となるものとして存在させている秩序についての分析なのである。「ダイクソロジー」という語が言語学用語の「指呼〔deixis〕」(14)、さらにはその語源となったギリシア語の deíxis（公開・提示）という語の意味を反映したものであることから推測されるように、そのディシプリンは、ある言説なり資料なりが、なぜひとつの特定のコンテクストに位置する「その痕跡」として提示され、存在するのかを問い尋ねようとするものだろう。そしてフーコーによれば、（複数の）構造主義は、もろもろの文献資料をその総体として「ダイクソロジックな」レヴェルで分析することを可能にしたのである。

　フーコーはここで、ある時代に所属する思考としての構造主義の行方についてのコメントを付け加えている。「ドキュメントの集積」をそのようなものとして存在せしめている内在的な秩序の分析としての「ダイクソロジー」が構造主義の新たな対象として見出されることで、構造主義はその使命を終えて消滅するだろう、とフーコーは言う。新たな領域を対象とする新しい思考をフーコーはここでとりあえず「ダイクソロジー」と呼んでいるのだが、構造主義はその新しい思考のうちに吸収されるだろう、と。

（12）Foucault, « Structuralisme et analyse littéraire », art. cit., p. 25-26.

（13）*Ibid.*, p. 25-26. 強調は引用者。

（14）deixis：指呼。ある現実的な場において物を指し示す機能であり、発話をそれの実現される具体的な状況の中に定位させる働きを持つ。例えば、「この本〔ce livre〕」という場合の指示形容詞 ce は指呼的な機能を果たしているわけである。なお、フーコーは『知の考古学』において、ひとつの命題に「指呼的〔déictique〕」な要素が含まれている（つまり、具体的な指示対象に送り返されている）かどうかによってその命題の存在が確定するわけではない、と注記している。以下を参照。AS, p. 127〔邦訳：一八二ページ〕／OE-II, p. 102.

構造主義はまずひとつの方法であった。そして、それは方法としてこそ、私が恣意的な語でダイクソロジーと呼ぶようなあの新たな対象、あの層、あの認識論的な領域をめがけて道を切り拓いたのです。まさにこの方法論的進歩によってあの新たな対象が構成されつつあるのですし、また新たな対象が構成された時から、構造主義は、純粋かつ単純に方法として定義されることが否応なく不可能になるのです。〔…〕構造主義は、自分自身を消し去り、方法としては消滅しなければならないような一点に立ち至ったのであり、自らに視線を向けながら、自らがなしたことは、ただひとつの対象を発見するということであった、と認めることになったのです。(15)

構造主義は、十八世紀末に病理解剖学が辿ったのと同じ運命を辿っているのかも知れない、とフーコーはかつて『臨床医学の誕生』で分析された事例を想起しながら付け加えている。それは「生命」という概念の発見によって「生理学」という新たな対象を発見し、それによってひとつの方法たることを止めてその生理学のうちに吸収されていったのだった。構造主義と呼ばれる思考もそれと同様に消滅する運命にあるだろう。ここで語られているのは、ひとつの科学的思考をめぐる「終わり」と「始まり」についての認識論的歴史であり、構造主義もそれを逃れることはできない。

ところで、そうした思考の終わりと始まりについてのストーリーを、われわれがここまで辿ってきたフーコー自身の思考の行程に重ね合わせてみることもできはしないか。構造主義の終極点と、新たな思考に向けてのあり得べき乗り越えを示唆しつつ、フーコーは自分自身の思考の方法との決別を試みてはいないだろうか。『言葉と物』において考古学的方法——それは多分に構造主義と親縁性を持つものであった——の終わりを演出してみせたフーコーは、自らの考古学の終わりと、その更新とを同時に表明しているのではないか。この一九六七年のチュニジアでの講演こそが、そうした事情を、構造主義と文芸批評の歴史に付託して語ってみせているのではないか。

いずれにせよ、この講演が行われた時点で、構造主義的方法を延長し、それを包摂し、さらにはそれに置き換わるような方法をフーコーが構想していたことは確かである。確かに、この「ダイクソロジー」なる分析がいかなるものかは、まだ明瞭に定義されていない。用いられている用語の定義も不十分であるし、何よりも、「ドキュメントの集積」についての研究が行われる対象の領域が確定されていない。われわれが追って見るように、ドキュメントについてのそうした分析の試みは、『知の考古学』(一九六九年)において方法として練り上げられることになるのだが、そこでの研究領域は言語外的な領域を除いた、実際に発話された言説としての「言表〔énoncé〕」だけに限られることになるだろう。そこでの方法はもはや記号一般を扱うものではなく、心理学的記憶のような非-言語的アーカイヴに関するものはそこから除外されることになる。この講演で述べられているプロジェクトの一部は放棄されることになるのである[16]。

3 新たな考古学の誕生

チュニスでの講演で表明された「ダイクソロジー」というプロジェクトはそのままで実現することはなく、そ

(15) Foucault, « Structuralisme et analyse littéraire », art. cit., p. 28.
(16)『知の考古学』の終わりでは「絵画の考古学的分析」が示唆されているが(AS, p. 253〔邦訳:三六四—三六五ページ〕)、その分析も、絵画を「諸々の技術および効果のなかで具体化するひとつの言説実践」として扱おうとするものである。また同じ時期、フーコーは実際に絵画についての分析を行おうとしており、マネについての講演などがそれを伝えている(Foucault, *La peinture de Manet*, Seuil, « traces écrites », 2004〔邦訳:フーコー『マネの絵画』阿部崇訳、筑摩書房、二〇〇六年〕)。だが、最終的にそうした絵画についての分析はまとめらぬままに放置されることになるだろう。

の用語もそれ以後の著作で用いられることはない。では、そのプロジェクトはどうなったのか。その手掛かりを、フーコーが行ったレーモン・ベルールとの二つの対談から得ることができる。ひとつは一九六六年、『言葉と物』の刊行とほぼ同時期のものとされるもので、もうひとつは一九六七年のものである。「ミシェル・フーコー、『言葉と物』」[17]と題された前者と、「歴史の書き方について」[18]と題された後者のあいだには、ある種の（一見きわめて些細な）語彙の変更が認められるのだが、それが方法論的な変化を徴《しるし》づけている。インタヴューが行われた時期が、まず前者が『言葉と物』と同じ時期であるのに対して、後者はチュニスでの講演以後、つまり新しいプロジェクトの概要が粗描された時期であるという点において、この二つのあいだの差異は意味深いように思われるのだ。

二つの対談

最初の対談において、『言葉と物』の副題（「人文科学の考古学」）にある「考古学《アルケオロジー》」という語について尋ねられたフーコーは次のように説明している。

アルケオロジーという言葉で示したいと思うものは、正確に言えばひとつのディシプリンではなく、ひとつの研究分野であって、それは次のようなものになるでしょう。／ひとつの社会では、認識や哲学的な観念、日々の主張だけでなく、さまざまな制度、商業的な実践、治安上の実践、風俗習慣など、すべてのものがその社会に固有な、暗黙の知〔un savoir implicite〕に関係しています。〔…〕もろもろの認識や制度や実践などの可能性の条件として私が問題にしようとしたのは、まさにこの知であるわけです。[19]

そして考古学は、理論と実践に共通する「知」、すなわち「われわれ自身にとっての土台〔sous-sol〕」[20]としての

「構成的かつ歴史的な知の層」[21]を描き出そうとするものである。そしてそれは、ある時代における様々な実践や制度をその「言語的な痕跡〔traces verbales〕の水準」[22]において取り扱うのであって、そのためにはある時代のすべての実践に関わる言説を網羅し得るような文書記録の総体、「一般的アルシーヴ〔l'archive générale〕」[23]が研究されねばならない。だから「考古学《アルケオロジー》とは、厳密な意味において、このアルシーヴについての科学〔la science de cette archive〕なのです」[24]。

他方、第二の対談においては、「考古学」という語は同じものを指し示しているようには思われない。『言葉と物』においては「諸々の言表や言説のグループ全体を、それらを結びつけうる包含、対立、排除の諸関係を明らかにすることによって記述する」[25]ことが目指されていた、と述べられた後、われわれが前に引用した以下のような言葉が続く。

(17) Foucault, « Michel Foucault, « Les Mots et les Choses » », art. cit., p. 498-504〔邦訳：フーコー「ミシェル・フーコー『言葉と物』」、前掲、三〇四―三一二ページ〕.
(18) Foucault, « Sur les façons d'écrire l'histoire », art. cit., p. 585-600〔邦訳：フーコー「歴史の書き方について」、前掲、四三〇―四五一ページ〕.
(19) Foucault, « Michel Foucault, « Les Mots et les Choses » », art. cit., p. 498〔邦訳：フーコー「ミシェル・フーコー『言葉と物』」、前掲、三〇四―三〇五ページ〕.
(20) *Ibid.*, p. 500〔邦訳：三〇七ページ〕.
(21) *Ibid.*, p. 498-499〔邦訳：三〇五ページ〕.
(22) *Ibid.*, p. 499〔邦訳：三〇五ページ〕.
(23) *Ibid.*, p. 499〔邦訳：三〇六ページ〕.
(24) *Idem.* 強調は引用者。
(25) Foucault, « Sur les façons d'écrire l'histoire », art. cit., p. 588〔邦訳：フーコー「歴史の書き方について」、前掲、四三五ページ〕.

言表〔énoncé〕それ自体の厳密な記述を行うという立場をとることで、言表の領域が形式的諸法則に従っていることがわかった。例えば、異なった認識論的領域に対して、ただひとつの理論的モデルを見つけることができ、この意味で、諸々の言説〔discours〕の自律性を確認することができたのです。[26]

ここにおいて、知の布置は「じっさいに述べられた言表の総体[27]」として扱われるのであり、それによって描き出される知の歴史は、そうした言表の総体の分析にほかならない。そうした分析の対象は「言表の集合体〔masse d'énoncés〕[28]」なのであり、それはさらに、以下のように確定されることになるだろう。

> 私の対象は言語ではなくアルシーヴ、つまり諸々の言説の集積した存在〔l'existence accumulée des discours〕なのです。考古学《アルケオロジー》とは、私の考えるところでは、（地盤の分析としての）地質学とも（始まりと継続の記述としての）系譜学とも似てはいません。それは古文書＝アルシーヴという様態〔modalité〕における言説の分析なのです。[29]

一見したところ、この第二の対談は、最初の対談と似たような内容——『言葉と物』で用いられていた方法、言説的対象の定義、アルシーヴという語について、等々——を、語彙を変えて語っているだけのようにも見える。だが、フーコーによるこの第二の対談が、一九六六年の著作について遡及的に語っていることに注目しよう。

第一の対談で考古学という語に与えられている定義は、『言葉と物』に先立つ諸テクストを通じてわれわれが見たような定義と確かに一致している。知を地下において支える層、すなわち認識のアプリオリな条件を明らかにするために（地質学的な意味において「地層」を「掘り出す」ために）、考古学者は記号として与えられている、「痕跡からなるアルシーヴ」を調査する。この第一の対談においては、考古学的分析は主に文書記録について行われるものだが、最終的にそれが目指していたのは、「書かれたもの」のレヴェルとは異なるレヴェル、すなわち「思考のアプリオリ」という位相を明らかにすることであった。『言葉と物』序文において説明されていた、三層からなる知の体系[30]に関してすでに確認したように、ここでの考古学が最終的に対象としていたのは、理論的認識のレヴェルと文化の根底的な諸コードのレヴェルのあいだに位置する「秩序についての経験」のレヴェルだったのである。そしてそのレヴェルのことを、フーコーはエピステーメーと呼んでいたのだった。ここでフーコーは「書かれた文書記録」というレヴェルにおいて分析を行うと表明してはいるが、それは言表の分析を通じて、最終的に「認識という経験」という、主体の認識に関する主体的なレヴェルを明らかにすることを目指しているからである。そうした分析の手法は、言説の経験的記述から発してひとつの理論的言説を再構成する「解釈」の営みに近づくだろう。そうした点において、第一の対談で用いられている「痕跡〔traces〕」という表現に注目しておかねばならない。すなわち、この表現は「記号」と「それによって指し示されるもの」との二分法を想起させるものであって、記号はそれに先立つ別の領域へと送り返されることを含意している。この第一の対談で表明されている考古学は、それが主体的認識のレヴェルを明らかにすることを目指すものである限りにおいて、『言葉と物』までの著作において用いられた方法の、紛れもなく延長線上に位置づけられるだろう。

だが、第二の対談はそうではない。ここにおいて「ディスクールの自律性」という概念が導入される。そして研究の対象となるのは、言説それ自体の集合と、言説を存在させる秩序である。だがその「秩序」とは言説を可能にする認識の諸条件ではなく、あくまでも言説に内在的なものである。そして、言説に先立って存在する認識

(26) *Ibid*., p. 590〔邦訳：四三七ページ〕、強調は引用者。
(27) *Ibid*., p. 591〔邦訳：四三九ページ〕.
(28) *Idem*.
(29) *Ibid*., p. 595〔邦訳：四四三—四四四ページ〕、強調は引用者。
(30) MC, p. 11-13〔邦訳：一八—二〇ページ〕／OE-I, p. 1040-1042.

のあり方を明らかにするために言説を解釈することが問題なのではなく、言説の集合それ自体を分析することが重要になるのだ。ここで「言表〔énoncé〕」という語が用いられていることに注目すべきだろう。この語は実際に存在する言説を意味するものであり、『知の考古学』において重要な概念となる。後に詳しく検討することになるが、ここでフーコーは言説の実定的《ポジティヴ》な様態についての研究を開始するのであり、解読すべき「文書記録」である「痕跡」という概念——つまり、その言説が何か別のものを指し示し、あるいは何らかの根源を持っているというイメージ——は否定されることになる。さらに、アルシーヴという語ももはや同じ意味を持たない。第一の対談において、この語は遺された記号の集合としての「文献記録」を意味していたのに対して、第二の対談において、それは物質的な性質を持った記号という意味ではなく、それによって何らかの言説が言説として存在しうるような「様態」を示すことになるだろう。アルシーヴという語は、歴史学的な意味における文書記録（言葉の集積）を意味するのではなく、ある言葉が歴史の中で、そのようなものとして残存するための存在条件のようなものを意味することになるのである。

アルシーヴという語がそう変化した以上、新たな意味における「アルケオロジー」とは、そうしたアルシーヴという語の意味を担うものである以上、「考古学」とは訳し得ないものなのかも知れない。少なくとも、われわれは二つの「考古学《アルケオロジー》」を区別しておくことができる[31]。知の「土台」を掘り起こす作業として、地質学的なイメージを重ねられたかつての——『言葉と物』までの——考古学と、「アルシーヴの記述[32]」としての新しい考古学である。そして、そうした新しい考古学こそが、一九六七年のチュニスでの講演で「ダイクソロジー」と名付けられていた構想が具現化したものと考えることが可能ではないか。確かに、新たな考古学的記述において「ダイクシス」のような用語が用いられることはないが、チュニスでの講演でフーコーが述べようとしていたこと、つまり、文献資料をそうしたものとして存在させるような、言説的レヴェルの分析こそが、アルシーヴの分析の原理そのものとなるのだ。一九六七年にとりあえず「ダイクソロジー」と名付けられていた新しい探求の方法は、再び「考古学」と名付けられたのである——ただし、『言葉と物』までの著作において用いられていた考古学とは違った意味において。とすれば、なぜフーコーは、新しい方法を表明するのに同じ語を用いたのか、と問うこともできよう。同じ名称のもとに、方法的な連続性を確保しようとしたのか。それとも、同じひとつの名称によって二つの別の事柄を指し示すという、ルーセル的な言語遊戯を実践してみせたのか。[33] いずれにせよ、この時期のフーコーの方法をめぐる探求は、「考古学」という語の二つの意味のあわいに繰り広げられていると言えるかも知れない。

二つの「考古学」

『知の考古学』の刊行直後に行われた対談において、フーコーは考古学という語について次のように述べている。

(31) 豊崎光一は、そのフーコー論において（括弧に括られたかたちでだが）次のように指摘している。「〔『狂気の歴史』と『臨床医学の誕生』という〕二著を含め、『言葉と物』までのフーコーの言語は発掘と深層のメタフォールに満ちていることも忘れてはならない。〔…〕いずれにせよ、〔『知のアルケオロジー』において〕「アルケオロジー」の定義が与えられた今、フーコー研究の一つの方向は、当然、『知のアルケオロジー』に先立つ三冊の「アルケオロジー」において行なわれた作業がどれだけこの定義に合致しているかいないか、そしてどのような成果をもたらしたかを分析することであろう〔…〕」（豊崎光一「砂の顔——「アルシーヴ」と「文学」」、『砂の顔』、小沢書店、一九七五年、一一三—一一四ページ）。われわれが扱っている問題はまさにこの指摘をめぐるものである。

(32) 以下を参照。Foucault, « Réponse à une question » (1968), DE-I, p. 681（邦訳：フーコー「「エスプリ」誌　質問への回答」石田英敬訳、『ミシェル・フーコー思考集成』、第Ⅲ巻、筑摩書房、一九九九年、八一ページ）.

(33) フーコーのレーモン・ルーセルについての分析（本書、第一部第三章）を参照。

私は最初このアルケオロジーという語を、少々盲目的なやり方で使いました。この語によって私は、歴史学〔…〕とも異なり、認識論すなわち科学の構造の内的な分析とも異なる、ひとつの分析形態を指し示そうとしました。その〈何か別のもの〉を、私は「アルケオロジー」と呼んだわけです。そして、あとから振り返ってみると、偶然は私を悪くない具合に導いてくれたように思われます。つまるところこの「アルケオロジー」という語は、それが必ずしも正当な根拠を持たないことを承知の上で敢えて言わせていただけるとしたら、「アルシーヴの記述」を意味することができます。アルシーヴという語によって私が考えているのは、実際に発話された言説の集合体のことです。[34]

フーコーは考古学という語を、科学・学問の領域におけるアプリオリの分析を指し示す語として、「少々盲目的なやり方で」用いた。その方法が、言説の内的な記述の方法へと方法的・理論的に移行したことはすでに見たが、ある種の言葉遊び、ないしは「偶然」によって、考古学という語が再び新しい方法にも適用されたのである。そうした偶然によって、あるいはそうした偶然の作用を取り込むことによって、フーコーは新たな考古学的方法を導入することになる。こうしてわれわれは一九六六年までの考古学と、一九六七年以降のテクストに見出され、さらに一九六九年の著作『知の考古学』によって練り上げられる考古学とのあいだに、ある方法論的な「断絶」を見ることができるだろう。フーコーの思想的行程には、二つの考古学が存在している。では、その断絶の内容はどのようなものか。

（34）Foucault, « Michel Foucault explique son dernier livre » (1969), DE-I, p. 772〔邦訳：フーコー「ミシェル・フーコー、近著を語る」慎改康之訳、『ミシェル・フーコー思考集成』、第III巻、筑摩書房、一九九九年、一九七ページ〕.

第三章　『知の考古学』とその方法

『言葉と物』は、認識のアプリオリな条件を明らかにするというそれまでの考古学的研究を継続しつつ、ひとつの分析対象の所在を最終的に明らかにしていた。その対象とは、認識する主体から「相対的に自律的」ではあるが、その主体から完全に独立して機能するわけではない、言語の体系であった。今や問題となるのは、かつて行われた研究を回顧的に検討しつつ、新たに見出された対象を土台とする考古学的探究を再構成し、言語の体系を主体の機能から独立した自律的な体系として捉え直すことである。新しい考古学にとっての問題は、新たな対象にもとづく方法を創始するということであり、そこで中心概念となるのは「言説」という概念である。

1　方法の創始

『言葉と物』の刊行に引き続いて執筆が開始され、一九六九年に刊行されることになる『知の考古学』が目指しているものは何か。それは、新しい考古学（とその方法）の定式化である。フーコーが行おうと試みるのは「言説的出来事の記述[1]」であり、言説の集合体であるアルシーヴに内在的な、諸々の力の絡み合いを分析することである。そしてそれは「言表＝言いあらわされたこと〔énoncés〕」を物質的な何ものかとして取り扱うようなレヴェルにおいて遂行される。言説、あるいは言表のひとつひとつに単独的な出来事としての位置づけを与え、実定的に標定され得る言説の効果から出発して、それらの言説が形づくる体系性を分析することが目指されるのである。フーコーはこう述べる。

> そこで問題となるのは、言表を、その出来事としての狭さと特異性において把握することである。言表が存在するための諸条件を決定すること、言表の諸限界をできる限り正確に定めること、言表とそれに結びつけられうる他の諸言表とのあいだの相関関係を打ち立てること、言表が他のいかなる形態の言表行為を排除するのかを示すことが、問題となるのだ(2)。

そうしたフーコーの言表についての分析が示している特徴を、二つの側面、というかフーコーの叙述が示している二つの方向性から示すことができるだろう。まず一方に、「ネガティヴな作業(3)」という側面があり、これは新たな探求の領域を抽出するために必要とされる破壊的な作業である。また他方に、そののちに目指されるポジティヴな作業ないし建設的な作業があり、これは言説の領域についての新たな分析、つまり言説の「実定性《ポジティヴィテ》」についての分析を打ち立てる作業である。フーコーの叙述を、この両方の側面から順に見ていくことにしよう。

ネガティヴな作業――アルシーヴとは何か

考古学的分析がその方法論に固有なレヴェルにおいて行われるためには、まずは研究領域が改めて定義されなければならない。かくして『知の考古学』の最初の章は、研究対象となる領域を抽出するために、もろもろのカテゴリーを破壊するという作業に充てられている。まずフーコーが行うのは、歴史学や思想史といったディシプリンにおいて伝統的に用いられてきたあらゆるカテゴリーから、その有効性を奪う作業なのである。

フーコーの考古学的思考における分析対象は、まず「書かれたこと」、「言われたこと」としての「ドキュメント」（主に文書記録）として標定されるべきものであることはすでに見た。しかし、その「ドキュメント」というステイタスそのものがここで問いに付される。現代の歴史学や認識論にとって文書記録がもはや単なる解釈の対象ではないのと同様、フーコーの考古学にとっても、文書記録はそれに外在的な、あるいは超‐歴史的な立場からの操作の対象ではない。そうではなく、文書記録は単なる「ドキュメントの集積〔une masse documentaire〕」(4)、すなわちその内部から働きかけられ、練り上げられるべき対象なのであり、そのステイタスは『記念碑＝モニュメント」(5)のそれである。そして考古学とは、「モニュメントの内在的記述」(6)にほかならない。つまり目指されているのは、ある超越的視点から介入することによってドキュメントの背後にある隠された事柄を語らせることなのではなく、それらドキュメント相互の関係を解読し、そのドキュメントひとつひとつを物質的存在として——具体的なモノとして——扱うことである。新しい歴史記述の作業とは、歴史の領域において「ドキュメントをモニュ

（1）AS, p. 38-39〔邦訳：五四—五五ページ〕／OE-II, p. 27.
（2）AS, p. 40〔邦訳：五六—五七ページ〕／OE-II, p. 28-29.
（3）AS, p. 31〔邦訳：四三ページ〕／OE-II, p. 21.
（4）AS, p. 14〔邦訳：一九ページ〕／OE-II, p. 8.
（5）『知の考古学』の一種の粗描として書かれた「認識論サークルへの回答」（一九六八年）において、「モニュメント」という語はカンギレムから借用されたものであると述べている。以下を参照。Foucault, « Sur l'archéologie des sciences. Réponse au Cercle d'épistémologie » (1968), DE-I, p. 708〔邦訳：フーコー「科学の考古学について——〈認識論サークル〉への回答」石田英敬訳、『ミシェル・フーコー思考集成』、第III巻、筑摩書房、一九九九年、一一六ページ〕.
（6）AS, p. 15〔邦訳：二〇ページ〕／OE-II, p. 8、強調は引用者。

メントに変換するもの」[7]なのである。

では、ドキュメント＝文書記録を「モニュメント」として扱うとはどういうことか。それは、そのドキュメントをあらゆるカテゴリーから解放されたものとして扱うということであり、例えば「書物」、「作品」や「作者」といった、アプリオリな綜合作用や分類作用を伝統的に果たしてきた概念から自由になるということである。フーコーが一連のネガティヴな作業――つまり、否定に続く否定――によって破壊しようと試みるのはそうしたカテゴリーであり、より正確に言うなら、学問的・科学的言説において伝統的かつ無自覚的に用いられてきた言説の「単位＝統一体〔unité〕」なのである。例えば、歴史学における「心性《マンタリテ》」という概念は、ある時代に起きる、同時的あるいは継起的な諸現象のあいだに意味の共通性を打ち立てるという作用を果たすだけでなく、ある「集合的意識」なるものを、統一や説明のための原理として生み出している[8]。そうしたカテゴリーは、それ自体では説明されることのない、いわば超越的な概念として作用するのであり、それは時に思考にとっての障害ともなり得る（フーコーが論じてきた近代の科学的思考における人間という概念はその一例であった）。フーコーは、実際に存在する言説群に先立って想定されうる、そのような「型」――ある種の言説を言説群から切り出し、取りまとめる原理――の作用をまず否定しようとするのである。「以上のようにあらかじめ定められた連続性の諸形態、問題化されず当然のこととして価値づけられたままになっている以上のような綜合のすべてを、宙づりにしておかねばならない[9]」。

では、言説群を取りまとめうるような「単位＝統一体」がすべて破棄された後、記述の対象として一体何が見出されることになるだろうか。一連の否定的な作業ののちに、考古学的研究がおこなわれる領域が残されるとすれば、それはどのような領域なのか。それは「ひとつの広大な、しかし定義することが可能な領域」であり、「それはあらゆる（語られたにせよ書かれたにせよ）実際の言表の総体が、それらの出来事としての分散〔dispersion〕において、それらの各々に固有の審級において構成する領域である[10]」。言説の領域内における「言表」――この用語が何を意味するかについては後に触れよう――は、その各々が単独な出来事として存在するのであり、何らかの単位によっては取りまとめられ得ない。伝統的なあらゆるカテゴリーから解放された言表ないし言説は「分散」の状態にある。そこから、考古学にとっての新たな作業が生まれる。

以上のことから生じるのが、そうした分散そのものを記述しようという考えである。すなわち、〔…〕諸要素の間に〔…〕、ひとつの規則性を標定することができないかどうか探ってみよう、ということだ。ひとつの規則性を標定する、とはつまり、それらの諸要素が相次いで出現する際の順序、それらが同時に現れる際の相関関係、共通の空間における指定可能な位置、相互的な働き、互いに結びつきヒエラルキー化された変形作用などを、標定するということである。[11]

考古学の対象がこうして確定される。考古学という方法は、まずあらゆる単位＝統一体を解体し、「ドキュメント」（文書、あるいは語られ・書かれた言説）を「言表」という最小の単位にまで還元する。そしてその結果として、そこにあらゆる言表作用が繰り広げられるような、ひとつの等質的な平面が解放される。そしてその平面、「内面性〔intériorité〕も約束もない、無関心＝無差異〔indifférent〕で白けた空間」[12]という「産出する主体」のいない場所には、言葉だけがさまざまな力の戯れのうちに漂流している。アルシーヴとはそのような場処にして次元なの

（7）AS, p. 15〔邦訳：一九ページ〕／OE-II, p. 8.
（8）AS, p. 32〔邦訳：四五ページ〕／OE-II, p. 22.
（9）AS, p. 37〔邦訳：五二ページ〕／OE-II, p. 26.
（10）AS, p. 38〔邦訳：五四ページ〕／OE-II, p. 27.
（11）AS, p. 52〔邦訳：七六ページ〕／OE-II, p. 39.
（12）AS, p. 54〔邦訳：七九ページ〕／OE-II, p. 41.

であり、ピエール・ブーレーズの指摘を参照しつつドゥルーズが述べているように[13]、フーコーにおけるアルケオロジーの空間はアントン・ヴェーベルンの音楽に比すことができるようなものだろう。ヴェーベルンが音楽の歴史において為したことは、旋律や和声といった原理から解放された音たちを、平面上ではなく、空間上に配列しうるような新たな次元を拓いたことであった。アルシーヴという空間もまた、言説たちからなる空間に新たな次元を導入するものなのである。

しかしながら、フーコーの作業は単なる破壊や否定の行為にとどまるものではない。あくまでも、目指されるのは言説の総体を別の基準によって分析することである。言説を単位＝統一体から解放するメリットについて、フーコーは「出来事性」を言表に回復させることと、そして、何らかの発話主体の存在を前提とする言説のカテゴライズを回避することを挙げたのち、以下のように述べている。

> 言説的事実［les faits de discours］をそのように記述することの第三の意義について。それは、自然的で直接的かつ普遍的な統一体として自らを差し出しているグループのすべてから言説的事実を解き放つことによって、他の諸々の統一体を、ただし今度は一連の統御された決定にもとづいて記述する可能性が与えられるということである[14]。

伝統的に存在するもろもろの単位＝統一体を破壊したあとで初めて析出されうる「他の諸々の統一体」とは、一体どのようなものなのか。ここから、否定的な作業ではなく、新たな方法的記述に向けた創造的・肯定的な作業が始まる。

ポジティヴな作業――言説的編成体とは何か

分析の対象となる領域が析出された今、考古学的研究は言説相互を結びつける諸規則の記述へと向かうことになる。そうした新たな対象としての「言説」の記述は、哲学的人間学のシステムを無化する効果をもたらすだろう。

語る個人や、言説の主体、テクストの作者など、要するに一連の人間学的カテゴリーに依拠したあれらすべての統一性や非反省的な綜合に絶対にとらわれないでいられるということを確信しうるためにはどうすればよいのだろうか。おそらくは、まさにそうしたカテゴリーがそこを通して構成された言表の総体――「対象（＝客体）」として諸々の言説の主体（それらの言表自体の主体）を選び、その主体を認識のフィールドとして繰り広げようと企てた言表の総体――を考察することによってなのではないのか[15]。

言説のひとつひとつは、それに固有の歴史的コンテクストの中で発話されている限りにおいて、それ独自の存在様態を有しているのであり、その存在様態から翻って、存在条件そのものが標定されることになるのである。そして、フーコーが言表という概念で捉えようとしているのは、その様態〔modalité〕にほかならない（「そうした

（13）以下を参照。G. Deleuze, *Foucault, op. cit.*, p. 30〔邦訳：ドゥルーズ『フーコー』、前掲書、四八ページ〕.
（14）AS, p. 41〔邦訳：五九ページ〕／OE-II, p. 30、強調は引用者。
（15）Foucault, « Sur l'archéologie des sciences. Réponse au Cercle d'épistémologie », art. cit., DE-I, p.709〔邦訳：フーコー「科学の考古学について――〈認識論サークル〉への回答」、前掲論文、一一七ページ〕.

諸記号の集合に固有の存在様態のことを、言表と呼ぶことにしよう」）。[16] だが、言表という呼称そのものがここでそれほど重要だとは思われない。フーコー自身、一九七〇年代のテクストにおいて、方法的な用語としてのこの名称を用いることを止めるからである。ここで考えるべきはむしろ、いかにして「モニュメント」（ある歴史的領野における出来事としての言説）が考古学的記述の対象となりうるのか、という点である。

そこで、言説の集合からなる領域、つまりアルシーヴそのものについて考えるべきであろう。その領域は「言説的編成体〔formation discursive〕」（「言説形成」）と名付けられ、分析されることになる。これもやはり言説の集合が形づくるひとつの統一体ではあるが、これが先に見た、一連の否定的作業によって放棄された伝統的なカテゴリーと異なることは言うまでもない。この新たな統一体は、言説の集合体のうちのある特定の言説群を取りまとめ、それらを一体のものとして他から区別し引き立たせるような単位＝統一体なのであり、そのうちに「編成＝形成の諸規則」や「分散のシステム」[17] の所在を指摘できるようなものである。フーコーによれば、出来事としての言説の集合には、それに固有のシステムがあり、その諸規則や諸機能を明らかにすることができる。そしてそれらの諸規則から、個々の言説それ自体のステイタスを標定することができるのだという。いわば、ここでの分析は循環的なものであって、言説の存在そのものと言説を存在させている諸規則が互いを説明しているのである。むしろ、考古学に特有なそうした循環的記述が適用される領野を指し示すためにこそ、言説的編成体という呼称が用いられているとも言えるだろう。

考古学的分析においては、言説それぞれの産出に関する諸規則は言説にとって外在的なものではない。すべての規則が分析可能なものとなるのは、それらが言説の領域のただなかに生み出される結び目として標定されるからである。そうした分析に際して召喚される要素のすべては、言説の次元という、ひとつの限定されたレヴェルに位置している。

編成＝形成の諸規則は、個々人の「心性」ないし意識のなかにではなく、**言説そのもののなかに**自らの場所を持つ(18)。

そうした諸規則が、言説を発する個人のもろもろの振る舞いに影響することも確かにあるだろうが、そうした規則と振る舞いとの相互作用が分析できるのも、言説のレヴェルから発してのみのことに過ぎない。それらの諸規則は、「そうした言説領野において語ろうと企てるすべての個人に対し、いわば一様な匿名性のもとで課せられるのである」(19)。ひとつの言説に対して作用する諸々の力は、外在的なものではないということだ。

言説の対象（言説が語っている当のもの）の分析についても、そこで採用される視点は変わらず、言説の「外部」はない、というものである。というのも、考古学者の研究においては、言説が指し示している対象というレヴェル、つまり「物」そのものの次元は直接の対象とならないからである。言説の分析とは言語学的な意味における「指示対象《レフェラン》」についての分析ではない。考古学は何かを表現する「意味」というステイタスを言説に与えることによって言説を透明なメディアとするのではなく、その言説そのものをその不透明性において記述の対象にする。「ひと言で言うなら、問題はまさしく「物」をなしで済ませることなのだ(20)」。言説が指し示す対象は言説に先立って存在するのではない。それは言説によって形づくられるのであり、そしてその言説は、それがその対象を指し示している限りにおいて、あるひとつの言説編成に属しているということになるのだ(21)。

（16）AS, p. 140〔邦訳：二〇二ページ〕／OE-II, p. 113.
（17）AS, p. 53〔邦訳：七六―七七ページ〕／OE-II, p. 39-40.
（18）AS, p. 83〔邦訳：一二一ページ〕／OE-II, p. 66、強調は引用者。
（19）AS, p. 83-84〔邦訳：一二一ページ〕／OE-II, p. 66.
（20）AS, p. 65〔邦訳：九四ページ〕／OE-II, p. 50.

2　方法論的断絶——新しい定義

「物そのもの」を排除すること。それが、それまでのフーコーの著作からの方法論的断絶を明確に示す点である。フーコー自身、『知の考古学』において、自己批判のかたちでそれを明らかにしている。例えば『狂気と非理性』においては、「狂気そのもの」と「狂気についての言説」という異なるレヴェルが混同されており、明確な方法論を欠いていたがゆえに、そこで書かれていたのは「指示対象《レフェラン》の歴史」であった、という。[22] そして、『知の考古学』以前の他の著作も、そうした「指示対象の歴史」であったと見るべきだろう。[23]『言葉と物』においてもやはり、認識というレヴェルと、指示対象としての事物のレヴェルの区別が持ち込まれている。つまり、「思考する主体」が、「事物」と、綜合作用によって事物を配分する「認識行為」との媒介として作用しているのであり、そこでまさに研究の対象とされたものを、『知の考古学』は方法的に排除しようとしているのである。ダニエル・ドフェールの証言に拠れば、『言葉と物』の当初予定されていたタイトルは『物の秩序〔L'ordre des choses〕』であった。[24] この「秩序＝領野〔ordre〕」が、今や「言説の秩序＝領野」によって置き換えられることになるのである。

三つの領域

『言葉と物』と『知の考古学』のあいだの理論的転位によって生じた変化の例として、いくつかの重要な概念の新たな定義を挙げることができる。『言葉と物』の序文において、思考のアプリオリの構造を形づくる三つの層ないし領域が区別されていた点についてはすでに見た。[25] その三つの領域を改めて確認しておくなら、まず、知覚のような、基本的な経験を直接的に規定する「ある文化にとっての基本的諸コード」がある。そして文化の基本的構造のもうひとつの極には、それぞれに経験についての「反省的認識」や科学的知の領域がある。そしてその二つのあいだに「秩序の経験」の領域があり、それが「経験する主体」という契機を含んだ領域であった。だが、この「経験する主体」という概念の存在ゆえに、フーコーはエピステーメーとしてのこの「中間領域」に明確な定義を与え得ていなかった。というのも、この領域が認識の条件として解される限りにおいて、それ自体は記述の対象とはならず、その結果として「心性」や「世界観」といった概念に類似した、最終的に説明されることのない概念として残存してしまうことになるからである。

だが『知の考古学』において、フーコーはこの三つの領域の定義を再び試み、とりわけこの「中間領域」の定義を変更することになる。言説の「出現」と「境界画定」と「種別化」という三つの審級間に存在する「諸関係」の性質について説明する箇所で、フーコーは三つの領域をこう区別している。

> こうして、可能な記述の空間が分節化されたかたちで開かれる。すなわち、第一次的ないし現実的な諸関係のシステム、第二次的ないし反省的な諸関係のシステム、そして文字通り言説的と呼びうるような諸関係のシステムから成る空間が開かれるということだ。問題は、この最後の言説的諸関係の種別性がいかなるもの

(21) 以下の例を参照。「十九世紀の精神医学的言説を特徴付けるのは、特権化された諸対象ではなく、その言説が自らの諸対象を大きく分散したままにとどめつつ編成＝形成するやり方である」。AS, p. 60〔邦訳：八七ページ〕／OE-II, p. 46.
(22) AS, p. 64〔邦訳：九三ページ〕／OE-II, p. 49.
(23)『臨床医学の誕生』についての自己批判を参照。AS, p. 74（脚注）〔邦訳：一〇七ページ（注）〕／OE-II, p. 57（脚注）〕.
(24) 以下を参照。Defert, « Chronologie », art. cit., p. 28〔邦訳：ドフェール「年譜」、前掲、二四ページ〕.
(25) 第二部、第一章1を参照。

であるのか、そしてその諸関係と他の二つの諸関係とのあいだにはいかなる作用が働くのかを、明らかにすることなのである。[26]

つまり、言説の存在についての実定的な諸条件のうちに、社会的な制度の体系のような経験的な諸関係の空間がまずあり、そこでは、現実に存在する何らかのシステムに言説が振り分けられることで言説の統一性が生み出されている（例えば、精神医学の諸制度の存在が、「精神医学の言説」の統一性を保証しているように）。また他方に、言説それ自体についての反省的な、定式化された言説の諸関係の体系がある。そして、最後に、純粋に言説的な諸関係があるというわけだ。この三つの言説の諸関係が織りなす空間が『言葉と物』における三つの領域に対応しているのであり、新しい三つの空間の最後のもの、つまり「純粋に言説的な」空間こそが、かつての「中間領域」（秩序の経験の領域）に重なるものだろう。エピステーメーの概念はこうして、純粋に言説的な諸関係がかたちづくる領域として改めて定義されることになる。つまり、言説の領域に内在的な説明がここで試みられているのである。

エピステーメー

そして、エピステーメーという語について、フーコーは『言葉と物』でこう書いていた。

> ある文化のある時点においては、つねにただひとつのエピステーメーがあるにすぎず、それがあらゆる知の可能性の条件を規定する。それが一個の理論として明示される知であろうと、実践〔pratique〕のうちにひそかに投資される知であろうと、このことにかわりはない。[27]

しかし『知の考古学』においては、それと相当異なる別の定義が与えられている。

〔…〕エピステーメーという語によって指し示されているのは、認識論的諸形象や諸科学を生じさせ、場合によっては形式化された諸々のシステムを生じさせるような言説実践の数々を、あるひとつの時代において結び合わせることのできる諸関係の総体である〔…〕。エピステーメー、それは、一人の主体、ひとつの精神、あるいはひとつの時代の至上の統一性を、互いに大きく異なる諸科学を貫いて表明するような、認識のひとつの形式もしくは合理性のひとつのタイプではない。そうではなくて、それは、あるひとつの時代の諸科学を言説的諸規則のレヴェルにおいて分析するとき、それらの諸科学のあいだに発見することのできる諸関係の総体なのだ。(28)

ここでエピステーメーは、言説の諸関係がつくりだす体系として定義されており、かつての定義が持っていた、あらゆる知を支える土台というニュアンスは消滅している。また、それはまず動態的・複数的なものであり、言説のある集合体が形成されるのに伴って形成され、変容し、消滅するものである。またそれにより、エピステーメーは認識という問題系から切り離され、知のアプリオリな条件と見なされることはもはやない。それは、知に先立って存在し、超越的な力で思考や言説を支配するようなものではなく、実際に出現した言表・言説たちから

(26) AS, p. 62〔邦訳：九〇—九一ページ〕／OE-II, p. 48.
(27) MC, p. 179〔邦訳：一八九ページ〕／OE-I, p. 1220、強調は引用者。
(28) AS, p. 250〔邦訳：三六〇ページ〕／OE-II, p. 204-205.

標定されるような、ある集合原理のようなものなのである。

この新しい定義によって、エピステーメーの単一的な性質は放棄され、「世界観」に類したものと解される原因でもあった[29]、「ある時代における統一的な精神」や「思考の一般的形式」といった意味合いが退けられることになる。そして新しい定義によって導入されるのが、局所性と動態性である。

> エピステーメーとは、下に横たわるひとつの大理論のようなもののことではなく、ひとつの分散の空間であり、開かれていて、おそらくは無限定に記述が可能な、諸々の関係性の場であるのです。〔…〕エピステーメーはすべての学に共通する歴史の一区切りのことではなく、諸々の固有の残存の同時的な共働のことなのです。〔…〕エピステーメーは理性の一般的な段階のことではない。それは継起的な諸々のずれからなるひとつの複雑な関係のことなのです[30]。

こうしてエピステーメーは、統一的で安定したものとして性質を失い、ある言説の集合に固有な局所的統一性へと姿を変える。ある時代の思考をおしなべて条件付けるアプリオリではもはやあり得ないのである。

別の言い方をするなら、ここで出来事というものについての視点が変化していると言うこともできる。すでに見たように、『言葉と物』においては、エピステーメーという概念の多かれ少なかれ統一的で包括的な性質ゆえに、歴史における断絶ないし不連続性を裏側から照射することが可能であった。つまり、ある時代における均一で連続的な歴史の平面が想定されているからこそ、例えば古典主義時代から近代への移行期のように、エピステーメーの変化を取り出すことが可能であった。そして『言葉と物』の方法は、あるひとつの歴史的出来事を再構成するためにこそ準備されていたものだったのであり、その出来事こそ、思考における人間という形象の誕生にほかならない。だが、『知の考古学』においては、そうした包括的・全般的な断絶をもたらすような出来事の概念は退けられる。言説の統一性＝単位を否定することによって明らかになる事柄のひとつとしてフーコーが挙げているのは、「非連続性は、歴史の地質学のなかで断層を形成する大きな偶発事〔accident〕のひとつであるのみならず、言表という単純な事実のなかにもすでにある」[31]ということである。つまり、出来事とは、ひとつひとつの言表のうちに標定される局所的で微細なものであり、場所が必ずしも固定されない動態的な性質を持ちうるということだ。そうした原理の導入とともにエピステーメーという概念は遠ざけられることになり、『知の考古学』以後、放棄されることになる。[32]

アプリオリ

考古学をめぐる方法論的な変化を徴《しるし》づけるもうひとつの例として、アプリオリの概念について検討しよう。先に見たように、『言葉と物』までの著作において用いられていた「考古学」という呼称は、歴史的に思考を条件付けるものとしてのアプリオリについての研究を指すものであった。[33]そして、歴史的に標定されうるアプリオリ

(29) 以下を参照。Foucault, « Réponse à une question », art. cit., p. 677〔邦訳：フーコー「「エスプリ」誌 質問への回答」、前掲論文、七五ページ〕.

(30) *Ibid.*, p. 676-677〔邦訳：同前、七四―七五ページ〕. 強調は引用者。

(31) AS, p. 40〔邦訳：五七ページ〕／OE-II, p. 29.

(32) 一九七七年のインタヴューにおいて、フーコーは以下のように回想している。「『言葉と物』では、エピステーメーの歴史を書こうとして、私は袋小路から抜け出すことができませんでした」。Foucault, « Le jeu de Michel Foucault » (1977), DE-III, p. 300〔邦訳：フーコー「ミシェル・フーコーのゲーム」増田一夫訳、『ミシェル・フーコー思考集成』、第VI巻、筑摩書房、二〇〇〇年、四一三ページ〕.

(33) 本書第二部、第一章を参照。

は次のように定義されていた。

〔歴史的アプリオリは、〕ある時代において、経験のなかにひとつの可能な知の場を浮かび上がらせ、そこにあらわれる対象の存在様態を規定し、日常的視線を理論的能力で武装するものであり、物に関して真実と認められる言説を述べうるための諸条件を規定するものなのだ[34]。

歴史的アプリオリとは、経験としての認識作用を深いところで支えている暗黙の概念であり、思考に先だって思考を条件付ける基本構造であった。そして考古学とは、ひとつの知の領域にとってのそうしたアプリオリを明るみに出す作業であった。

だが『知の考古学』において、歴史的アプリオリの概念についても新たな定義づけがなされている。ひとつひとつが独立した複数の言説が「同じこと」を語っていると考えられるためには（例えば、リンネやビュフォンの言説がともに「自然誌」についての言説である、と考えられるためには）、それらが何らかの同じ言説の統一体《ユニテ》、何らかの「限定されたコミュニケーションの空間」に属していなければならない。それらの言説群はそれ自体でひとつの限定された領域を作り出しているのであり、その領域の存在を前提として、本来はそれぞれに固有な歴史的条件にもとづいて出現している言説群のあいだに何らかの関係性があるのかないのか、という点を知ることが可能になる。そうした領域を、フーコーは言説の「実定態〔positivité〕」（言説がその顕在的な性質において存在するにあたって従う規則性）の形態《フォルム》と呼んでいる。そして、フーコーは、まさにその「実定態の形態」を、歴史的アプリオリとして定義するのである。

〔…〕その実定態の形態（そして言表機能が作動するための諸条件）が定めるのは、諸々の形式的同一性、テーマ的連続性、諸概念の転用、論争の作用といったものが場合によってはそこで繰り広げられうるような、ひとつの領野である。こうして、実定態は、歴史的アプリオリと呼びうるようなものの役割を果たすのである。(35)

ここで歴史的アプリオリは、実定的に存在する言説の集合が作り出す関係が果たす機能として規定されている。そして、言説ひとつひとつが存在する条件から、その言説が含まれる形式が導き出され、歴史的なアプリオリたる形式が実際に語られる言説のあり方を規定するという、(またしても)ある種の円環によってアプリオリが定義されるのだ。こうした定義は、言説についてのポジティヴな分析、つまり言説に先立って存在するものと、言説に対して外在的な決定要因を退けようとする『知の考古学』全体の意図と呼応していることは言うまでもない。『言葉と物』までの著作におけるアプリオリの定義からの重要な変更がここに見出されるだろう。『言葉と物』において、「経験のなかにひとつの可能な知の場を浮かび上がらせ」る、あるいは「日常的視線を理論的能力で武装する」という歴史的アプリオリは、ひとつの時代という条件において思考する主体の認識作用を前提としていた。だが、歴史的アプリオリについて新たな定義では、経験というレヴェルや、(ほとんど現象学的と言えそうな)主体の存在は完全に取り除かれており、それは言説の集合によって形作られ、新たな言説の発生を可能にする条件として定義されているのだ。つまりここで、条件とそれが条件付けるものとは同じレヴェルにあり、どちらかが先行しているものではない。換言すれば、そうした新しい定義におけるアプリオリは言説の集合が果たす「役割」であり、「機能」である。それゆえ、『臨床医学の誕生』において「死」がそう定義されていたような、歴史性を持った具体的なものではもはやない。『言葉と物』までの著作でしばしば用いられていた「具体的アプリオ

(34) MC, p. 171〔邦訳：一八一ページ〕／OE-I, p. 1212、すでに引用したもの。
(35) AS, p. 167〔邦訳：二四二ページ〕／OE-II, p. 136.

リ」という用語は、それゆえ、定義上矛盾することになる。

アプリオリの概念に関して、方法の変化を示している例をもうひとつ挙げよう。一九七〇年代のフーコーは、著作の再版に際して、あたかも新たに見いだされた方法をかつての著作に遡及的に当てはめるかのように、以前の版を書き改めることを行っているが[36]、一九七二年に書き改められたうえで再版された『臨床医学の誕生』[37]もその一例である。この再版においては、まず構造主義的な語彙が削除され、「医学的まなざしの考古学」という副題が取り除かれているが[38]、われわれが先に引用した、アプリオリの定義自体にかかわる一文もこのとき書き換えられている。その二つのヴァージョンを比較してみよう。

（初版）死が医学的経験の具体的なアプリオリ〔*l'a priori concret*〕となった時にこそ、病は反 - 自然から離れ、個体の生きた身体〔corps vivant〕の中で具現化〔prendre corps〕することができたのである[39]。

（第二版）死が認識論的に医学的経験のうちに組み込まれた時にこそ、病は反 - 自然から離れ、個人の生きた身体の中で具現化することができたのである[40]。

「死が医学的経験にとってのアプリオリになる」という表現が「死が医学的経験に組み込まれる」と書き改められることによって、アプリオリという語そのものが削除され、それによって、「経験に先行し、それを規定するもの」という領域が切り捨てられている。だが、そのアプリオリの領域こそ、『言葉と物』までの考古学において探求の目標とされていたものではなかったか。そうしたかつての探求の対象を切り捨て、言説に内在的な研究を新たな考古学として立ち上げたということ。この一見ささやかな語句の改変は、そうした事情を物語っている。

＊

ここまで確認してきた一連の再定義は、『知の考古学』を通じて繰り広げられた方法論的変化の所在を明らかにしている。だがしかし、その新たな意味における考古学とは何を意味するのか。「言表」という限定されたレヴェルにおいて繰り広げられる新たな方法の特異性とは何なのか。われわれの読解の方針に従うなら、ある方法論のマニフェストとしての『知の考古学』をそれ以降の著作から切り離して独立に論じることは避けたい。むしろ、それがもたらしたもの、つまり「アルシーヴの学」という新しい方向性がもたらした方法論的な革新が何だったのか、それ以後のフーコーの著作を通じて明らかにしたいのである。そうした考えにもとづく限りにおいて、この書物は、フーコー自身が「奇妙な仕掛け」[41]と形容する抽象的で錯綜した記述にもかかわらず、その目指すところは単純な

（36）ここで言及する『臨床医学の誕生』以外に、『狂気と非理性』の例を挙げることができる。こちらの書物も一九七二年に、かつての序文が新しい序文に置き換えられ、二つの補論が増補されるかたちでガリマール社から再版されるのだが、同時にツァラトゥストラの「世界への抒情的な回帰」についての注がひとつ削除されている（Foucault, *Folie et déraison*, *op. cit.*, p. 620〔邦訳：フーコー『狂気の歴史』、前掲書、五四〇ページ、注七〕／OE-I, p. 577, note n° 1）。また、正確な書名も『古典主義時代における狂気の歴史』〔*Histore de la folie à l'âge classique*〕となる。

（37）『臨床医学の誕生』の二つの版の相違については、以下で挙げられている例を参照。James W. Bernauer, *Michel Foucault's Force of Flight : Toward an Ethics for Thought*, Humanity Books, 1990, Appendix 2, p. 188-192〔邦訳：ジェイムズ・W・バーナウアー『逃走の力――フーコーと思考のアクチュアリティ』中山元訳、彩流社、一九九四年、付属文書の九二―九六ページ〕.

（38）ただし、この副題の削除がフーコーの意向によるものかははっきりしない。プレイヤード版著作集に収録された『臨床医学の誕生』の編者（フランソワ・ドラポルト）は、それが出版社の意向によるものだった可能性を示唆している。以下を参照。OE-I, p. 1528.

（39）Foucault, *Naissance de la clinique*, *op. cit.*, p. 198〔邦訳：『臨床医学の誕生』、前掲書、二六六ページ〕.

（40）Foucault, *Naissance de la clinique* (deuxième édition), PUF, 1972, p. 200 / OE-I, p. 889.

（41）AS, p. 177〔邦訳：二五五―二五六ページ〕／OE-II, p. 142.

のであり、この書物の革新性は言説の領域という新たな探求の対象を発見したことにあるのだ。そこで生み出された新たな方法をもとに、一九七〇年代のフーコーの、考古学者《アルシヴィスト》としての探求が繰り広げられることになる。

3　新たな方法——『知の考古学』の位置づけ

『知の考古学』の特異性

『知の考古学』という書物を、「哲学的問題としての主体批判」という展望——それがわれわれにとっての主要な問題であった——のうちに位置づけてみた場合、この書物が目指すところをより明確にできるように思う。つまり、近代哲学が直面している「人間学的隷属」[42]という状況を、批判するというよりむしろ乗り越えるということである。つまりフーコーは、研究の対象〔objet〕を指し示すことにより、哲学における主体〔sujet〕という主題を廃絶しようとしているのではないか。それは、ある特定の対象の分析に向かうことで、認識における綜合作用を有した主体の「経験」や「意識」といった人間学的諸主題を乗り越えようとする試みである。「対象としての言説〔discours-objet〕のシステマティックな記述」[43]としての新しい考古学は、それ自体で自律性を持った言説がかたちづくる体系性についての記述であり、言説は何かを表象する「記号《シーニュ》」としてではなく、語られる対象を構成する「実践作用〔pratiques〕」として扱われる。[44]

新旧二つの考古学を隔てる根本的な相違点のひとつは、主体の作用としての認識という問題系が放棄された点にある。すでに確認したように、『言葉と物』までの考古学において探求されていたのは、主観的認識という行為の歴史的な様態を分析し、認識の経験にとっての条件であると同時に限界でもあるようなアプリオリを明らかにすることだった。だが、考古学の方法的な純化とともに、その認識という問題設定ゆえの困難が生じる。例えば、言語という問題について、フーコーはそれを認識作用から切り離されたかたちで扱うことを余儀なくされていた。『言葉と物』でそう論じられるに至ったように、言語は近代のエピステーメーに「生《なま》の存在」をもって浮上するようになり、認識の構造を超越し、人間の有限性を越えた外在性を伴うものとして、新たな思考のパースペクティヴを拓くものとされた。だがその言語は、それ自体が考古学の対象になっていた訳ではない。それは、『言葉と物』という著作によってその所在が明らかになりながらも、その著作自体の限界を同時に示した問題でもあったのだ。

ひとつの哲学的思考にとって、対象を定義することは、それが問題構成と思考の様態を決定するがゆえに、おそらくもっとも本質的な営みのひとつであろう。新たな対象を決定することによって、それまで構成されることのなかった新たな問いをめぐって新たな探求を開始しうるのである。かつての考古学のプロブレマティックにおいては、「認識」という領域と現実の「実践行為《プラティック》」との区別を前提し、その後者の領域を主に分析の対象としたため、「言語外的現実」や「言語に先立つ思考」といった領域を、説明不可能なものとして取り逃したままになっていた。しかし新しい考古学においては、対象となる分析のレヴェル、つまり言説のレヴェルが考古学の行われる場として確定され、それまで認識を条件付けるアプリオリとして想定していた領域を、実践としての言説によって生み出される場へと転換させた。

かくして、二つの考古学のあいだの差異は、対象の扱い方についての差異であると要約できる。『知の考古学』がフーコーの思考に何をもたらしたかといえば、それは、全く新しい方法論をゼロから創始するというよりも、

(42) AS, p. 25〔邦訳：三五ページ〕／OE-II, p. 17.
(43) AS, p. 183〔邦訳：二六四—二六五ページ〕／OE-II, p. 147.
(44) AS, p. 66-67〔邦訳：九七ページ〕／OE-II, p. 51-52.

むしろ以前の方法を引き継ぎながらそのレヴェルを確定する、つまり「対象を確定する」ということだったのである。この書物は何であったか、という点について、フーコー自身が一九七一年のインタヴューで次のように語っている。

> 私にとって、『考古学』は、全くの理論というわけでも、全くの方法論というわけでもありませんでした。〔…〕それでは、『考古学』が理論でも方法論でもないとしたら、いったいそれは何なのでしょう。この問いに対して私は、この本はいわばひとつの対象を指示しているのだ、と答えましょう。つまり、自分が長い間扱ってきた諸対象について、私は、それらが存在するのかどうかすら知らず、したがってそれらを名付けることもできなかったのだけれど、この本では、今や私自身をどのようなレヴェルに位置づければよいのかを特定し、そうした諸対象を顕わにしようと試みたのです。[45]

フーコーは続けて、問題はある時代の科学的言説の「内容」や「形式的な組織化」を分析することが問題なのではなく、「科学的言説の存在と社会におけるその機能とを顕わにするために分析が自らを位置づけなければならぬ特殊なレヴェルを規定すること」[46]が問題であったと語っている。そしてその「特殊なレヴェル」こそ、フーコーが新しい考古学の方法によって明らかにしようとする、新しい研究対象である。

主体なき分析

『知の考古学』において、言説の起源としての主体、創設する主体はかくして排除されることになる。カンギレムが『言葉と物』の書評で指摘していたように[47]、フーコーは人文科学の認識論的条件を明らかにしつつ「近代的コギト」のあり方を分析し、そのコギトを前提にして可能となる「意識の哲学」が限界に囚われていることを明らかにしていた。だが今や、フーコーはそのコギトという主題そのものを取り除こうとしているのだ。「言表の分析は、したがって、コギトを参照することなく行われる」[48]。

先に見たように、言説における伝統的な統一性＝単位を破壊するプロセスにおいて、言説の起源、あるいはそれを取りまとめる単位としての主体は否定されていた。だが、そこで主体そのものが完全に否定されたかと言えばそうではない。むしろ、『知の考古学』以後の考古学的方法が最終的に目指している事柄のひとつは、それぞれの言説に特有な主体を標定することであると言えるだろう。追って見るように、一九七〇年代のフーコーの方法論の本質的な点は以下のような点にある。つまり、新たな考古学が繰り広げられる次元が言説の次元に限定されたからといって、それは考古学が言語外の現実をシステマティックに否定したことを意味しない。そうではなく、むしろ、「事物そのもの」の次元がすでに探求の直接の対象であることを止めている以上（『知の考古学』における、『狂気と非理性』についての自己批判を思い出そう）、そうした「現実」は、何らかの発話行為を通じて、言説というかたちで産出され記録されることによってのみ把握しうるものである、と考えるべきなのだ。かくして、言説領域についての考古学的研究において主体は、さまざまな言説群が取り結ぶ関係性のうちで、その作用の結節点として記述されることになる。逆に言うなら、ひとつの言説は、そこから発してある主体のステイタスを定義しうるようなものである限りにおいて、言表という様態において現れることになる。「したがって、ひとつの命題、

（45）Foucault, « Entretien avec Michel Foucault » (1971), DE-II, p. 157〔邦訳：フーコー「ミシェル・フーコーとの対談」慎改康之訳、『ミシェル・フーコー思考集成』、第Ⅳ巻、筑摩書房、一九九九年、三九―四〇ページ〕、強調は引用者。
（46）*Ibid.*, p. 158〔邦訳：同前、四一ページ〕、強調は引用者。
（47）本書、第二部第一章参照。
（48）AS, p. 161〔邦訳：二三三ページ〕／OE-II, p. 131.

ひとつの文、諸記号のひとつの集合が、『言表』と呼ばれうるのは、〔…〕主体の位置が指定されうる限りにおいてなのだ」[49]。これが、ここまで敢えて明確に区分してこなかった「言説《ディスクール》」と「言表《エノンセ》」とを区別する点でもあることを指摘しておこう。

主体は、それぞれの言説に先立って存在するのではなく、むしろ言説から発してこそ標定されるものなのであり、それゆえ主体の位置は、「言表そのもののなかでひとつの操作が実行されるときにも〔…〕必ずしも同一なわけではない」[50]。そして言説とは、「主体の分散と主体の主体自身との非連続性がそこで決定されうるひとつの集合」[51]にほかならない。新たな考古学において、主体は、自らの存在の同一性を言説の集合体へと譲り渡して散乱する。もはや、思考する主体の機能から発してある時代のエピステーメーを描き出すことが問題なのではなく、複数のかりそめの主体たちの生成の糸を辿り、それらの誕生と散乱、そしておそらくは消滅を描き出すことが問題なのだ。

逆説を弄するなら、『言葉と物』と『知の考古学』のあいだの方法論的断絶にもかかわらず、フーコーの目指すものはさほど変化していない、とも言えるだろう。つまり、「哲学的主体の分析」が目指されているという点においてである。変化したのは、あくまでも主体のステイタスを標定する、その方法だった。近代的思考における人間学的構造が批判されて以後、主体はもはやあらかじめ存在するものではなく、言説の網の目によって編み出されるものとなる。人間という形象なしに、言説たちの実際の存在から出発して知の体系を分析すること。それが、哲学的人間学を乗り越えるべき新たな方法である。

(49) AS, p. 126〔邦訳:一八〇ページ〕/OE-II, p. 101.
(50) AS, p. 125〔邦訳:一七九ページ〕/OE-II, p. 100.
(51) AS, p. 74〔邦訳:一〇八ページ〕/OE-II, p. 58.

第三部　系譜学の時代——一九七〇年以後

第一章　系譜学の導入

われわれはここまで、考古学的方法をめぐるフーコーの思考をクロノロジックに追い、フーコーが同時代の、あるいは先行するさまざまな理論と向き合いつつ自らの方法を練り上げ、考古学が繰り広げられるべきひとつのレヴェル、すなわち「言説」のレヴェルを発見するに至ったことを示してきた。いわば、『知の考古学』に先立つフーコーの歩みは「批判的」な行程であった。というのも、近代的な思考のアプリオリな条件を明らかにする作業においては、近代の哲学におけるいくつかの主題――「認識する主体」という主題、そして「人間学」の体制など――を批判し、相対化することが目指されていたからであり、いささかカント的なやり方で、近代的思考の限界を内側から明らかにしようとしていたからである。だが、「アルシーヴの学」としての新たな考古学の発見以降、フーコーはそうした「批判」ではなく、それまでの研究で得たものを基礎として真に独創的な研究を開始することになる。

やや先回りして新たな探求の特徴となる点をあらかじめ挙げておくなら、まず、それはもはや伝統的な意味における「哲学的」なものではない、という点である――もし、哲学という語が認識する主体（コギトのような）の存在についての考察や、知覚される対象の存在条件についての考察、あるいは真理の普遍性についての考察などを意味するのであれば。そしてまた、その新たな探求は多かれ少なかれ包括的な広がりを持つという点が挙げられる。というのも、それは原理上、あらゆるカテゴリー化から解放された、「言説」として扱いうるもののすべてを扱うことになるからである。哲学という枠組みを時に超えるそうした営みに対して、フーコーは知の領域を俯瞰する作業としての「診断」という名を与えもするだろう。(1)

フーコーの思考の歩みに現れた変化とともに、その思考を辿るわれわれの歩みもまた変化しないわけにはいかない。まず、著作を書かれた時代順に扱うというクロノロジーの原則についても、ここからはこれまでのように厳密に扱われることはないだろう。というのも、一九七〇年代、フーコーは対談や講演のかたちでアクチュアルな時代の情勢に介入することがますます増え、純粋に「理論的」な著作を書くことが少なくなる。それゆえ、時に断片的な多くのテクストを参照し、多様なテクスト群がつくりだす布置のようなものを再構成せざるを得ず、フーコーの理論の単線的な「発展」のようなものをそこから取り出すのはやや困難となるだろう。また他方、少なからぬテクストが口頭での話し言葉にもとづくテクスト（インタヴュー、講演など）であるせいもあり、フーコーの議論、というか「言説の編成体」ないし「資料体《コーパス》」の内にある種の欠落や矛盾が生じることもあるだろう。時には、大きな議論の流れを取り出すために、いくつかの細部を無視しなければならないかも知れない。

さらに、フーコーの著作を「道具箱」として使用する立場からの研究に見られるような、フーコーがその「系譜学的著作」において取り上げている具体例――例えば監獄制度のように、フーコーの議論が指示対象《レフェラン》としている当のもの――について詳しく検討することはわれわれの目標ではない。フーコーの議論を現実の制度や組織についての（歴史家の研究のような）叙述として捉えた上でその当否を問うことよりも、フーコーがどのような方法

（1）以下を参照。AS, p. 172〔邦訳：二五〇ページ〕／OE-II, p. 140-141. また、早い段階に「診断」の語が――構造主義と結びつけられてだが――用いられた例として、以下のものがある。Foucault, « La philosophie structuraliste permet de diagnostiquer ce qu'est « aujourd'hui » » (1967), DE-I, p. 580-584〔邦訳：フーコー「「今日」の診断を可能にする構造主義哲学」増田一夫訳、『ミシェル・フーコー思考集成』第II巻、筑摩書房、一九九九年、四二三―四二九ページ〕.

的反省に基づいて、どのように議論を組み立てているのか、という原理の方に目を向けたい。そしてそうした観点から発してこそ、フーコーの「系譜学」という探究の特異性、またその探究と歴史家の営みとの差異が明らかになるだろう。

1　新たな探求の出発——『言説の領界』

フーコーが新たな探求の企図を表明するのは、新たに着任することになったコレージュ・ド・フランスの開講講義においてであり、一九七〇年十二月二日に行われたその講義は、翌年『言説の領界〔L'ordre du discours〕』というタイトルのもとに刊行された。

このタイトル自体が、その企図を明確に語っている。だが同時に、この講義にはある種のアイロニーが込められている。というのも、フーコーが最初に語っているのは、コレージュ・ド・フランスという、すでに語られた言説の記憶に満たされ、そうした言説たちが編成する「秩序《オーダー》＝領域」、つまり科学的言説の体制のただ中で新たな言説《ディスクール》＝演説を始めることの困難、というより不可能性だからである。そして、にもかかわらず、フーコーは自らの言説が他のそれらと同じ場で絡み合い、堆積して「アルシーヴ」の場を形成してゆく状況を考慮しつつ、自らの「言説＝演説」を行っている。フーコーの新たな探求はかくして、コレージュ・ド・フランスという舞台において「言説」が形づくる「秩序＝領界」についての研究として遂行される。その「秩序＝領域」こそが、フーコーが自らの方法において見出した「言説のレヴェル」という対象であることは繰り返すまでもないだろう。

「手続き」の諸体系

『言説の領界』は、この開講講義に続く同年度の一連の講義と併せて[2]、新しい探求についての全般的な導入ないし粗描として読むことができる。ここで提示されるのは、まず、社会における基本的な体系としての、言説の領域における「手続き〔procédure〕」の体系についての分析である。フーコーはまず、ひとつの仮説を述べる。

その仮説とは、あらゆる社会において、言説の産出は、いくつかの手続きによって、すなわち、言説の力と危険を払いのけ、言説の偶然的な出来事を統御し、言説の重々しく恐るべき物質性を巧みにかわすことをその役割とするいくつかの手続きによって、管理され、選別され、組織化され、再分配されるのだ、というものです[3]。

ここで問われているのは、「言説」の領域と、言説の産出に関わる、言説に外的・内的なもろもろの力の領域の関係についてである。だが注意しなければならないのは、ここまでわれわれが追ってきた考古学についての議論から明らかなように、その二つの領域は、「影響」や「原因・結果」の関係によって関係を持ったり持たなかったりするような、截然と区別される領域なのではない。より正確に言うなら、それらの二領域が標定されるより

(2) 以下を参照。Foucault, *Leçon sur la volonté de savoir : Cours au Collège de France. 1970-1971, op. cit.*.〔邦訳：フーコー『〈知への意志〉講義――コレージュ・ド・フランス講義一九七〇―一九七一年度』、前掲書〕.

(3) Foucault, *L'ordre du discours* [OD], Gallimard, 1971, p. 10-11〔邦訳：フーコー『言説の領界』慎改康之訳、河出文庫、二〇一四年、一一―一二ページ〕／OE-II, p. 228-229.

前に存在するのは社会における「権力」という戦略的布置であって、その布置状況から発してはじめて「言説」と「実践」の領域を標定することができるのである。この点については、前作『知の考古学』からの方法的・理論的変化も含まれているように思われるが、それについては後ほど触れよう。

　フーコーは社会的次元における言説の領域で機能しているそうした「手続き」を分析しようとするわけだが、ここで三つの種類の手続きが区別されている。まず、言説の外部から機能する手続きがあり、それは何らかのタブーに触れる言説や狂気の言説、「偽」とみなされる言説など、ある種の言説に対する「排除のシステム」である。[4] 第二に、言説の体系そのものに内的な手続きがあり、それは「注釈」という言説や、「(言説の)作者」や「研究分野《ディシプリン》」の機能などのように、ある種の言説をひとつの枠組みや領域に閉じ込めることで、その偶然的な性質を馴致しようとするものである。[5] そして第三に、「語る主体の稀少化」という、何らかの資格を持つ者でなければ言説の領域にアクセスできないようにする手続きがあり、これは「儀礼」や「言説の結社《ソシエテ》」、宗教的・政治的・哲学的な諸教義・諸学説、「言説の社会的占有」のように、言説にアクセスする条件を限定する機能を持っている。[6] そうした三種類の手続きが、言説の外的・内的な諸条件を構成しているというのだ。

　そうした手続きは、社会的なレヴェルでの言説の産出や流通を条件付けているのみならず、言説から物質的な存在感を取り除き、それを「記号」へと還元することで、言説の存在を中和し馴致してもいる。そうすることで、プラトン以来の西洋社会は言説一般をその物資的な状態において思考することを避けてきたのだ、[7] とフーコーは述べる。

> おそらく我々の社会には、そして想像するに、異なる輪郭と区切りに従うにせよ他のすべての社会にもやはり、深いロゴス嫌悪〔logophobie〕があるのでしょう。そうした出来事に対し、語られたことのそうした塊に対し、そうしたすべての言表の出現に対し、そこにありうる暴力的で、非連続的で、好戦的で、無秩序で危

険なもののすべてに対し、言説の雑然として絶え間のないそうした大きなざわめきに対して、ひそかな恐れのようなものが抱かれているのでしょう。(8)

すでに見たように、『知の考古学』が示していた考古学の企図とは、「言説」ないし「言表」の領域を解放し、それをそのものとして、物質性をともなった生々しい存在として分析することであった。ここで表明されている分析の方針と考古学の方法は連続的なものであり、以前用いられた語彙を用いて言うならば、フーコーはここで「言説的編成＝形成〔formations discursives〕」の分析を延長することで、社会的レヴェルにおける言説の産出にかかわる「手続き」を分析していることになる。こうして言説の領界について行われる分析の目指すところが明らかになる。それは「我々の真理への意志を問いに付すこと、言説に対してその出来事としての性格を返還すること、意味するもの《シニフィアン》の至上権を取り除くこと(9)」である。

(4) OD, p. 10-23〔邦訳：一二―二七ページ〕／OE-II, p. 229-234.
(5) OD, p. 23-38〔邦訳：二八―四七ページ〕／OE-II, p. 234-240.
(6) OD, p. 38-47〔邦訳：四八―五九ページ〕／OE-II, p. 241-244.
(7) フーコーは、一九七〇―七一年度の講義において、そうしたプラトン・アリストテレス以来の伝統とは別に言説の物質性を思考した伝統として、ソフィストを起源としてルーセル、ブリッセ、ウルフソンに至る系譜を描いている。以下を参照。Foucault, *Leçon sur la volonté de savoir : Cours au Collège de France. 1970-1971, op. cit.*.〔邦訳：フーコー『〈知への意志〉講義――コレージュ・ド・フランス講義一九七〇―一九七一年度』、前掲書〕、一九七一年一月六日および十三日の講義。
(8) OD, p. 52-53〔邦訳：六六ページ〕／OE-II, p. 247、強調は引用者。
(9) OD, p. 53〔邦訳：六六―六七ページ〕／OE-II, p. 247.

分析の諸原理

フーコーは分析の具体的な規則として、四つの「方法の諸原則」を挙げている[10]。

（一）「逆転」の原則――これは、いわば視点の逆転に関わるものである。「作者」や「ディシプリン」といった形象を、言説を生み出す原理として見るのではなく、逆に、言説を稀少化させる否定的原理として見ること。

（二）「非連続性＝断絶」の原則――言説の稀少化に関する体系の下に、言説に先立つ領域や原理を想定しないこと。個々の言説を、他の言説と非連続的な、独立した実践として扱うこと。

（三）「種別性〔spécificité〕」の原則――言説を、解読されるべき意味作用や認識に相関的な何ものかとしてではなく、認識する主体から切り離された、種別的な領域として取り扱うこと。

（四）「外在性」の原則――言説を意味作用の機能へと還元することによって言説の「内部」を探求するのではなく、その外部の条件、存在の可能性の方を問うこと。

以上の四つの原則によって、フーコーはまたしても『知の考古学』と同様、「意味作用」や「創設する主体」といった概念を否定し、「アルシーヴ」の分析に固有のレヴェル、すなわち考古学的レヴェルを決定しようとする。ここでも、言説を「意味するもの《シニフィアン》」として、つまり意味や思考を表現するものとして扱うのではなく、表象機能を離れ、自らに固有の存在条件を持つ「言われたこと〔chose dite〕」として扱うのである。そうした言説の位置づけの前提として、「作者」の形象や「歴史」・「哲学」といった諸ディシプリン、そして「書物」や「テクスト」といった物質的統一性が否定されていることは繰り返すまでもないだろう。

以上のような言説分析によってもたらされる、互いに相関的な二つの点についてまず指摘しておこう。まず第一の点。西洋の文明において、言説の「重々しく恐るべき物質性[11]」が歴史的にかわされ、押さえ込まれてきた、とフーコーが語る時、そこには言説の存在様態に関するある種のイメージが含まれている。言説の分析は、ひとつの言説は、それが他の言説たちとのあいだにとり結ぶ関係の結節点に存在している、という事実から出発する。その点において、フーコーの議論は「言語・言説の存在論」というような、言説の存在・本質そのものについて問う議論からは区別される。考古学者の分析は、歴史家の仕事と同様、単にそこにある与件《データ》から出発するのである。したがって、「なぜこれこれの言説は存在するのか」、「これこれの言説は真なのか偽なのか」といった問いが立てられる余地はない。アルシーヴという領域においては、言説は偶然的にあるものなのだ。「偶然を、出来事の産出におけるカテゴリーとして導入することを、受け入れる必要があります[12]」。また、言説の背後にあるのは「小さな（そしておそらく耐え難い）ひとつの仕掛けのようなもの、すなわち、偶然性、非連続的なもの、物質性を、思考の根底そのものに導入することを許すひとつの仕掛けのようなもの[13]」である限りにおいて、この分析は、言説の意味や内容を問おうとする「思想史」の方法から決定的に区別されている。フーコーの分析は、それぞれの言説の意味作用を問うのではなく、言説が形づくる偶然の体系を記述しようとするのである。

第二の点として、言説の分析という企図には、哲学的思考における主体概念を転覆させる目的が含まれている。ここでも『知の考古学』と同様、言説の体系から、主体が果たしている抑圧的機能を取り除くことが問題なので

（10）OD, p. 53-56〔邦訳：六七―七〇ページ〕／OE-II, p. 247-248.
（11）OD, p. 11〔邦訳：一一ページ〕／OE-II, p. 229.
（12）OD, p. 61〔邦訳：七六ページ〕／OE-II, p. 250.
（13）OD, p. 61〔邦訳：七七ページ〕／OE-II, p. 251.

ある。とりわけ「創出する主体」という形象は、他の理論的概念や形象の数々と同様、主体という審級が保証する「意味」を言説に付与することによって、言説の出来事としての性格を減じ、その物質的存在を取り除く機能を果たしている。フーコーはそうした主体の概念を批判することによって、言説に固有のレヴェルを取り出そうとしたことについてはすでに述べた。だがそのことは、フーコーの探求から「主体」が完全に追放されたということを意味しない。主体がもはやひとつの言説の所有者ないし起源としての機能を果たさないからこそ、主体のステイタスを別様に記述する可能性が開かれる。つまり、主体が言説の網の目の内で果たす諸機能の方から出発して、主体を標定し記述することができるのだ。主体は、発話行為の不動の起源ではなく、言説が置かれた諸配置にしたがって動態的に変化するかりそめの一点なのである。こうした観点において主体は、主体性〔subjectivité〕を形成するプロセスと結びついた、動的な状態のもとで分析されることになる。おそらくこれこそが、考古学的分析と、一九八〇年代のフーコーの思考に登場する「主体化〔subjectivation〕」の分析に通底するイメージのひとつとなるだろう。

かくして『言説の領界』は、『知の考古学』において表明された方法の延長、そしておそらくは純化である、とひとまずは言える。しかし、同時に一九七〇年代のフーコーの探求にはいくつかの新しい点が現れるのであり、そのうちで最も明白なのは「系譜学〔généalogie〕」と呼ばれる新たなプロジェクトの導入であろう。この新たなプロジェクトは何なのか。そしてそれは考古学という方法とどのような関係をとり結ぶのか。

2　理論的変化——言表と言説

だが、「系譜学」の概念の導入によってもたらされる理論的・方法的変化について検討する前に、まず、コレージュ・ド・フランス開講講義に見られるひとつの変化について見ておこう。まず目につく大きな変化として、『知の考古学』においては「言表」という語が至るところに見られたにもかかわらず、『言説の領界』には見当たらない。その理由としてまず想像し得るのは、この「言表〔énoncé〕」という語自体が、「言表すること〔énoncer〕」という行為の主体の存在を想像させてしまうからではないか、という点である。確かに、フーコーはこの開講講義においても前の著作の原理を引き継いで、言説の起源としての主体の概念を最大限に遠ざけようとしている。言説という語は、それが発話者を特定しない、言説の匿名の配置のうちに位置づけられた「言われたこと」を意味する限りにおいて、より中立的なものであるように思われる。しかし、「言表」という語の消滅について、それ以外の説明も可能だろう。

『知の考古学』における「言表」の定義を再び思い出してみよう。[14] 言表の概念は、言説の基礎的な単位＝統一体《ユニテ》であり（「言説の原子《アトム》」）、[15] それは記号の「機能」ないし「様態」を指し示すものであった。ひとつの文や命題が「ある」ためには、また、これこれの記号の集合が「記号」（何かを意味するもの）として存在するためには、それぞれの記号は「言表」という様態のもとに存在するのでなければならなかった。つまり言表とは、記号が記号として存在する条件――その文法的・論理的な機能ではなく――を示すことで、その「出来事」としての特異的な性格を明らかにする概念であった。例えば、タイプライターのキーボード上に見られる「A、Z、E、R、T」[16] の五文字の配列はそれ自体では何の意味も持たないが、もしそれらが自らに固有の存在条件を持ち、自らに固有のコンテクストを持つ場合には言表となりうる。例えば、それがタイピングの教本の中に書かれていた

（14）第二部、第三章1を参照。
（15）AS, p. 107〔邦訳：一五一ページ〕／OE-II, p. 84.
（16）AS, p. 114〔邦訳：一六二ページ〕／OE-II, p. 91.

場合には、単独的な出来事、つまり「反復されることのない〔…〕、位置と日付を持つ還元不可能な特異性を備え」た言表行為となるのだ。[17]

だが、以上のような言表という概念は、フーコーの以降の著作には、方法論的な用語としては登場しなくなる。一九七〇年に発表された文学言語をめぐる文章（ジャン＝ピエール・ブリッセ論）が、そうした暗黙の変化の意味を示しているように思われる。[18] ブリッセは「人類と言語の起源」について著作を著した「狂気の」作家として知られている。フランス語の起源を探求するブリッセは、言語体系全体の古い、あるいは原初的な状態を再構成しようとするのでもなければ、諸言語の共通の基礎を探そうとするのでもない（ブリッセはラテン語を諸言語の母型とは考えない）。ブリッセにとって、フランス語の起源はフランス語それ自体のうちにある。フーコーの議論を見てみよう。

彼〔＝ブリッセ〕の分析は同時代の任意の語を、多少とも偽装された形で他処にも見出されるような原初的要素へと引き戻すのではない。それは語をたて続けに炸裂させては幾通りもの元素的結合を作り出すのであり、こうして語の現在の形態は、これを分解して幾つものアルカイックな状態を見出すことになるのである。それらのアルカイックな状態は、起源においては互いに別々のものであったのが、それぞれに固有の圧縮、縮約、音声変化などの作用の末に、ついにはそのすべてが、それらをひとまとめに含みこむようなただひとつの同じ表現へと収斂するに至ったものなのだ。[19]

『神の学』のブリッセによれば、ひとつの語を分解することで、その語から、さまざまな起源に由来するいくつもの「アルカイックな状態」が読みとられる。現在使用されているひとつの単語は、そうしたさまざまな「起源」から生み出されているのだ。例えば、「起源〔origine〕」や「想像力〔imagination〕」といった語について、以下のような荒唐無稽な「語源学」が繰り広げられる。

Eau rit〔水が笑う〕, *ore ist*〔今、湧き出る〕, *oris. J'is nœud*〔私はこの結び目を出す〕, gine. Orisgine = a gine urine〔gine が小便をする〕, l'eau rit gine〔水が笑う、gine〕。*Au rige ist nœud*〔rige で、結び目を出す〕。Origine〔起源〕。水〔eau〕の湧出が起源〔origine〕にはあるのだ。oris の逆は rio であり、rio ないし rit eau〔笑う、水が〕とは、すなわち ruisseau〔小川〕のことである。*gine* の語はと見るに、これは間もなく雌のことを指して用いられるようになる。*tu te limes à gine ?*〔おまえは gine に頭を悩ませているのか?〕Tu te l'imagines〔おまえはそれを想像しているだけだ〕。*Je me lime, à gine est ?*〔私は頭を悩ます、gine にある?〕Je me l'imaginais〔私はそれを想像していた〕。*On ce, l'image ist né*〔この男、イメージは生まれた〕; *on ce, lime a gine ai*〔この男はヤスリを持ち、私は gine を持つ〕, on se l'imaginait〔人はそれを想像していた〕。*Lime a gine, à sillon*〔ヤスリは畝溝のついた gine を持っている〕; *l'image ist, nœud à sillon*〔イメージは湧き出る、畝溝のついた結び目〕; *l'image ist, n'ai à sillon*〔イメージは湧き出る、畝溝のついたのを持っていない〕。[20]

(17) AS, p. 133-134〔邦訳：一九二ページ〕／OE-II, p. 108.

(18) Foucault, « Sept propos sur le septième ange » (1970), DE-II, p. 13-25〔邦訳：フーコー「第七天使をめぐる七言」豊崎光一・清水正訳、『ミシェル・フーコー思考集成』、第Ⅲ巻、筑摩書房、一九九九年、三〇九―三二六ページ〕. フーコーは一九六二年に、ブリッセについての別の文章を書いている。以下を参照。Foucault, « Le cycle des grenouilles » (1962), DE-I, p. 203-205〔邦訳：フーコー「カエルたちの叙事詩」鈴木雅雄訳、『ミシェル・フーコー思考集成』、第Ⅰ巻、筑摩書房、一九九八年、二六二―二六四ページ〕.

(19) Foucault, « Sept propos sur le septième ange », art. cit., p. 15-16〔邦訳：フーコー「第七天使をめぐる七言」、前掲論文、三一二ページ〕.

(20) J.-P. Brisset, *La grammaire logique* : suivi de *La science de Dieu*, Tchou, 1970, p. 315 のフーコーによる引用。Foucault, « Sept propos sur le septième ange », art. cit., p. 17〔邦訳：フーコー「第七天使をめぐる七言」、前掲論文、三一四ページ〕.

こうした奇妙な語源学のうちにフーコーが見出すのはもちろん作者の「狂気」などではなく、言表としての言語の特異なあり方である。フランス語の単語内でフランス語を戯れさせるこうした「起源の探求」に見出されるのは増殖の原理、「言表の複数性《ミュルティプリシテ》」(21)である。だが、そうした言表の複数性とは、一九六〇年代のフーコーの文学言語についてのテクストにおいて表明されていた、(22)文学言語の「増殖」や「二重化」といった主題とは区別されなければならない。というのも、このブリッセ論において問題なのは、自らの上に折りたたまれ、二重化することで自律的な「文学空間」を形成するような文学言語の特異的な様態を記述することではなく、それぞれの「言表」の背後に、複数のさまざまな起源となる別の言表たち、そして、それらの言表の背後にある複数の言表のあいだで選別的・排除的に機能する力を発見することである。ひとつの言葉が生まれるのは、言語それ自体の外側にある、もろもろの「闘争」の結果なのだ。

> 語はざわめきが止むときにあらわれるのではない。語が鮮明な形態におさまり、その多数の意味すべてを伴って生まれ落ちるのは、幾つもの言説が互いに身を縮めてひしめきあい、打ち固められ、ざわめきから切り出された彫像さながらに一塊をなすに至るときなのだ。(23)

ブリッセの語源学のうちに見出されるのは、言葉の多様性のもたらす効果と、言葉それ自体を取りまいている闘争である。フレデリック・グロが指摘するように、フーコーはここに「権力としての言語〔langage-pouvoir〕」(24)のヴィジョンを見出している。こうした言語についての見方は、アルシーヴの学における視点の転換を確かに示すだろう。つまり、探求されるのは言表のあるがままの存在、実定的な布置であるにとどまらず、むしろそうした言表を選択し、そのように存在させている力の方でもあるのだ。言説の布置のなかで「言説をそうあらしめる」原理は、それ自体としては必ずしも言説のレヴェルのうちにとどまるものではないだろう。一九七〇年代のフーコーの探求はそうした「力」の解明を目指したものになるのである。

いずれにせよ、『知の考古学』と『言説の領界』のあいだに位置するブリッセ論において、言表は言説の最小単位ではあり得ない、という考えにフーコーは至ったように思われる。というのも、いくら「言説の原子」を確定しようと試みても、言表は複数的で可動的なものだからである。したがって、言説を最小の単位にまで分類することは放棄され、むしろ集合としての言説、部分的ではありながらもコンテクストのうちに根付いた言説の探求が目指されるのである。こうして、フーコーは「同じひとつの編成＝形成システムに属する諸言表の集合」[25]としての、「言説」という概念の方に回帰する。以前のフーコーの探求が、言表というミニマルな概念から出発して、「臨床医学の言説」や「経済学の言説」といった「編成＝形成のシステム」をその総体において描き出すことを目指していたとすれば、これ以後の新しい探求は、言説の「以前」ではなく「以後」、つまり、さまざまな力の作用の結果としての「言説」を可能にしたものは何か、という問題を扱うものになるだろう。

(21) Foucault, « Sept propos sur le septième ange », art. cit., p. 16〔邦訳：フーコー「第七天使をめぐる七言」、前掲論文、三一四ページ〕.
(22) 第一部第三章4を参照。
(23) Foucault, « Sept propos sur le septième ange », art. cit., p. 20〔邦訳：フーコー「第七天使をめぐる七言」、前掲論文、三一八ページ〕.
(24) F. Gros, « Michel Foucault : Lecteur de Roussel et Brisset », *Magazine littéraire*, n° 410, juin 2002, p. 42.
(25) AS, p. 141〔邦訳：二〇三ページ〕／OE-II, p. 114.

3 「系譜学」のプロジェクト

『言説の領界』に戻ることにしよう。先に見たように、この開講講義において、フーコーは言説の産出を条件付ける「手続き」のシステムを分析するための四つの方法の原則、すなわち「逆転」、「非連続性」、「種別性」、「外在性」という原則を挙げており、それらは言説の統一性＝単位を取り除くことで、言説をその単独的で出来事的な性格において記述することを目指していた。この四つの原則に関して、フーコーは二つの分析の領域を区別している。その一方、「批判的総体〔ensemble critique〕」と名付けられた領域は、「逆転」という第一の原則が作動する領域であり、「系譜学的総体」と名付けられたもうひとつは、残る三つの原則が作動する領域である。

こうした二つの領域の区別は何を意味しているのか。フーコーによれば、第一の「批判的」な分析は、言説をコントロールしている排除や制限の諸形式を明らかにしようとするもので、第二の「系譜学的」な分析は、強制的・抑圧的な力を行使するシステムのもとで、どのように言説が形成されるかを分析するものである。

批判が、諸言説の稀少化のプロセス、さらには諸言説のグループ化と統一化のプロセスを分析するのに対し、系譜学は、分散しており非連続的かつ規則的なやり方でなされる諸言説の編成＝形成を研究します。(26)

つまり、「批判的」分析が言説のひとつひとつを取りまく様々な力を対象としているのに対し、「系譜学的」分析は、実際に存在している言説がいかにして「拘束システムを介して、あるいはそれに反して、あるいはそれを支えとして(27)」形成されたかを示すものなのである。換言するなら、批判的分析は言説が位置しているコンテクストを解き明かすものであり、系譜学的分析は言説の実際的で歴史的な編成＝形成の仕方を示すものである。前者は考古学的記述に関わるものであり、後者は歴史的分析の方に傾くものだろう。

こうして「系譜学」という概念がフーコーの思考に初めて登場するのだが、翌一九七一年に公刊されるテクスト、「ニーチェ、系譜学、歴史」[28]が示しているように、この概念はニーチェの歴史記述を明らかに参照している。このテクストはあくまでもニーチェの系譜学について論じたものだが、フーコーはここで自らの研究のいくつかの特徴についても解説しており、自らの方法論的マニフェストとしても読むことができるだろう。テクストのそうした性質ゆえに、しばしばフーコーの系譜学は、肯定的にであれ否定的にであれ、ニーチェの思考に過度に接近した形で、あるいは同一視されて論じられることも多い[29]。実際、一九七〇—七一年のコレージュ・ド・フランスでの講義においてニーチェの思想がかなり詳細に扱われていることからも分かるように[30]、この時期のフーコーはニーチェの著作を集中的に研究している。確かに、このテクストにある種の「ニーチェ主義」を認めないわけにはいかないだろうが、ここでのニーチェへの参照は、例えば『狂気と非理性』におけるそれとは異なっている。かつてのニーチェへの参照が、狂気の歴史にある種の色調、というか——ニーチェ的に言うなら——気分《シュティンムンク》を与えていたのに対して、ここでのニーチェへの参照は歴史についての明確な概念に関わるものであり、フーコーは

(26) OD, p. 67〔邦訳：八五ページ〕／OE-II, p. 253.
(27) OD, p. 62〔邦訳：七八ページ〕／OE-II, p. 251.
(28) Foucault, « Nietzsche, la généalogie, l'histoire » (1971), DEII, p. 136-156〔邦訳：フーコー「ニーチェ、系譜学、歴史」伊藤晃訳、『ミシェル・フーコー思考集成』、第Ⅳ巻、筑摩書房、一九九九年、一一—三八ページ〕／OE-II, p. 1281-1304.
(29) 例えばユルゲン・ハーバーマスは、フーコーのこのテクストを分析しつつフーコーの思考に見られるニーチェ主義を論じ、それが「コミュニケーション的理性」を破壊するものだと批判している。以下を参照。J・ハーバマス『近代の哲学的ディスクルスⅡ』三島憲一ほか訳、岩波書店、一九九〇年、第九—第十一章。
(30) 以下を参照。Foucault, *Leçon sur la volonté de savoir : Cours au Collège de France. 1970-1971, op. cit.*〔邦訳：フーコー『〈知への意志〉講義——コレージュ・ド・フランス講義一九七〇—一九七一年度』、前掲書〕.

それにもとづいて歴史への新たな視点をうち立てようとしているのである。

「ニーチェ、系譜学、歴史」のフーコーは、『道徳の系譜』におけるニーチェ的系譜学を分析しつつ、系譜学は、物事の「起源〔Ursprung〕」ではなく「由来〔Herkunft〕」と「現出〔Entstehung〕」についての探究である、と述べる。系譜学者にとって重要なのは、歴史のうちにある物事の本質やアイデンティティーではない。事物や事柄が開始する歴史上の地点に系譜学者が見出すのは、事物の本質ではなく、「さまざまなものの葛藤、不調和状態[31]」である。事物の始まりは偶然に過ぎない。系譜学は起源を信じることはない。また西洋の形而上学の歴史においては、「起源」に真理としての価値が付与されているが、「つねに最近のものである、けちくさく控え目な真理の背後に、何千年にもわたる無数の誤謬が存在するのである[32]」。諸々の価値や認識についての系譜学を行うということは、あらゆる歴史的事実を無視してその起源の探求に向かうことではなく、「微細なこと、さまざまな始まりの偶然にゆっくりつき合うこと[33]」なのである。

こうして、系譜学的探求に特有の対象は「由来」と「現出」ということになる。由来の探求とは、特異的・単独的な事物のうちに始まりの徴《しるし》を探すことである。例えばそれは、ある個人や感情、ある観念のうちに、個の下に隠れているあらゆる微細な痕跡を見定めることであり、それは、ひとつの物事にとってのひとつの起源を見出すことではなく、その事物のうちに雑多に溶け込み、いくつもの痕跡を留めている無数の始まりを追求することである（先に見たブリッセ論における、言葉の下にあるさまざまな力のせめぎ合いのイメージをここでも想起できるだろう）。それは事物の同一性を炸裂させ、起こった事柄をそれに固有の散乱状態のうちに留めておく。例えば、由来の探求において、身体は至高の価値を持った生が宿る場所などではなく、「さまざまな出来事が刻みこまれる平面〔…〕、〈自我〉の解体の場〔…〕、不断に風化状態にある量塊[34]」なのである。由来の探求は事物の同一性を解体し、そこに過去のさまざまな出来事の刻印を見出す。

もうひとつの系譜学の対象である「現出」は、ある物事や観念などが出現する場で諸々の力が対立し拮抗しあう状況を明らかにするような概念である。例えば「解釈」という営みは、そうした多様な力のせめぎ合う場において、物事に外部のシステムを押し付けることで物事の意味を捉えようとする行為にほかならない。解釈とは一種の支配の効果なのだ。

解釈するということが、暴力でもって、あるいは不正なやり方で、それ自体では本質的な意味をもたない規則の一体系をわがものにし、これに新しい方向をおしつけ、これを新しい意志に服従させ、別の活動の仕組みにくりこみ、二次的な規則に従わせることであるなら、人類の生成は一連の解釈だということになるのである。(35)

そして系譜学は、人類の歴史を構成してきた一連の解釈の背後にある支配の効果を明らかにすることを目指した歴史記述ということになる。

「ニーチェ、系譜学、歴史」に現れた以上のような主題、すなわち「起源」の拒否と「由来」・「現出」の分析が、系譜学という営みが依拠する新しい歴史の概念のあり方を示している。そして系譜学は、歴史という領域——時に生産的で時に抑圧的な幾多の力がぶつかり合う場所——における事物・物事の「始まり」についての探

(31) Foucault, « Nietzsche, la généalogie, l'histoire », art. cit., p. 138〔邦訳：フーコー「ニーチェ、系譜学、歴史」、前掲論文、一五ページ〕／OE-II, p. 1284.
(32) *Ibid.*, p. 139〔邦訳：一六ページ〕／OE-II, p. 1285.
(33) *Ibid.*, p. 140〔邦訳：一六ページ〕／OE-II, p. 1285.
(34) *Ibid.*, p. 143〔邦訳：二〇ページ〕／OE-II, p. 1288.
(35) *Ibid.*, p. 146〔邦訳：二四ページ〕／OE-II, p. 1292.

求なのである。この始まりについての探求は、繰り返すまでもなく「起源」の探求ではない。そしてそれゆえ、フーコーの系譜学的探求においては「発生〔genèse〕」という問題は登場しない。というのも、あるシステムや制度の発生を問うことは、必然的に何らかの「出発点」を問うことにつながるのであり、例えば、社会契約のような理論においては、始まりについての何らかの「神話」や「フィクション」が多かれ少なかれ作動している。(36)だが系譜学は、事物の原因（「なぜ」）を問うのではなく、「現在」という視点から発して、事物の存在様態（「どのように」）を問うのである。

過去のある時点から出発し、現在までの事物の因果関係の連鎖を辿る歴史ではなく、現在の視点から出発し、現在まで存在し続けている事物が出現するさまを描き出す歴史。そうした歴史についてのイメージは、伝統的な歴史記述において綜合的機能を果たしていた「主体」や「時間」の概念をも変更させずにはおかないだろう。系譜学は、歴史の全体性を再構成しようとするのではなく、プラトン的な歴史の概念を転覆させつつ、歴史的感覚を次のような三つの仕方で「利用」してみせる。まず、歴史を追憶または再認と考える概念に対して、歴史をパロディー的な、現実の破壊として利用する。第二に、歴史を連続あるいは伝統と考える概念に対して、われわれ自身のアイデンティティーを解体し、そこから離脱するように利用する。そして、認識する主体の存在を否定して、非人称的な「真理への意志」の所在を明らかにする。(37)系譜学的記述において、歴史は時間の直線状の継起を保証するものでもなければ、主体の超越的機能を回復させるものでもない。歴史は、認識の主体を破壊し、それによって歴史という場における複雑な力のせめぎ合い、さまざまな事物や出来事の散乱を明らかにする原理なのだ。

一九七〇年のコレージュ・ド・フランス開講講義、そしてニーチェについてのテクストにおいて、系譜学は「事物」の背後にさまざまな力の絡み合いを描き出すための歴史の利用法として定義された。しかしその「事物」とは一体何だろうか。系譜学というプロジェクトの具体的な内容を知るためには、これに続くフーコーの著作を、そのテクストに現れる系譜学のあり方にしたがっていくつかの段階に区分しつつ——すでに考古学について行ったように——検討してみなければならないだろう。一九七〇年代から八〇年代にかけてのテクストのそれぞれにおいて、系譜学という語がどのような探究を指し示しているかを考えなければならないし、その際に用語や用法をあらかじめ固定的なものと考えてはならない。例を挙げるなら、『言説の領界』には、後の系譜学的探求において大きな意味を担わされることになる、「アクチュアリティー」や「闘争」といった要素はまだ登場していない。ニーチェ的な概念から着想を得つつ、フーコーの思考は、これから徐々に自らの歴史記述の方法を練り上げることになるのだ。

4 新たなレヴェルの導入

一九七〇年代初めのフーコーの方法論上の変化を要約するなら、言説の産出にかかわる諸々の「手続き」の分析のただ中に、ある区分が導入されたということになるだろう。すなわち、系譜学的レヴェルと批判的レヴェル

(36)『監視と処罰』において、フーコーは社会契約的なヴィジョンを退け、規律社会の結果としての個人の形成に先立つ契約や法の存在を否定している。以下を参照。Foucault, *Surveiller et punir : Naissance de la prison* [SP], Gallimard, « Bibliothèque des Histoires », 1975, p. 223-224〔邦訳：フーコー『監獄の誕生——監視と処罰』田村俶訳、新潮社、一九七七年、二二一—二二二ページ〕／OE-II, p. 505. また、以下の論文も参照。A. Gouhier, « Vers un nouveau contrat social ? », A. Brossat (éd.), *Michel Foucault : les jeux de la vérité et du pouvoir*, Presses Universitaires de Nancy, 1994, p. 51-57.

(37) Foucault, « Nietzsche, la généalogie, l'histoire », art. cit., p. 152-156〔邦訳：フーコー「ニーチェ、系譜学、歴史」、前掲論文、三三一—三三八ページ〕／OE-II, p. 1299-1304.

の区分であり、そうした区分は、言説の現実的・歴史的様態を明らかにするために用いられるものである。だが、フーコーはどのように言説の「歴史的」な性質を問題化するのか。普遍的・超越的概念としての（大文字の）歴史があらかじめ否定されているとすれば、言説に含まれる「歴史的」な要素とは何であると言えるのか。

フーコーの探求において、歴史とは、言説から切り離された具体的な「歴史的現実」を意味するものではない。歴史とはむしろ、言説の出現のコンテクストを示す要素であり、言表のうちに書き込まれた痕跡から出発して解読されるものである。しかしながら、「歴史的現実」のレヴェルが言説を構成する要素のひとつである以上、歴史的あるいは社会的背景を指し示す言説はどうしても「歴史的現実」のレヴェルを参照しないわけにはいかない。その現実のレヴェルが存在しなければ、その「痕跡」が言説のうちに書き込まれることもあり得ないのだから。歴史的事実が言説に直接的に反映する訳ではないにせよ、その言説による歴史的事実の参照はどのようなものであり得るのか。

そうした問いに答えるべく、フーコーは言説の理論にある種の変更を加えているように思われる。一九七〇年代はじめのいくつかのテクストにおいて、フーコーは「歴史的現実」を分析することの必要性について述べており、例えば一九七二年に行われた対談「アルケオロジーからディナスティックへ」においては、一九六〇年代の探求からの変更点について以下のように説明している。[38] フーコーはまず、『言葉と物』で試みられた分析は、十五世紀から十九世紀までの言説の種類の変化についての「表層部分」の記述に過ぎず、そうした変化の根底やその理由にまで至らなかったと述べ、それは「あるひとつのレヴェルでの分析」[39]に過ぎなかったと続けている。そしてさらにこう述べる。

わたしはまさにその〔言説の種類の変化の理由という〕問題を提起しつつあります。つまり、わたしはレヴェルを変えたわけです。言説の諸々のタイプの分析が終わったわけですから、いまや、これらの言説のタイプがいかにして歴史的に形成されえたか、そしてまた、それがどのような歴史的現実とからみあっているかを検討しようとしているのです。わたしが「知の考古学《アルケオロジー》」と呼ぶものは、諸々のタイプの言説を記述し、その位置を決定することでした。だが、わたしが「知の統治系譜学《ディナスティック》」と呼ぶものは、ひとつの文化において観察しうる言説の諸タイプと、その言説が出現し編成される際の歴史的、経済的、政治的条件との間にある関係のことなのです。こうして『言葉と物』は『知の考古学』へとつながり、こんにちわたしが企画しつつあるものは、「知の統治系譜学」のレヴェルに位置しているのです。[40]

つまり重要なのは、内在的で純粋に言説的な分析とは別のレヴェルに位置する、言説と歴史的・社会的諸条件の諸関係についての分析なのである。「歴史的現実の分析が私に課せられているのです」[41]。そして、そうした別のレヴェルの分析がここでは「統治系譜学〔dynastique〕」と呼ばれているのだが、この名称は「系譜学」の別名として

(38) また、一九七一年に行われた対談でも、自分の仕事が言説と実践という二つの「両極」のあいだを揺れ動いていることを述べ、こう続けている。「今では〔…〕私は様々な制度と実践、いわば言い得るものの下にあるこれらの事象に関心があるのです」。Foucault, « Un problème m'intéresse depuis longtemps, c'est celui du système pénal » (1971), DE-II, p. 207-208〔邦訳：フーコー「ずっと以前から私はある問題に関心を持っている、それは懲罰システムという問題だ」大西雅一郎訳、『ミシェル・フーコー思考集成』、第Ⅳ巻、筑摩書房、一九九九年、一一一ページ〕.

(39) Foucault, « De l'archéologie à la dynastique » (1973), DE-II, p. 405〔邦訳：フーコー「アルケオロジーからディナスティックへ」蓮實重彥訳、『ミシェル・フーコー思考集成』、第Ⅳ巻、筑摩書房、一九九九年、三九九ページ。ただしこの対談は、日本語での初出とフランス語でのオリジナルにやや異同がみられる。この引用では日本語の初出をそのまま収録した上記の訳を参照しつつも、よりオリジナルのフランス語の方に依拠している〕.

(40) *Ibid.*, p. 406〔邦訳：同前、四〇〇ページ〕、強調は引用者。

(41) *Ibid.*, p. 407〔邦訳：同前、四〇二ページ〕.

一九七一年から一九七三年ごろまでフーコーが何度か用いているもので、[42] なぜこの呼称を用いるのを止めたのかは明らかではないにせよ、それを系譜学とほぼ同じものと考えておいて良いだろう。

いずれにせよここで問うべきは、「対象としての言説のシステマティックな記述」[43] としての考古学からの方法論的変化がなぜ必要だったのか、という点である。フーコー自身、同じ一九七二年のインタヴューにおいてそのひとつの理由を示唆している。つまり、その当時のマルクス主義者たちの歴史分析に広まっていたある種のテクスト主義を批判する必要があった、というのだ。その例としてフーコーは、当時アルチュセールに近い存在だったエティエンヌ・バリバールのマルクスについてのテクストを挙げている。そこでバリバールは、マルクスのわずか数行のテクストから出発して、マルクスが自分自身の理論の実践的（理論的・政治的）効果を予見していたことを証明しようとしていたのだという。フーコーは、彼が「軟弱な」マルクス主義と呼ぶような潮流に属しているそのテクストについて、二つの点を批判している。まず、「軟弱な」マルクス主義は、歴史的現実の分析を脇に置いて、マルクスのテクストをもっぱらアカデミックなテクスト分析《エクスプリカシオン・ドゥ・テクスト》の伝統に閉じ込めてしまっている。そしてまた、そうした流派のマルクス主義者は、自らテクストの内部に閉じこもり、科学史のような別のディシプリンの概念を用いて新たな分析方法を創始することができないのだと。[44]

こうした批判は、歴史的現実の分析を無視し、すべてをテクストの領域で完結させようとする研究が逢着する限界をフーコーが意識していたことを示すものだが、そうした「テクスト主義」とフーコーの方法論との差異を明確にしておく必要があるだろう。すでに確認したように、考古学がある種の「言語論的転回」とも言えそうな転換を経て言説を研究の対象としたからといって、それは考古学が言語外の現実を否定して、「テクスト」、「書かれたもの」あるいは「発話されたもの」のみを研究対象としたことを必ずしも意味しない。考古学的分析は、歴史的事実や実践行為を探求の対象としての「言説」におしなべて還元しようとするのではなく、言説のレヴェルにおいて「出来事」を分析しようとするのである。一九七〇年代初頭、フーコーが純粋な言説分析のレヴェルに、「実践」や「歴史的現実」を対象とした分析のレヴェルを付け加える必要性を述べていたことはすでに見た。だがそこで問題となる「実践」とは、「言語外現実」というよりむしろ、言説の産出・出現に関係し力を及ぼす限りにおいて現実的な、ある体系性を持った事実を意味している。つまりそれは、言説から截然と切り離されて存在するようなレヴェルではない。したがって、まず、言説の分析・解釈を通して実践行為の分析に至ろうとする道は明らかに退けられている。またそもそも、何が「言説的」で何がそうでないかという区分自体が重要ではない、とフーコー自身が一九七七年に述べている。「私の問題が言語学的なものではない限りにおいて、この選り分けを行うことはあまり重要ではないと思います[45]」。問題は、言説と現実についての言語学的分析をすることでもなければ、社会学的・歴史学的観点から実践についての歴史を書くことでもなく、現実という「コンテクス

(42) 系譜学的研究を指し示す際に「ディナスティック」という名称が初めて使われるのは、おそらく一九七一年十二月十五日のコレージュ・ド・フランスでの講義においてであり、一九七三年のリオ・デ・ジャネイロでの講演（「真理と裁判形態」）を最後にこの名称は用いられなくなる。以下を参照。Foucault, *Théories et institutions pénales : Cours au Collège de France. 1971-1972*, EHESS-Gallimard-Seuil, « Hautes études », 2015, p. 47. および、編者によるその脚注（note 16）。

(43) AS, p. 183〔邦訳：二六四—二六五ページ〕／OE-II, p. 147.

(44) Foucault, « De l'archéologie à la dynastique », art. cit., p. 406-408〔邦訳：フーコー「アルケオロジーからディナスティックへ」、前掲、四〇〇—四〇三ページ〕. 一九七七年のテクストにおいても、フーコーは一九六〇年代に流行したテクスト主義的なマルクス読解を批判しており、そこではスターリンの「誤謬」に対して「真実としてのテクスト」を持ち出すマルクス主義者たちが揶揄されている。以下を参照。Foucault, « La grande colère des faits » (1977), DE-III, p. 278〔邦訳：フーコー「事実の大いなる怒り」西永良成訳、『ミシェル・フーコー思考集成』、第VI巻、筑摩書房、二〇〇〇年、三七九ページ〕. また、以下を参照。Foucault, « Méthodologie pour la connaissance du monde : comment se débarrasser du marxisme » (1978), DE-III, p. 611-613〔邦訳：フーコー「世界認識の方法——マルクス主義をどう始末するか」（吉本隆明との対談、オリジナルは日本語）、『ミシェル・フーコー思考集成』、第VII巻、筑摩書房、二〇〇〇年、二〇三—二〇五ページ〕.

(45) Foucault, « Le jeu de Michel Foucault », art. cit., p. 302〔邦訳：フーコー「ミシェル・フーコーのゲーム」、前掲、四一四ページ〕.

ト」を身に纏いながら存在している、実践としての（というのも、言説が発せられ、それが記録されることは紛れもない「実践」であるから）言説を対象とした歴史的分析を行うことだ。[46] こうした点については、フーコーの歴史記述に関して後に再び検討しよう。

＊

ここまでの議論をまとめておこう。一九七〇年代のはじめ、フーコーは「考古学」という探求のレヴェルに、「歴史的現実」という新たなレヴェルを付け加える必要性を語るようになった。だが、その「現実」についてのレヴェルは、何よりもまず言説の生産と規整、排除の過程において標定されるものであるがゆえに、言説の分析と切り離すことができない。ここに系譜学的記述の本質的な点が、そして、かつての考古学（認識のアプリオリについての分析）からの方法論的差異が明らかになるだろう。一九七六年に行われたある対談において、フーコーは回顧的にこう述べている。

> 『言葉と物』の中でわたしがはっきり見さだめ記述しようと試みたものは、他でもない、こうしたもろもろの〔科学的言表の〕体制のことなのです。〔…〕にもかかわらず、その頃のわたしの仕事に欠けていたものは、例の言説的体制の問題、言表のはたらきに固有の権力作用の問題でした。わたしはその問題を、体系性、理論的形式、あるいはパラダイムのようなものとあまりにも混同しすぎていました。[47]

フーコーはこうして、言説形成（言説編成体）の分析に突破口を見出す。『言葉と物』において、認識のパラダイムにおいて言説を支配するものがある種の「体系性」として規定されていたのに対し、それは今や「権力の効果」として理論化されることになる。言説分析としての考古学の方法に続いて、言説のレヴェルに書き込まれた権力についての新たな探求が創始された。そしてその新しい探求こそが、系譜学なのである。

（46）一九七二―七三年度のコレージュ・ド・フランス講義（『処罰社会』）において、フーコーは「テクスト」、「作品」という概念を「言説」から明確に区別している。「テクストとは、自らのコンテクストと戦略的効力を失った言説のことです。そして作品とは、ひとりの作者に、あるいはまた〈語られないこと〉という暗黙の意味作用に結びつけられた言説のことなのです」（一九七三年二月二十八日の講義）。以下を参照。Foucault, *La société punitive : Cours au Collège de France. 1972-1973*, EHESS-Gallimard-Seuil, « Hautes études », 2013, p. 169〔邦訳：フーコー『処罰社会――コレージュ・ド・フランス講義一九七二―一九七三年度』八幡恵一訳、筑摩書房、二〇一七年、二二六ページ〕.

（47）Foucault, « Entretien avec Michel Foucault » (1977), DE-III, p. 144〔邦訳：フーコー「真理と権力」北山晴一訳、『ミシェル・フーコー思考集成』、第VI巻、筑摩書房、二〇〇〇年、一九四ページ〕、強調は引用者。

第二章　研究の様態としての系譜学

一九八三年、当時進めていた性の歴史をめぐる研究と、系譜学のプロジェクト全般の関係について問われたフーコーは、それまでの研究を回顧的に振り返って次のように述べている。

系譜学では三つの領域が可能です。第一に、自らを認識の主体として構成することを可能にする真理との関係におけるわたしたち自身の歴史的存在論、第二に、そこにおいてわたしたちが他者に対して働きかける主体として自らを構成する、権力の領域との関係におけるわたしたち自身の歴史的存在論、第三に、倫理的動作主として自らを構成することを可能にする道徳との関係という歴史的存在論、以上三つが可能です。／だから、系譜学では三本の軸が可能であることになります。その三つとも、ややこんがらがったかたちですが、『狂気の歴史』のなかにあったのです。わたしは『臨床医学の誕生』と『知の考古学』で真理の軸を研究し、『監視と処罰』では権力の軸を展開させ、そして『性の歴史』では道徳の軸を展開させました。(1)

つまり、系譜学には真理、権力、道徳という三つの軸がある。そしてそのそれぞれは、主体がさまざまな歴史的条件の中で主体性を形成する仕方についての調査としての「われわれ自身についての歴史的存在論」をめぐって問題化される。そして、その三つの軸をめぐるそれぞれの研究が主体性の存在の条件を明らかにするものである限りにおいて、系譜学は「主体」というある種の操作概念に基づいて成立することになる。(1) つまり、フーコーはここで、彼が一九八〇年代に発見した主題を中心として、自らの考古学的・系譜学的研究を回顧的に再構成しようとしているのである。こうした回顧的なまなざしは、それがさまざまな問題系の形成のプロセスを隠してしまうという点において、クロノロジックな原則に拠るわれわれの研究がそれほど依拠できるものではない。われわれは、フーコーの思考の歩みに内在的な一貫性を与えることよりも、むしろここで表明されている系譜学と、一九七〇年代のそれとの差異について考えたい。まず、道徳という主題が一九七〇年代の系譜学的探求にまだ登場していないという点はこれまでの議論から明らかだし、そもそも『知の考古学』のようなテクストを「系譜学的」と呼びうるかどうかについても留保が必要だろう。

だがそれでも、（道徳についての問題は一旦措くとして）そうした系譜学的探求の領域についてのフーコーの説明は、系譜学的分析の独自性を明らかにするために有用であることは確かだ。というのも、一九七〇年代のフーコーの理論的著作は「権力」、そしてそれと不可分の「真理」、そして「主体」――これは権力と知の布置の中で、時には構成される対象として、時にはその動作主《エージェント》として常に登場し続ける主題である――をめぐるものだからである。一九六〇年代のテクストは制度の体系（『狂気と非理性』や『臨床医学の誕生』）や、知と真理の体系（『言葉と物』）についてすでに論じていたが、それは主にある時代における、思考と実践を含む構造ないし体系を描き出すものであった。そして主体は、そうした全体的体系の内部で形成され思考する、認識の主体として描き出されていた。

（1）Foucault, « À propos de la généalogie de l'éthique : un aperçu du travail en cours » (1983), DE-IV, p. 393〔邦訳：フーコー「倫理の系譜学について――進行中の仕事の概要」浜名優美訳、『ミシェル・フーコー思考集成』、第IX巻、筑摩書房、二〇〇一年、二四三ページ〕.

系譜学的探求においては、そうした問題は、言説分析に基づいて別の側面から論じられることになる。フーコーの一九六〇年代の著作と七〇年代のそれとのあいだでは、扱われている研究対象は一見類似しているが、研究の様態そのものが変化している。そしてわれわれは、フーコー的系譜学を、研究のそうした「様態」として定義したいのである。

すでに触れたように、一九七〇年代のフーコーは、刊行を目的とした著作の執筆を減らし、むしろ同時代の社会的・政治的状況に接近しつつ雑誌記事やインタヴュー、対談などを発表することで、より直接的に自らのスタンスを表明するようになる。(2)また、それ以上にフーコーの主要な活動の場となったのがコレージュ・ド・フランスでの講義であり、近年の公刊によってその全貌が知られるようになったその講義の題目一覧は以下の通りである。

開講年度	講義題目
一九七〇―一九七一	知への意志〔La Volonté de savoir〕
一九七一―一九七二	刑罰の理論と制度〔Théories et Institutions pénales〕
一九七二―一九七三	処罰社会〔La Société punitive〕
一九七三―一九七四	精神医学の権力〔Le Pouvoir psychiatrique〕
一九七四―一九七五	異常者たち〔Les Anormaux〕
一九七五―一九七六	「社会は防衛しなければならない」〔« Il faut défendre la société »〕
一九七七―一九七八	安全・領土・人口〔Sécurité, Territoire et Population〕

一九七八—一九七九	生政治の誕生〔Naissance de la biopolitique〕
一九七九—一九八〇	生者たちの統治〔Du gouvernement des vivants〕
一九八〇—一九八一	主体性と真理〔Subjectivité et Vérité〕
一九八一—一九八二	主体の解釈学〔L'Herméneutique du sujet〕
一九八二—一九八三	自己と他者の統治〔Le Gouvernement de soi et des autres〕
一九八三—一九八四	自己と他者の統治——真理への勇気〔Le Gouvernement de soi et des autres : le courage de la vérité〕

まず、以上の講義題目の一覧を眺めてみよう（ただし、講義題目が実際の講義内容を正確に反映しているとは限らない。それは主として、フランスにおける年度の開始、つまり初秋の時点以前における講義題目の発表と、一月初めの実際の講義の開始のあいだに数か月のズレがあるためである）。これらを、幾度かの大きな主題・方向性の変更を通じて、いくつかの研究のサイクルに区切ることができるだろう。細部を無視して大雑把に分類するなら以下のようになる。まず、一九七〇—七一年度の「知への意志」は「知」と「真理」を結びつける「意志」という問題を提示すると同時に、言説を対象とする方法のいわば叙説となる(3)。そののち、一九七四—七五年度の「異常者たち」までの、刑罰や精

（2）例えば、一九七〇年代には、必ずしもアカデミックなものとは限らない、広範囲にわたるフランスや諸外国の雑誌に寄稿する機会が増えている。フーコーと雑誌とのかかわりについては以下を参照。*La revue des revues : histoire et actualité des revues*, n° 30, 2002 (dossier : « Michel Foucault en revues »). とりわけ、その特集内の以下の記事を参照。Ph. Artières, « « Des espèces d'échafaudage » : pratiques et usages des revues par Michel Foucault », p. 5-16.

（3）「真理」から切り離され、「真」と「偽」のどちらからも宙吊りとなった言説の「物質性」と戯れるソフィストたちの議

神医学といった領域で作動するミクロな規律がいかにして社会や主体、知の形成を条件付けてゆくかを示した第一サイクル（その分析の主要部分は、著作『監視と処罰――監獄の誕生』（一九七五年）および『性の歴史I――知への意志』（一九七六年）として結実する）[4]。そして、一九七五―七六年度の「「社会は防衛しなければならない」」から一九七九―八〇年度の「生者たちの統治」までの、時には国家というスケールさえ逸脱しながら作用するマクロな権力、さらには「統治性」の問題を扱う第二サイクル（この分析の内容は著作として公刊されず、講義録の刊行によってその詳細が明らかになった）。そして、一九八〇―八一年度の「主体性と真理」から一九八三―八四年度の「真理への勇気」へと至る、権力や知の問題を「自己」というエレメントによって引き受け逆転させるプロセスを主な主題とする第三サイクル（そのうちのある部分が『性の歴史II――快楽の活用』、『性の歴史III――自己への配慮』（一九八四年）となる）。もちろん、こうした三つのサイクルへの区分は便宜的なもので、実際には前後のサイクルにまたがって蝶番のように機能する年度の講義もあるし、例えば「真理」と「主体性」の関係のように、そのすべてのサイクルを横断しつつ繰り返し登場する主題もあるだろう。だが、細かい点は無視した上で、少なくとも研究の直接的な主題という点から見れば、規律的な権力の体制から権力や統治のメカニズムへ、そしてそうしたメカニズムにおける最小の結晶点でもあり抵抗の拠点ともなりうる「自己」の問題へと研究対象が変化していることが分かるのであり、それらの全体が「権力」、「真理」、「主体」という領域をめぐって構成されていることが理解されるだろう。では、そうした三つの領域において、フーコーはどのように系譜学的探求を進めてゆくことになるのか。

1　考古学と系譜学

一九七〇年代のフーコーの系譜学と、方法としての考古学との関係はどのようなものか。系譜学は考古学からの方法論的な延長なのだろうか。それとも、前者は後者に置き換わるものなのか。あるいはまた、系譜学はフーコーの思考に導入された全く新しい要素なのか。H・ドレイファスとP・ラビノウのような論者は、考古学の方法論は破綻し、最終的に系譜学に取って代わられた、と主張している。彼らによれば、考古学はすべての分析を最終的に言説の領域に収斂させてしまい、言語外の現実を切り捨ててしまったことで(「自律的な言説という幻想」)袋小路に突き当たり、「方法論的破産」に至ったのだという。(5) 確かに、一九七〇年代以降のフーコーの著作からは「言説」それ自体についての分析が表面的には影を潜め、権力作用に関わる諸制度や組織・技術といった、歴史的現実を取り込んだ具体的な分析が際だってくる。だが、われわれは考古学という方法が系譜学という別の方法に取って代わられたとは考えない。というのも、一九七〇年代から八〇年代にかけてのフーコーの探求において、系譜学は考古学を補完する研究として提示されているからである。そしてまた、先に見たように、歴史的実

論——それゆえにアリストテレス以来の「真理」の体制としての哲学史から排除された議論——についてのフーコーの分析は、おそらく、フーコー自身のコレージュ・ド・フランス講義における言説の分析にも当てはまるもので、フーコー自身の方法論とも見なしうるものだろうが、「知への意志」講義の完全な録音は残っておらず、刊行されているものが議論の展開を含まない講義草稿のみであるために、この点についてはここでは示唆するにとどめたい。以下を参照。Foucault, *Leçon sur la volonté de savoir : Cours au Collège de France. 1970-1971, op. cit.*〔邦訳:フーコー『〈知への意志〉講義——コレージュ・ド・フランス講義一九七〇—一九七一年度』、前掲書〕、一九七一年一月六日および一月十三日の講義。なお、系譜学における「真理」の問題については後で触れる(本章3を参照)。

(4) 一九七六年一月十四日の講義において、フーコーは「異常者たち」までの五年度分の講義を振り返りながら、それらは大まかに言って「規律」についての研究であった、と総括している。以下を参照。Foucault, *« Il faut défendre la société » : Cours au Collège de France. 1976* [DS], EHESS-Gallimard-Seuil, « Hautes études », 1997, p. 21〔邦訳:フーコー『社会は防衛しなければならない——コレージュ・ド・フランス講義一九七五—一九七六年度』石田英敬・小野正嗣訳、筑摩書房、二〇〇七年、二五ページ〕.

(5) H. Dreyfus et P. Rabinow, *Michel Foucault : Beyond Structuralism and Hermeneutics, op. cit.*, Part I, chap. 4〔邦訳:H・L・ドレイファス、P・ラビノウ『ミシェル・フーコー——構造主義と解釈学を超えて』、前掲書、第一部第四章〕.

践行為についての系譜学的分析においても、「アルシーヴの学」としての考古学が対象としていた「言説」のステイタスが無視されているわけではないからである。

ではまず、考古学と系譜学がどのように関わり合うかを見てみよう。前節ですでに見たように、一九七〇年代から、考古学は、別の歴史的な「レヴェル」を対象とする新たな分析（のちの系譜学的研究へと連続してゆくような新たな分析）と並置されることになった。そしてフーコーは、その両者がどのようにひとつの研究を形づくることになるのか、幾度か説明している。まずはその系譜学が何を指すのかについては問わず、それがフーコーの思考の仕組み《エコノミー》のなかで占める位置を確認することにしたい。一例として、[6]一九七六年度のコレージュ・ド・フランスにおけるフーコーの講義（「社会は防衛しなければならない」）を挙げよう。この第一回目の講義（一九七六年一月七日）で、フーコーは系譜学がどのような営みであるかを定義している。フーコーはまず、政治や文化、社会事象などのアクチュアリティー（現在性）に対する異議申し立てが行われる場合に、最近十年ほど（つまり、一九六〇年代から七〇年代）の間に生じたある種の変化について分析している。今や、現在の状況への批判は包括的・統一的理論の名のもとにおいてなされるのではなく、体系的・機能的な知の体制のうちで埋没し覆い隠されてきたような種類の知、すなわち「従属化＝隷属化された知〔savoir assujetti〕」へと回帰し、それを再び浮上させることによってなされている。そして系譜学は「もろもろの闘争についての歴史的な知」として、知のヒエラルキーのなかで価値剥奪され埋もれたままになっている知ならざる知、あるいは科学的認識以前の段階にとどまっている知を明るみに出し、制度化された言説の体制に対する批判の武器として用いる。系譜学は、人々が持っている日常の知と局所的《ローカル》な諸々の知を、アクチュアルな戦術のコンテクストのもとで解読することを可能にするような学知的認識なのである。[7] またそれは、メジャーな言説とマイナーな言説とがせめぎ合い拮抗する場所で遂行される戦い、知のヒエラルキーに抗する批判でもあるのだ。

したがって、科学に固有な権力の序列のなかに諸々の知を記入しようという計画に対して、系譜学というのは、歴史的な諸々の知を、脱‐従属化し自由にする企てである、つまり、統一的、形式的、科学的な理論的言説の強制に反対し戦うことができるようにする一種の企てであるといえるでしょう。知識の科学的な序列化およびそれらに内在する権力作用に抗して、諸々のローカルな――ドゥルーズであれば「マイナーな」とおそらく言うでしょう――知を活性化すること、無秩序でバラバラなそうした諸々の系譜学の企てとはそのようなものであるのです。(8)

こうして、系譜学という営みは何よりもまず、それ自体「学」的な探究であるにもかかわらず、統一的理論を形成し、真理の名の下に言説を分類し序列化するような体制、すなわち学問《サイエンス》＝科学に対する抵抗として遂行される。

系譜学というのは、まさに厳密な意味で、反‐科学であるのです。〔…〕ここで起こっているのは、まさに知の反乱なのです。しかも、科学の内容、方法あるいは概念に対する反乱というよりは、まずなによりも、中心化しようとする権力作用、私たちの社会の内部で組織される科学的言説の制度と機能につきものの中心化する権力作用に対する反乱であるのです。〔…〕科学的とみなされる言説に特有な諸々の権力作用に対し

(6)「考古学」と「系譜学」の関係については、以下に挙げる例のほかに、次の箇所を参照。Foucault, *Histoire de la sexualité 2 : L'Usage des Plaisirs, op. cit.*, p. 17-19〔邦訳：フーコー『性の歴史II――快楽の活用』、前掲書、一九―二一ページ〕／OE-II, p. 746-748, Foucault, *Le pouvoir psychiatrique : Cours au Collège de France. 1973-1974, op. cit.*, p. 238-239〔邦訳：フーコー『精神医学の権力――コレージュ・ド・フランス講義一九七三―一九七四年度』、前掲書、二九五―二九六ページ〕.

(7) DS, p. 8-10〔邦訳：一〇―一一ページ〕.

(8) DS, p. 11〔邦訳：一三―一四ページ〕.

てこそ、まさしく系譜学は闘争を挑まなければならないのです。[9]

フーコーは、権力が言説にもたらす諸効果への抵抗は、批判されるものの対象と同じレヴェル、つまり言説のレヴェルで遂行されることを強調している。学問的な知に対する戦いは、さまざまな力に貫かれた言説が機能する、まさにその場所においてのみ可能なのである。その限りにおいて、考古学が戦略的配置のなかでひとつの場所を占めることになるだろう。上記のような系譜学の定義に続けて、フーコーはこう述べる。

二言で言えば次のようになる。考古学とは、ローカルな言説態の分析に固有な方法であり、系譜学とは、そのように記述されたローカルな言説態をもとに、そこから解き放たれる脱－従属化した諸々の知を働かせる戦術である、と。このように、全体の企図は整理し直すことができるのです。[10]

考古学は言説の分析に固有な「方法」であり、系譜学は、そうした分析から出発して、制度的な知の枠組みからもろもろ局所的な知を解放し、その知固有の力学を作用させる「戦術」である、というのだ。考古学はここで方法として前提されており、言説を対象とした考古学的分析によって、その言説が他の言説群とのあいだで取り結ぶ場でのステイタスを決定する。そしてそこから出発して、歴史的に決定された知の体制を、アクチュアルな視点から言説自体の力によって批判し相対化する、戦術としての系譜学が可能になるのだ。

こうして、考古学と系譜学が組み合わせられる。考古学は、言説的編成体における言説の「言説性」、すなわちステイタス（機能や価値）の分析にかかわり、系譜学は、そうした言説分析に、言説の戦術的なステイタスやアクチュアルな視点からの利用価値を与えるような、歴史的な様態を導入する。方法としての考古学が水平的な歴史性（ひとつの言説と他の言説との同時代性）、ソシュール的な用語を用いるなら「共時的」な価値を扱うのだとすれば、系譜学は、その中で実践としての言説が生まれ、アクチュアルな視点からの価値を付与されるような、垂直的で「通時的」な歴史性を明らかにするものなのだ。こうした歴史との関係から、系譜学の二つの特徴を指摘することができるだろう。まず、それは闘争のための戦略であり、アクチュアリティーについてのある種の態度表明を含んでいる。そしてまた、歴史をある種のフィクションとして思考する仕方を含むものである。こうした二つの特徴は、一九七〇年代から一九八〇年代にかけてのフーコーのテクストを特徴付ける二つの大きな主題、「権力」と「真理」とそれぞれ結びつくことになる。以下の部分で、その「アクチュアリティー‐権力の批判」、「真理‐フィクション」という二つの軸についてそれぞれ検討することにしよう。

2　系譜学とアクチュアリティー――権力の問い

闘争としての探求――『監視と処罰』とアクチュアリティー

系譜学は「現在」との関係において書かれる歴史である。一九八四年に行われたフーコーの最後のインタヴューのひとつで、彼は系譜学について以下のように述べている。

私はあるひとつの問題から出発するのですが、それはその問題がいま現在提起されているような用語によっ

（9）DS, p. 10〔邦訳：一二ページ〕.
（10）DS, p. 11-12〔邦訳：一四ページ〕.

てそうするのです。そして私はその系譜学を試みるのです。系譜学とは、私が現在的な問いから出発して分析を進めるということです。[11]

系譜学は、局所的でマイナーな言説と、規範として作用する真理の体系との対立から、闘争としての価値を引き出す。それによって、系譜学はわれわれが現在その中で生きている合理性の体系に対する闘争となるのであり、歴史的分析に基づいて遂行される、アクチュアルな状況への批判となるのである。

その例として、『監視と処罰――監獄の誕生』（一九七五年）における系譜学的分析を挙げよう。この監獄についての著作を検討するにあたって、フーコーの生ではなく著作を対象とするわれわれの方針ゆえに、その研究の直接のきっかけとなった出来事、すなわち当時の監獄の問題についての直接的な介入、とりわけフーコー自身が発起人の一人となった監獄情報グループ（ＧＩＰ）の活動についてはひとまず措こう。[12] だがそれにしても、この著作が、この研究が行われたのと同時代の状況を背景としていることは疑いようもない。この監獄の「誕生」――「起源」ではなく――についての研究、より正確には、監獄という装置が特別な役割を果たしている近代的な処罰システムの誕生についての研究は、権力の実際的な機能としての法律・処罰システムについての系譜学的研究にほかならない。

一九七〇年代は、権力の問題とどう向かい合うか、という問いが思想の世界においても主要な問いのひとつとなり、政治の問題を思考するためにマルクス主義に代わる理論的基礎が必要とされていた時代であった。フーコー自身、一九七九年に行われたラジオ討論において、一九六八年五月の出来事を振り返りつつ、「五月革命」以後の政治的な問いの変化について次のように述べている。

〔六八年五月の出来事によって〕新たな政治的対象、あるいは、実存〔l'existence〕にかかわる一連の領域が発見されるか出現するかしたのであって、それは、社会の一隅や現実の片隅にあって、それまでの政治的思考によって忘れ去られるか、完全に価値剥奪されていたものです。日常生活にかかわるいくつかの物事が争点となったことは、〔…〕私たちが政治的言説の弱さを意識するきっかけをあたえてくれました。(13)

一九七〇年代以降、政治的な闘争はマルクス主義などの既存の枠組みを超え、個人ひとりひとりの日常性から出発した批判の営みへと変化した。監獄問題についての闘争もまた、制度やシステム全体への正面からの戦いというよりはむしろ、日常生活の内なる規律システムに対する批判の営みから出発したものというべきだろう。今や、「戦いはおそらく全く同じ姿をしているわけではない」(14) とフーコーは言う。

（11）Foucault, « Le souci de la vérité » (1984), DE-IV, p. 674〔邦訳：フーコー「真実への気遣い」湯浅博雄訳、『ミシェル・フーコー思考集成』、第X巻、筑摩書房、二〇〇二年、一六四ページ〕、強調は引用者。

（12）われわれは本書において、基本的に一九七〇年代のフーコーの「政治的」活動の詳細には立ち入らないことにしたい。とはいえ、政治的介入の数々がフーコーの理論的著作に対して持ちえた重要性を無視するつもりはない。フーコー自身が自らの仕事について「私の自叙伝の一断片」と語っている以上なおさらである（Foucault, « Est-il donc important de penser? » (1981), DE-IV, p. 182〔邦訳：フーコー「思考することはやはり重要なのか」阿部崇訳、『ミシェル・フーコー思考集成』、第Ⅷ巻、筑摩書房、二〇〇一年、三九八ページ〕）。だが、われわれの作業がフーコーの生を描き出そうとするものではない以上、別の問題の立て方が要請されるだろう。フーコーの同時代の監獄の問題への介入については以下を参照。François Boullant, *Michel Foucault et les prisons*, PUF, « Philosophies », 2003. また、以下のドキュメントも参照のこと。Ph. Artières et al. (éd.), *Le groupe d'information sur les prisons : Archives d'une lutte 1970-1972*, Éditions de l'IMEC, 2003〔邦訳：「「監獄情報グループ」関連文書」（抄訳）、西山雄二訳、松葉祥一解題、『現代思想』二〇〇三年十二月臨時増刊号「総特集フーコー」、二四三―二六九ページ〕.

（13）Foucault, « « Le Nouvel Observateur » et l'Union de la gauche » (1980), DE-IV, p. 100-101〔邦訳：フーコー「『ヌーヴェル・オプセルヴァトゥール』と左翼連合」阿部崇訳、『ミシェル・フーコー思考集成』、第Ⅷ巻、筑摩書房、二〇〇一年、二七七―二七八ページ〕.

（14）DS, p. 12〔邦訳：一四ページ〕.

一九七〇年代のフーコーの探求の枠組みにおいて、そしてとりわけコレージュ・ド・フランスで行われた講義との関係から見るなら、『監視と処罰』は規範化する社会における「例外状態」とも言える処罰の実践についての分析であると同時に、日常生活における規範性の形成と作用についての分析でもある。[15] つまり、監獄のシステムが司法のシステムの外部で生まれ、現在もそこからはみ出して作動しているということ、[16] また近代社会において、権力が純粋に法的なシステムを超えて作動しているということが示されているのである。こうして『監視と処罰』は、『狂気と非理性』が理性についての書物であったのと同じ意味において、「われわれ自身についての存在論」であることが理解できるだろう。かつての狂気についての研究が、理性の世界から排除されたものを通じて逆に理性を照射していたのと同様、監獄についての研究も、犯罪者を囲い込むシステムを通じて、そうした囲い込みと規律の体制を必要とする社会の規範性を照らし出しているのである。そしてまたここから、一九七二年にフーコーが『狂気と非理性』を『狂気の歴史』という新しいタイトルのもとに再版した理由が推測できるかも知れない。すなわち、自らの（実質的）デビュー作が系譜学的視点から再び位置づけ直され、規範化する社会と権力の包括的体制についての系譜学的探求に新たに統合されることになったのではないか。かつての考古学的探求の成果が批判的に再読されることによって、別の批判的・戦略的なコンテクストの中に置き直されているのだ。[17]

権力の問い

批判の営みという視点から見たとき、一九七〇年代のフーコーの研究が持つ政治的な目標とは何か。さまざまな局所的領域において遂行される系譜学が向かうべき問いは結局ひとつに集約される、と一九七六年の講義でのフーコーは言う。それは、そのアクチュアルな形態における権力とは何なのか、という問いである。この問いは、いくつもの問題群を包括するような統一的・包括的問いではなく、社会のさまざまなレヴェルや領域における権力のメカニズムや、それが生み出す諸々の関係や作用を分析する責務を課すようなものだ。[18] 一九七二年に行われたドゥルーズとの対談において、フーコーは「おそらくは、われわれはあいもかわらず権力とは何かがわからないのだ」[19] と述べていた。フーコーによれば、マルクスやフロイトの理論を経たのちでさえも、権力に対する闘争が増加している現在の（つまり、一九七〇年代の）状況を説明しうるに十分な権力の理論を持ちえていない。権力の本性についての形而上学的な問いに対する答えを求めるのではなく、権力の行使の形態と、それに対する抵抗についての可能性を探ることが必要なのである。

（15）フレデリック・グロは、フーコーの思考についての概説書において、まさにそうした視点から『監視と処罰』を一冊の独立した書物として論じず、コレージュ・ド・フランスでの講義のサイクルに組み込んで扱っている。以下を参照。F. Gros, *Michel Foucault*, PUF, « Que sais-je ? », 1996, p. 61-77〔邦訳：F・グロ『ミシェル・フーコー』露崎俊和訳、白水社文庫クセジュ、一九九八年、七六—九四ページ〕.

（16）SP, p. 233-234, p. 251〔邦訳：二三一—二三二ページ、二四五—二四六ページ〕／OE-II, p. 512-513, p. 531-532. フーコーによる同時代の監獄制度についての批判、とりわけ「処罰する権利の濫用」についての批判については以下を参照。Foucault, « Michel Foucault : il faut tout repenser, la loi et la prison » (1981), DE-IV, p. 202-204〔邦訳：フーコー「ミシェル・フーコー——法律について監獄について、すべてを考え直さねばならない」阿部崇訳、『ミシェル・フーコー思考集成』、第Ⅷ巻、筑摩書房、二〇〇一年、四二四—四二七ページ〕.

（17）一九七三—七四年度の第一回目の講義において、フーコーは自らの博士論文を批判的に取りあげ、一九六一年と現在の時点の理論的な変化について強調している。つまり、「狂気の表象」や「制度」を対象とした不正確で包括的な分析を放棄し、法的言説の生産者といった「精神医学的実践に固有な権力関係」などについて別の分析を試みるのだという。Foucault, *Le pouvoir psychiatrique : Cours au Collège de France. 1973-1974, op. cit.*, p. 14-18〔邦訳：フーコー『精神医学の権力——コレージュ・ド・フランス講義一九七三—一九七四年度』、前掲書、一六—二一ページ〕.

（18）DS, p. 13-14〔邦訳：一六ページ〕.

（19）Foucault, « Les intellectuels et le pouvoir » (1972), DE-II, p. 312〔邦訳：フーコー「知識人と権力」蓮實重彦訳、『ミシェル・フーコー思考集成』、第Ⅳ巻、筑摩書房、一九九九年、二六五ページ〕.

フーコーによれば、権力については二種類の図式ないし仮説があり得るという。その一方の図式によれば、権力とは「抑圧するもの」であり、主権者によって所有され、法的契約に従って国家システムのもとで機能するものとされる。また別の図式によれば、権力は支配をめぐる戦いの関係であり、二つの力のあいだの継続的な闘争、つまりクラウゼヴィッツの命題を転倒させてフーコーが「他の手段によって継続された戦争」と言う状態であると考えられる。フーコーはこの前者、ヘーゲルやフロイトやW・ライヒによって提唱された「契約－圧制」の図式を「ライヒの仮説」、と呼び、「戦争－抑圧」の動機に基づいた後者の図式を「ニーチェの仮説」と呼ぶ。[20] フーコーの権力についての系譜学的探求はその後者の図式にもとづくものであり、そうした権力についての分析を、フーコーは時に「権力のミクロ物理学〔microphysique〕」と呼ぶのである。

〔…〕このミクロ物理学の研究は次の点を前提としている。そこで行使される権力は、ひとつの所有物としてではなくひとつの戦略として理解されるべきであり、その支配の効果は、ひとつの「占有」に帰せられるのではなく、諸々の配置・操作・戦術・技術・機能などに帰せられるということ。その権力のうちにわれわれは、所有しうるかもしれぬひとつの特権を読み取るよりむしろ、つねに緊迫しつねに活動中の諸関係がつくる網目を読み取るのであり、その権力のモデルとしてわれわれは、ある〔権利の〕譲渡を行う契約とか、ある領土を占有する征服を考えるよりむしろ、永続的な戦い〔bataille〕を考えるということ。[21]

権力とは、唯一の中心点から放出され、統一的・均質的な働きのもとにすべてのものを包括し尽くしてしまう、誰かによって所有される力ではなく、対立的な力の関係を基礎として作用する力であり、さまざまな主体の戦略的な布置状況の総体が作りだす効果である。フーコーは権力が上から主体を抑圧するという「抑圧の仮説」を否定し、[22] 権力をひとつ「もの」ではなく、「ひとつの点から他の点への関係のあるところならどこにでも」分散して存在するものと考える「唯名論」[23]的なヴィジョンを採用するのである。

フーコーの権力についての分析は、統一的図式から解放され、局所的領域における批判の営みという価値を有するものだが、それには二つの側面がある。すなわち、多かれ少なかれ固定化された既存の分析図式（マルクス主義的、フロイト主義的）を批判する否定的・破壊的な作業と、ある個別的・部分的なフィールドを掘り進むことによって権力の機能と効果とを標定する肯定的・実定的な作業、という二つの側面である。この点においても、考古学の原則と系譜学の原則が交差していることが理解できよう。というのも、既存の統一的理論を解体して真に分析の対象となるべき物を析出するという作業は、われわれが先に見た、『知の考古学』におけるカテゴリー解体の作業と軌を一にしたものであるからだ。さまざまな科学的言説が前提としていた「統一性＝単位」を一連の否定的作業によって解体してアルシーヴという領域を解放し、そこで言表という最小の単位を操作の対象とすること。そして、権力の法的・国家的な形態を批判することから始まり、権力の具体的な作用のメカニズムを具体的に分析することでさまざまな力の多様な関係を明らかにすること。これら二つの場合において、新たな研究の創始には古い図式の破壊が伴っており、創始と破壊はひとつの同じ作業の二つの側面なのである。

そうしたフーコーの研究――考古学的で系譜学的、水平的で垂直的な研究――は、また内在的な批判でもある。つまり、分析の対象と同じ「言説」のレヴェルにおける内部からの批判なのであり、言説の領域を貫く諸力の絡み合いのゲームのただ中に位置しながらそのゲームそのもののメカニズムを照らし出す。それが、権力の効果に

(20) DS, p. 15-18〔邦訳：一八―二一ページ〕.
(21) SP, p. 31〔邦訳：三〇―三一ページ〕／OE-II, p. 287.
(22) 以下を参照。Foucault, *Histoire de la sexualité 1 : La volonté de savoir* [VS], Gallimard, « Bibliothèque des Histoires », 1976, chap. II〔邦訳：フーコー『性の歴史I――知への意志』渡辺守章訳、新潮社、一九八六年、第二章〕.
(23) VS, p. 122-123〔邦訳：一二〇ページ〕／OE-II, p. 683.

よってわれわれの歴史的な存在が作りだされる領域としての「アクチュアリティー」を批判するということなのである。

批判的研究の様態としての系譜学

では、フーコーの系譜学において「アクチュアリティー」とは何を意味するのか。それはまず第一に、「われわれの周囲で起きていること」として、伝統的な意味における哲学的視点とは異なる視点から扱われる領域である。そしてその領域は、哲学者ではなく、ジャーナリストの営みに属するものである。

私に関心があるのはアクチュアリテ、すなわち私たちの周囲で起きる出来事であり、私たちが何なのか、何が世界で起こっているのか、ということである限りにおいて、私は自分を一人のジャーナリストであると考える。(24)

哲学は、伝統的に「一時的なもの」よりも「永遠のもの」に関わるものであった。だが、「最初のジャーナリストにして哲学者(25)」であるニーチェの反時代的思考（後にフーコーが論じることになる、カントの「啓蒙とは何か」をそれに付け加えてもよいだろう）によって、哲学的思考は現在へのまなざしを自らに責務として課すことになった、とフーコーは述べる。つまりアクチュアリティーとは、それまで哲学の対象でなかったものをその対象へと組み入れる、視線の転換をもたらす原理なのである。

アクチュアリティーの第二の特徴は、それがアルシーヴととり結ぶ関係のうちに明らかになる。『知の考古学』

において、フーコーはアルシーヴを、アクチュアリティーとの関わりにおいて以下のように定義していた。

〔…〕我々には、我々自身のアルシーヴを記述することができない。なぜなら、我々はまさしく我々自身のアルシーヴの諸規則の内部において語っているからであり、まさしく我々自身のアルシーヴこそが、我々が語りうることに対して〔…〕その出現様式、その存在と共存の形態、その累積と歴史性と消失のシステムを与えるものであるからだ。アルシーヴとは、その全体性において記述することの不可能なものであり、その現在性《アクチュアリテ》において回避することの不可能なものなのである。〔…〕アルシーヴの分析は、したがって、ひとつの特権的な領域を含んでいる。それはすなわち、我々に近接していると同時に我々の現在性《アクチュアリテ》とは異なるものとして、我々の現在を取り囲み、その上に張り出して、それをその他性において示すような、時間の縁《ふち》である。それは、我々の外で、我々の境界を画定するものなのだ。アルシーヴの記述は、自らの可能性を〔…〕、まさに我々のものであることをやめたばかりの諸言説から出発して展開する。(26)

歴史的で局所的な言説性の分析としての考古学的分析は、アクチュアリティーを構成する言説を包括的かつリアルタイムに記述することはできず、アクチュアルであることを止めたばかりの歴史的な言説しか対象とすることはできない。だがそれは、考古学的探求においてアクチュアリティーとアルシーヴの領域がお互いに無関係だという

（24）Foucault, « Le monde est un grand asile » (1973), DE-II, p. 434〔邦訳：フーコー「世界は巨大な精神病院である」石田久仁子訳、『ミシェル・フーコー思考集成』、第Ⅳ巻、筑摩書房、一九九九年、四四二ページ〕.
（25）同前。
（26）AS, p. 171-172〔邦訳：二四八—二五〇ページ〕／OE-II, p. 140.

ことではない。アルシーヴの分析は、アクチュアリティーの診断の方へと送り返されるのである。

この意味において、アルシーヴの記述は、我々の診断のために有効なものである。それは、その記述が、〔…〕我々を、我々自身の連続性から断ち切る〔からだ〕。その記述は、歴史の断絶を追い払おうとして我々がそのなかに我々自身を見るのを好む時間的同一性を消散させる。その記述は、超越論的目的論の糸を切断する。そして、人間学的思考が人間の存在《エートル》もしくは人間の主体性を探索する場所において、その記述は、他者を、そして外を、白日の下に晒すのである。(27)

いわば、フーコーの探求はアクチュアリティーとアルシーヴという二つの領域を行き来している。つまり、考古学的探求は、哲学者自身が身を置いている現実とアクチュアリティーによって試練にさらされる。(28) そして、「試練」(29)を通過することで、思考にある種の哲学的なエトスが生じるだろう。そしてまた同時に、「現在の歴史を書く」という『監視と処罰』の有名な宣言に見られるような、アクチュアルな視点から歴史を書くという姿勢もそこに生じるだろう。それは「現在の言葉によって過去の歴史を書く」ということではなく、監獄のような、現在に至る制度やシステムの「由来」を探求することを意味する。ロベール・カステルの言葉を引くなら、フーコーの言う「現在の歴史を書く」とは、「現在のうちにある、過去の堆積を再び起動させる」ことである。(30) そしてその歴史は、現在という状態が見かけほどに自明のものではないことを示すのである。

こうして、系譜学の営みが意味するものが明らかになる。つまりそれは、フーコーの歴史的研究にとっての一種の「目的」を示すものであり、考古学という「方法」とは明確に区別される。つまり、研究に目的性のようなもの、そして何より色調を与える研究の「様態」であり、エトスなのである。フーコーは、考古学という固有の方法を用いて文書記録《アルシーヴ》に介入するという点において確かに歴史家だろう。だが、過去に対して垂直に切り込む批判的なまなざしをもって「現在の歴史」を書くという点で哲学者でもあるのだ。フーコーはこう述べている。

〔歴史的調査としての〕批判は、その目的性においては、系譜学的であり、その方法においては、考古学的なものなのだ。考古学的である〔…〕というのは、この批判が、〔…〕私たちが考え、述べ、行うことを分節化している、それぞれの言説を、それぞれに歴史的な出来事として扱うことをめざすという意味においてである。この批判が系譜学的であるというのは、〔…〕私たちが今のように存り、今のように行い、今のように考えるのではもはやないように、存り、行い、考えることが出来る可能性を、私たちが今在るように存在することになった偶然性から抽出することになるからだ。[31]

---

(27) AS, p. 172〔邦訳：二五〇ページ〕／OE-II, p. 140-141.

(28) 以下を参照。Foucault, « Qu'est-ce que les Lumières? » (1984), DE-IV, p. 574-575〔邦訳：フーコー「啓蒙とは何か」石田英敬訳、『ミシェル・フーコー思考集成』、第X巻、筑摩書房、二〇〇二年、二〇―二一ページ〕／OE-II, p. 1393-1394.

(29) SP, p. 34〔邦訳：三五ページ〕／OE-II, p. 292.

(30) Robert Castel, « Présent et généalogie du présent : une approche non évolutionniste du changement », Coll., *Au risque de Foucault*, Centre Georges Pompidou, « Supplémentaires », 1997, p. 165.

(31) Foucault, « Qu'est-ce que les Lumières? », art. cit., p. 574〔邦訳：フーコー「啓蒙とは何か」、前掲論文、二〇ページ〕／OE-II, p. 1393. フーコーは他の場所でも、考古学は方法であり系譜学は目的である、という旨を述べている。例えば以下を参照。Michel Foucault, « Débat au département d'histoire de l'université de Californie à Berkeley », *Qu'est-ce que la critique ? suivi de La culture de soi*, Vrin, « Philosophie du présent », 2015, p. 128 et p. 132.

3　系譜学と歴史——真理の問題

歴史記述

ここまで、権力に関わる点から系譜学について検討してきた。ここから系譜学の二つ目の特徴について検討しよう。「アクチュアリティー」への視線によって、系譜学は歴史に対する独特な姿勢を持つことになる。つまり、「現在の問いから出発して」歴史を書く。では、系譜学に固有な歴史記述はどのようなものか。

フーコーと歴史家たちとの直接的な関係は『狂気と非理性』が『アナール』誌の書評において高く評価されて以来のことと考えられるだろうが[32]、フーコーは常にさまざまな歴史家たちの仕事を参照し、時には包括的・統一的な歴史についての観念を批判しており、そうした歴史記述の方法についての考察の結果として、思考の領域における「思想史」とは異なる別の歴史の可能性を見出したとも言えるだろう。とりわけ一九七〇年代以降、歴史家たちとの対話の機会は続いており、一九七八年にミシェル・ペローらと行った監獄の歴史についての討論[33]、アルレット・ファルジュとの共同作業による封印状についての研究[34]、コレージュ・ド・フランスにおけるゼミナールにおいて行われたピエール・リヴィエール事件についての調査などがその一例である[35]。歴史家たちは、フーコーにとって同じ研究領域を共有する対話者となり得る存在でもあった[36]。

だが、それはフーコー自身が歴史家であるということを意味しない。実際、フーコーは一九六〇年代から、思考のカテゴリーとしての（大文字の）「歴史」を明白に拒絶していた。例えば、『言葉と物』においては、十九世紀の人文科学において歴史が占めていた位置が批判されていた。その大文字の歴史は、人文科学においてさまざまな事象を受け入れる「特権的であると同時に危険な[37]」受け皿として機能していたのであり、まず、それぞれの科学にとって、その上で科学の認識論的有効性が認められるような背景として機能していた。だが同時に、歴史は人間が常に歴史的な限界に規定されていることを示すことで、人文科学の限界点を示してもいたのであり、その点において、大文字の歴史もまた近代的な知の人間学的構造に貫かれていたのである。十九世紀における歴史は、人間という形象に依拠することで、直線的な歴史性として構造化されているのであり、それによって歴史は（大文字の）「歴史」となる。

十九世紀以後、光のなかにあらわれるのは、人間の歴史性の赤裸々な形態――人間が人間として出来事にさらされているという事実である。そこから、この純粋な形態に法則を見いだそう（それこそシュペングラーのそ

（32）以下の書評、とりわけフェルナン・ブローデルが末尾に付け加えた賛辞を参照。Robert Mandrou et Fernand Braudel, « Trois clefs pour comprendre la folie à l'âge classique », *Annales. Économies, Sociétés, Civilisations*, 17e année, n° 4, 1962, p. 761-772.

（33）以下を参照。Foucault, « Table ronde du 20 mai 1978 » (1980), DE-IV, p. 20-34〔邦訳：フーコー「一九七八年五月二十日の会合」栗原仁訳、『ミシェル・フーコー思考集成』、第Ⅷ巻、筑摩書房、二〇〇一年、一六二―一八二ページ〕.

（34）以下を参照。Foucault et A. Farge (éd.), *Le désordre des familles : Lettres de cachet des Archives de la Bastille*, Gallimard-Julliard, « Archives », 1982.

（35）以下を参照。Coll., *Moi, Pierre Rivière, ayant égorgé ma mère, ma sœur et mon frère... : Un cas de parricide au XIXe siècle*, Gallimard-Julliard, « Archives », 1973〔邦訳：フーコー編著『ピエール・リヴィエール――殺人・狂気・エクリチュール』慎改康之ほか訳、河出文庫、二〇一〇年〕.

（36）だが、ポール・ヴェーヌによれば、自らの歴史記述の方法論にとらわれていた歴史家たちの多くはフーコーの歴史記述を正面から受けとめることができず、またフーコーもそうした歴史家たちの反応に失望していた。そうした不幸なすれ違いについては以下を参照。Paul Veyne, *Foucault, sa pensée, sa personne*, *op. cit.*〔邦訳：P・ヴェーヌ『フーコー――その人その思想』、前掲書〕、第二章。

（37）MC, p. 382〔邦訳：三九三ページ〕／OE-I, p. 1439.

れのような哲学である)、あるいは、人間が生き、労働し、話し、そして思考するという事実から出発してこの形態を規定しようという配慮が生れてくる。それこそ、生物種として考察される人間から出発する、経済の諸法則から出発する、あるいは文化の諸総体から出発する、〈歴史〉の諸解釈にほかならない[38]。

そうした条件によって歴史は近代的な思考のカテゴリーとなったのであり、歴史は人間学的構造による産物であると同時に、(『知の考古学』での表現を思い出すなら)「人間学的隷属」を形成するひとつの要素となるのだ。

また、フーコーは『知の考古学』において、一般的・包括的な歴史の概念を、とりわけ「思考の歴史＝思想史」との関連において批判している。

> 連続的な歴史、それは、主体の創設的機能にとって欠くことのできぬ相関物である。〔…〕歴史的分析を連続的なものに関する言説に仕立てることと、人間の意識をあらゆる生成およびあらゆる実践の根源的主体に仕立てること、これは、同じひとつの思考システムの両面である[39]。

マルクスやニーチェや言語学・精神分析理論などによってなされた主体の「脱中心化」にもかかわらず、こうした歴史観は存続し続けた。そして、すでに見たように、一九七〇年代のフーコーの研究は、そうした「創設者としての主体」を否定し、ニーチェ的系譜学の流儀による歴史的分析を目指すものだったのであり、系譜学はその歴史の「書き方」であった。

いずれにせよ、フーコーが歴史家たちの方法を参照したのは、彼らのような仕方で歴史を書くためではなく、自らの歴史記述の方法を編み出すためである。ジャック・ルヴェルが指摘しているように、フーコーは「歴史家たちの言葉と問いを、それを別のものにするために用いた[40]」のである。系譜学的研究は、本来の意味での、つまり学問領域としての歴史には属さない。

歴史家の歴史とフーコーの歴史

フーコーの系譜学は、大文字の「歴史」というカテゴリーから解放された「文書記録《ドキュメント》」としての言説を対象とする、歴史的視点からの作業である。その歴史記述の独自性を明らかにするために、フーコーの歴史記述を歴史家による著作の数々と比較することはせずにおく。そうした作業は本書の対象を大きくはみ出してしまうのみならず、その比較対象としての歴史家も、ひとくくりに扱い得るものではないからである。とはいえ系譜学の作業が、いわゆる「新しい歴史学〔la nouvelle histoire〕」[41]の研究と、ドキュメントの扱い方に関して近縁性があるのも確かである。ジャック・ル・ゴフの証言によれば、一九六〇年代のある日、フーコーは彼に対してこう言ったという。「結局、私が興味のある歴史学はあなたたちの歴史学なんですよ。アナールの、ブローデルの、エマニュエル・ル・ロワ・ラデュリの、そしてあなたの歴史学なんです」[42]。では、そうした歴史家たちの何に興味を持ったのか。どのような主題や方法がフーコーにとって重要だったのか。

(38) MC, p. 381-382〔邦訳：三九二ページ〕／OE-I, p. 1438-1439.
(39) AS, p. 21-22〔邦訳：三〇ページ〕／OE-II, p. 14.
(40) Jacques Revel, « Foucault et les historiens », *Magazine littéraire*, juin 1975, n° 101, p. 13.
(41) フーコーと「新しい歴史学」との関係については、以下を参照。J. Le Goff, « Foucault et « la nouvelle histoire » », Coll., *Au risque de Foucault*, *op. cit.*, p. 129-139.
(42) 同前、p. 133.

同時代の多くの歴史学者がそうだったように、フーコーも「全体性」、「連続性」や「因果関係」といった概念によって特徴付けられる古典的な歴史の概念を退けている。歴史についての古典的な考え方には、大別して二つのモデルがあり、その第一は、ヘーゲル的な思考にみられるような哲学的モデルであり、それによれば、歴史上のさまざまな出来事や現象は、あるひとつの「全体性」――ヘーゲルの「精神」のような――のさまざまな表出ということになるだろう。第二に、純粋に歴史的なモデルというものがあり、それによれば、歴史的なさまざまな出来事は因果関係の法則にしたがって取りまとめられ、その因果関係の証は、最終的に主体の統合作用によって与えられるだろう。そして、フーコーはそのどちらも否定することで、連続的な歴史を拒絶していたのだった。

フーコーと同時代の歴史家たちもまた、伝統的な歴史のイメージを退け、新しい歴史の書き方を模索していた。フーコーはそこに、あるひとつのパラドクサルな現象を見出している。彼らは歴史における微細な出来事により多くの重要性を見出すことで歴史の「断絶＝不連続性」を標定する一方、長期にわたる持続の方を歴史の対象とすることで、歴史の中からある種の「連続性」を取り出しているのだ。[43] フーコーはその例として、ピエール・ショーニュらによるセビーリャ港の商業記録に関する研究を挙げている。[44]「時系列の歴史学（イストワール・セリエル）」[45]の潮流を生み出すことになったこの研究は、さまざまな文書記録から十六世紀の港の歴史を描き出したものだが、政治的な事件や自然災害のような大きな出来事ではなく、社会や文明に関する比較的「動きのない」状態に注目することで、長期間にわたる常態性の方を描き出している。だが、そこで出来事が無視されているという訳ではない。逆に、セビーリャ港への船の出入りのような微細な出来事、さらに物価の上昇や下落といった別のレヴェルの出来事、さらにはそうした出来事の上位に、当時の人々が知り得なかった経済状況の転換点のような出来事が見出されるといった具合に、出来事はさまざまなレヴェルにおいてあちこちに見出されているのであり、むしろ出来事の概念そのものがここで変更されているのである。

こうした動きのない「長期にわたる歴史」（フーコーは「海路の歴史」、「穀物や金鉱の歴史」、「干魃と灌漑の歴史」などを挙げている(46))と、微細な出来事に注目した結果として標定される多くの「断絶」(フーコーはその例をバシュラールやカンギレム、ゲルーらのエピステモロジーの著作に見出している(47))が二つながら歴史学の前景に浮上したことの背後には何があるのか。そこには、現代の歴史記述における「文書記録《ドキュメント》」の位置づけについての問題化がある、とフーコーは言う。一見矛盾するようにも思われる「長期の歴史」と「断絶」との両立は、文書記録そのものへの問いかけから生み出された現象であるというのだ。

歴史学という研究分野が存在し始めて以来、文書記録というものは、それに基づいて歴史学が繰り広げられる、歴史の素材であった。だが、フーコーが参照する同時代の歴史家たちにとっては、文書記録は、そこから発して「現実」が再構成されるような素材、再び取り戻されるべき「今や沈黙へと追いやられてしまったひとつの声(48)」ではないのであり、要するに「解釈」の対象ではもはやない。そこから、歴史学における変化が明らかになる。

(43) 以下を参照。AS, p. 9-13〔邦訳：一一—一六ページ〕／OE-II, p. 3-6, OD, p. 56-57〔邦訳：七一—七三ページ〕／OE-II, p. 248-249. および、Foucault, « Sur l'archéologie des sciences. Réponse au Cercle d'épistémologie », art. cit., p. 696-699〔邦訳：フーコー「科学の考古学について——〈認識論サークル〉への回答」、前掲論文、一〇一—一〇六ページ〕.

(44) 以下を参照。Foucault, « Revenir à l'histoire » (1972), DE-II, p. 276-278〔邦訳：「歴史への回帰」岩崎力訳、『ミシェル・フーコー思考集成』、第Ⅳ巻、筑摩書房、一九九九年、二〇一—二一七ページ〕. ここで取りあげられているのは以下のショーニュの著作である。H. et P. Chaunu, *Séville et l'Atlantique*, Sevpen, 1955-1960, 12 vol..

(45) 一九六〇年代にピエール・ショーニュが命名した歴史学の方法論。具体的な歴史事象について、時系列に沿った変化や発展を追う。日本語では通常「時系列の歴史」と訳されるが、この名称は「ミュジック・セリエル＝セリー音楽」から着想を得ていると思われるため、「イストワール・セリエル」という表記も可能だろう。

(46) AS, p. 10〔邦訳：一二ページ〕／OE-II, p. 4.

(47) AS, p. 10-12〔邦訳：一三—一五ページ〕／OE-II, p. 4-6.

(48) AS, p. 14〔邦訳：一八ページ〕／OE-II, p. 7.

〔…〕歴史学は、ドキュメントに対する自らの位置を変えることになった。歴史学は、ドキュメントを解釈して、ドキュメントが真なることを語っているのか、その表現的価値はいかなるものであるのかを決定することではなく、ドキュメントにその内部から働きかけてそれを練り上げることを、自らの第一の任務とすることになる。つまり歴史学は、ドキュメントを組織化し、切り分け、分配し、秩序づけ、諸々のレヴェルに配分し、諸々の系列を打ち立て、関与的なものとそうでないものとを区別し、諸要素を標定し、諸々の統一性を定義し、諸関係を記述するものとなるのだ。したがって、歴史学にとって、ドキュメントはもはや、それを通して、人間たちがなしたり語ったりしたこと、消え去ってしまいその航跡だけが残っているものを、歴史学が再構成しようと試みるような不活性な物質なのではない。そうではなくて、歴史学は、ドキュメントの織物そのもののなかで、諸々の統一性、集合、系列、関係を明らかにしようと努めるのだ。[49]

かくして、現代の歴史記述は文書記録《ドキュメント》を対象とする操作という特徴を持つことになるだろう。「解釈の拒否」という原則にもとづいて[50]、その歴史記述はひとつひとつの文書記録を単独的な出来事と見なし、そこから系列《セリー》や一覧表《タブロー》を作りだす。ドキュメントをモニュメントに変え、そこからひとつの体系的な総体を構成してゆくのである。考古学が「モニュメントの内部的記述[51]」としてイメージされていたことはすでに見たが、文書記録を対象とする作業は、考古学の方法における言説を対象とした作業にもとづき、それを延長するものであることは繰り返すまでもない。

文書記録と歴史的現実

フーコーの歴史記述は、それが文書記録《ドキュメント》を対象とした操作であるという点において同時代の歴史家たちの歴史の書き方とパラレルであるとしても、その作業が目的とするものに関して、両者のあいだに少なくともひとつの違いを指摘しておかねばならない。

文書記録を対象とするフーコーの作業は、いわゆる「現実」そのものを、文書記録の操作を通じて再構成することを目指したものではない。より正確に言うなら、フーコー的歴史記述によって再構成される歴史的現実は、認識が最終的に到達すべき「真理」としての価値を持つものではない。つまり、その「歴史的現実」は「フィクション」ないし「仮定」としてとりあえず提示されるものであり、それが系譜学の研究の全体のうちに位置づけられ、説明的な機能を果たすことによってその有効性が証されるようなものなのである。そして、現実に対するそのような位置づけが、フーコーの考古学的－系譜学的探求と歴史家の探求を隔てるものだろう。この点についてフーコーは、歴史家のジャック・レオナールに対して自らの歴史記述の原理を説明している。この歴史家は、『監視と処罰』におけるフーコーの分析が「荒っぽい騎手のように」三世紀にわたる期間を駆け抜け、規律社会の規範化という結論を導き出すものであると述べ、そうしたフーコーの分析の「慌ただしさ」に対して、歴史家にとって「具体的な事実という塵」が持つ重要性を強調している(52)。だが、「具体的な現実」についての微細な研究の重要性を述べるそうした批判に対して、フーコーはこう返答するだろう。

（49） 同前、強調は引用者。

（50） フーコーは、この原則が同時代の歴史学と構造主義に共通する点であると指摘している。Foucault, « Revenir à l'histoire », art. cit., p. 280〔邦訳：フーコー「歴史への回帰」、前掲、二一五ページ〕.

（51） AS, p. 15〔邦訳：二〇ページ〕／OE-II, p. 8.

（52） J. Léonard, « L'historien et le philosophe : À propos de Surveiller et punir ; naissance de la prison », M. Perrot (éd.), *L'impossible prison : Recherches sur le système pénitentiaire au XIXe siècle*, Seuil, « L'univers historique », 1980, p. 9-28.

復元するべき全体性としての現実という包括的な審級から目を覚ますべきである。すべての事柄や他のものよりもさらに「現実的」であるようないくつかの物事について語るに際して、立ち戻るべき「現実なるもの」など存在しないし、もし、頼りない抽象化を目指して他の要素や諸関係を明らかにするだけにとどめるなら失われてしまう「現実なるもの」も存在しない。もしかすると、しばしば暗黙のうちに認められてしまっている次のような原理にも疑問を投げかけるべきかも知れない。歴史が渇望するべき唯一の現実は、社会自身でなければならないという原理だ。合理性のひとつのタイプ、ひとつの思考様式、ひとつのプログラム、ひとつの技術、合理的できちんと調整された努力の総体、規定され追求された目標や、その目標に到達するための手段等々、このようなものはすべて、たとえそれが「現実」自身や「社会全体」であることを主張していないとしても、なにがしかの現実の一部なのである。(53)

監獄についての系譜学は、監獄についての歴史的な「現実そのもの」を再構成しようとするのではないし、また監獄を生み出す社会という、ひとつの包括的な形象を提示しようとするのでもない。(54)監獄に収監された者たちの日常生活について「歴史的社会学」を行おうというのでもないし、規律化された社会のうちに「全体的な規範化」というテーゼの具現化を見ようというのでもない。そうではなく、刑罰の実践行為において作動している諸々のプログラムや技術、目標や手段を分析することで、「合理的なひとつの実践についての歴史、というよりはひとつの実践の合理性についての歴史(55)」を描き出そうとしているのだ。つまり『監視と処罰』における系譜学は、「歴史的現実」を問題としているのではなく、実定的に標定される諸々の実践から出発して(それはやはり「塵」のような微細な事実を無視するわけではない)、そこからある社会や文明における合理性を明らかにすることを目指しているのである。

フーコーの歴史記述にとっては、「現実の再構成」と「合理性の分析」の差異こそが重要な点である。フーコーの考古学は言説を超えた「現実」というレヴェルを否定するのであり、『知の考古学』において表明された「「物」をなしで済ませる」[56]という原則はここでも有効である。監獄についての歴史が対象とするのは、歴史的現実としての制度そのものではない。「私は監獄制度の歴史ではなくて、「投獄の実践」の歴史を書こうと望んだわけです」[57]。制度の歴史ではなく、「処罰する理性」[58]の歴史が問題なのである。系譜学においては、「実践行為〔pratique〕」とは、その行為者の歴史における現実の存在が問題となるようなあれこれの行為を意味するものではなく、言説のネットワークにおいて他の出来事と関係をとり結ぶ、何らかの言説的出来事として標定されるものなのだ。勿論、それはあらゆる実践が言語の領域に還元されるということを意味するわけではない。ロジェ・シャルティエが指摘しているように[59]、実践と言説とがどのように関連しうるかを問うことが、系譜学の独自性なのである。

(53) Foucault, « La poussière et le nuage » (1980), DE-IV, p. 15〔邦訳：フーコー「塵と雲」栗原仁訳、『ミシェル・フーコー思考集成』、第Ⅷ巻、筑摩書房、二〇〇一年、一五五―一五六ページ〕.

(54) ポール・ヴェーヌが伝えるところによれば、フーコーは歴史学者の多くが議論が最終的に向かうべき審級として「社会」なるものを前提としていることを批判し、それは古代ギリシア哲学にとって「自然（ピュシス）」の概念が果たしていた役割と同じものである、と語っていたという。以下を参照。Paul Veyne, *Foucault, sa pensée, sa personne*, *op. cit.*, p. 39-40〔邦訳：P・ヴェーヌ『フーコー――その人その思想』、前掲書、三五―三六ページ〕。

(55) Foucault, « La poussière et le nuage », art. cit., p. 15〔邦訳：フーコー「塵と雲」、前掲、一五五―一五六ページ〕.

(56) AS, p. 65〔邦訳：九四ページ〕／OE-II, p. 50.

(57) Foucault, « Table ronde du 20 mai 1978 », art. cit., DE-IV, p. 22〔邦訳：フーコー「一九七八年五月二十日の会合」、前掲、一六六ページ〕.

(58) Foucault, « La poussière et le nuage », art. cit., p. 14〔邦訳：フーコー「塵と雲」、前掲、一五四ページ〕.

(59) 以下を参照。R. Chartier, « « La chimère de l'origine ». Foucault, les Lumières et la Révolution française », *Au bord de la falaise : L'histoire entre certitudes et inquiétude*, *op. cit.*, p. 132-160. ここでシャルティエが参照しているのが、ミシェル・ド・セルトーによって取りあげられている「実践」の概念である。以下を参照。M. de Certeau, *L'écriture de l'histoire*, Gallimard, « folio histoire », 2002.

また、フーコーの歴史記述における第二の特徴として、ある種のフィクション的な性質を指摘しておこう。フーコーにとっての問題が歴史的事実を明らかにすることではなく、合理性のさまざまな体制のあり方を描き出すことにあるとすれば、系譜学者の言説はひとつの理論を打ち立てることよりも、むしろある種のフィクション的な性質を持ったさまざまな問題を提示するということに向けられるだろう。つまり、フーコーの系譜学は、歴史的な体系やそこに潜んでいる合理性を仮説的に描き出す、一連の問題系《プロブレマティック》として読まれるべきものであり、学問的＝科学的真実の提示として読まれるべきものではない。例えば、『監視と処罰』においてフーコーが行ったことは、近代社会について当てはまる唯一の理論を述べるということではなく、あるひとつの社会において支配的な問題系を提示するということであった。つまり、ある社会において何らかの状態ないし理念が「ある」と言う時、それは社会の全体がその状態ないし理念を有した状態に「ある」ということではなく、その状態ないし理念を生み出しうる配置にある、ということを意味しているのである。

> 私が「規律型」の社会について語るとき、それを「規律化された社会」と解するべきではない。私が規律の方法の普及について語るとき、それは「フランス人は従順である」ということを断言しているのではないのだ！[60]

真理の問題

だが、もし現実という要素自体がフーコーの歴史記述に欠けているとするなら、理論の有効性を示す基準は一体何なのか。系譜学によって明らかにされたこれこれの「合理性」のあり方が「正しい」と、真理の存在なしにどのように判定できるのか。「真理」という概念そのものに遡って考えてみる必要があるだろう。

まず、フーコーの思考における真理が、古典的な真理の定義に合致するものでないことは言うまでもない。

フーコーにおける真理とは、形而上学的価値、論理学的価値、存在論的価値を持つものではないのであり、「明証性の感覚」や「ある判断と他の諸々の判断との一致」、あるいはスコラ的な「知性と事物の合致〔adaequatio rei et intellectus〕」、ハイデッガー的「アレーテイア」（隠されていたものが明るみに出ること）のいずれとも関係がない。真理は、いわば「自ら現れてくるもの」ではなく、「そうであると考えられるもの」なのであり、それも弁証法的論理などによって導き出されるものではなく、認識論的・歴史的体系のうちでそのように提示されるものなのである。一九六五年にカンギレムを含む何人かの哲学者とテレビ討論を行った際に、フーコーはカンギレムとともに、「哲学的真理などは存在しない」と表明している。

D・ドレフュス――結局、あなた方は、哲学的言説における真理があるということを認められるのでしょうか。つまり、哲学的言説についてそれが真または偽であると言うこと、あるいは、ひとつの哲学的体系についてそれが真または偽であると言うことはできるのでしょうか。

G・カンギレム――私としては、できないと思います。ひとつの哲学的体系が真または偽であるということを言うためには何を基準とすればよいのか、私にはわからないのです。

M・フーコー――私もやはり、できないと思います。真理への意志というものがあって……。[61]

フーコーはカンギレムに同調するかたちで、哲学的言説には「真理の基準」など存在しないことを述べる。そして、哲学の体系内に真理と虚偽を区別するための絶対的な基準は存在しない、と述べるカンギレムの認識論的視

（60）Foucault, « La poussière et le nuage », art. cit., p. 15-16〔邦訳：フーコー「塵と雲」、前掲、一五六ページ〕.

（61）Foucault, « Philosophie et vérité », art. cit., DE-I, p. 452〔邦訳：フーコー「哲学と真理」、前掲、二四三―二四四ページ〕、強調は引用者。カンギレムの全集ではやや異同がある。以下を参照。Georges Canguilhem, *Œuvres complètes, tome IV, op. cit.*, p. 1215.

[62]点に、真理を存在させる別の要素としての「意志」を付け加えるのである。

そうしたフーコーの真理観はニーチェ的なものである。まず、『言説の領界』で示されていたように、フーコーは伝統的な真理の概念を、特定の言説を排除しようとする「手続き」のひとつとして退けていた。そのひとつの例として、哲学的な知について考えてみよう。そうした知は、言説の存在を支配しようとする「手続き」の体系のなかである種の役割を果たしているのだが、まず、哲学が持つ真理への意志は、「真」と「偽」のあいだに分割線を引き、その後者から価値を剝奪する。また、諸々の哲学的主題は「言説一般の種別的な現実性」[63]を否定することに貢献している。例えば、言説の「創始者としての主体」という主題は、言説を主体の至高の力へと結びつけ、言説を「意味」へと還元する機能を果たしている。諸々の哲学的主題によって、言説は物質的で偶然的な性質を失い、ひとつの意味作用へと変換されるのである。

つまり真理は、それによって真と偽の分割がなされるひとつのカテゴリーとして作用している。また同時に、真理は非人称的で一般的な意志でもあり、それが言説から出来事としての性質を払いのけているのである。真理はある社会や文明における「分割」の体系を構成する一要素であり、その体系は歴史的に決定されているのだ。そして歴史的に決定されているということは、時代とともに変更可能であるということでもある。フーコーは真理の系譜学的な「由来」、真と偽とのあいだに分割線が引かれる最初の情景を次のように描き出している。

〔紀元前六世紀ごろ、ギリシアの詩人たちにおいては、真理にふさわしい立場にある人物によって語られる言説こそが真理であるとされていたが、〕その一世紀後にはすでに、最も高次の真理は、もはや言説がそうであるところのものや言説が行うことのなかにではなく、言説が語ることのなかに宿ることになりました。真理が、効果的で儀礼化された正義の言表行為から、言表そのものの方へ、つまり、言表の意味、言表の形式、言表の対象、言表とその参照物との関係の方へと、移動する日がやって来たのです。ヘシオドスとプラトンとのあいだで、真なる言説と偽なる言説とを分離するある種の分割が打ち立てられたのです。これは新たな分割です。なぜなら、以後、真なる言説は、もはや貴重で欲望をそそる言説ではなくなるからであり、もはや権力の行使に結びついた言説ではなくなるからです[64]。

言説を語るものの存在のうちにではなく、言説そのもののうちに宿るような種類の真実の形式が、こうして発明される。真理は、権力の行使や権威の発現に内在するものであることを止め、意志が向かう対象、つまり権力が手に入れようとする対象となった。しかしながら、プラトン的真理の概念が誕生して以来、真なる言説は欲望や権力といったものを超越したものでなければならないのであり、それによって「真理への意志」は、真理そのものによって隠蔽されることになるだろう[65]。真理のうちには、自らの起源についての否認が含まれているのだ。

そうした真理への意志の隠蔽に抗して、フーコーは「排除を担う驚くべき機械仕掛け[66]」たる真理への意志が歴史的に果たしてきた機能を明らかにしようとする。それが、系譜学の営みにおいて浮上する、真理の概念の二つ目の側面である。フーコーの作業は、まず第一に真理についての伝統的な主題群（理性中心主義、認識と対象の一致など）を問いに付すことだったのであり、そして第二に、ニーチェ的思考によって、真理の背後にある闘争や権

---

(62) そうした視点はバシュラールにも共通する。カンギレムにとって、科学的あるいは哲学的言説のひとつひとつは、たとえそれが別のコンテクストにおいては有効でないものであったとしても、「真実のうち［dans le vrai］」にあるのだ。以下を参照。G. Canguihem, *Études d'histoire et de philosophie des sciences concernant les vivants et la vie, op. cit.*, p. 46［邦訳：カンギレム『科学史・科学哲学研究』、前掲書、四八ページ］.
(63) OD, p. 48［邦訳：六〇ページ］／OE-II, p. 245.
(64) OD, p. 17-18［邦訳：二〇―二一ページ］／OE-II, p. 231.
(65) OD, p. 21-22［邦訳：二六―二七ページ］／OE-II, p. 233.
(66) OD, p. 22-23［邦訳：二七ページ］／OE-II, p. 234.

力関係を浮かび上がらせることなのである。それが「真理の政治」[67]についての歴史的分析を行うということであり、そこにおいて真理は歴史化され、権力の問いへと還元されることになるのだ。

要するに、系譜学の作業は歴史における真理を確定しようとするのではなく、むしろ、ある「真理」(とされるもの)の歴史的な存在条件について問うのである。そしてまた系譜学は、ひとつの言説が真か偽かを問題にするのではなく、その言説がある時代の言説的編成体、そして歴史的・批判的パースペクティヴにおいてどのようなステイタスを持っているかを標定する。その限りにおいて、系譜学は一種の「歴史的フィクション」ともなるのであり、実際、フーコーは言説は「それ自体は真でも偽でもない」[68]と述べている。系譜学にとっての問題は、言説が作りなす体制において、真理が歴史的にどのような効果を生み出しているかを明らかにすることであり、さらには「真理はそれ自体が権力」[69]であるということを示すことなのだ。

フーコーの、いわば真理を宙吊りにした歴史記述について、一九七六年のコレージュ・ド・フランスでの講義をその例として挙げておこう。彼は、この講義でクラウゼヴィッツやホッブズなどの著名なテクストを論じるのと全く同じ「文書記録」としてのステイタスで、決して有名とはいえない固有名をも取り上げ論じている。フーコーによる分析において特徴的なのは、有名無名にかかわらずあらゆるテクスト・文書記録・説話・伝説などが同じ平面上で論じられるということであり、例えばそこには、ブーランヴィリエがフランス国家創設の歴史を描く際に引き合いに出している、フランク国王クローヴィスに関する「ソワソンの壺」の伝承までもが含まれている[70]。つまるところ、研究対象たる言説そのもの(ここではクローヴィスについての伝承)が真であるか偽であるかが問題なのではなく、重要なのはその言説が戦略的な言説の布置(ここではブーランヴィリエによる国家創設の歴史)の中で何を構成しているか、という点なのである。

フーコーは例えば、ブーランヴィリエが戦争という原理に基づきながら、国家の法による構成からもろもろの力関係による構成に移行してゆく歴史を「解読子」として提示していることを指摘した上で、こう述べる。

私が理解可能性の解読子〔grille d'intelligibilité〕と言うとき、もちろんブーランヴィリエの言ったことが正しいと言っているのではありません。おそらく、彼の言ったことはどれも嘘だとひとつひとつ取り上げて示すこともできるでしょう。〔…〕反対に、ブーランヴィリエが提示した理解可能性の解読子は、真理／偽を分割する、ある体制、ある権力を設定することになったと思いますし、それはブーランヴィリエ自身の言説に当てはめることもできます。またそもそもこの体制によって、彼の言説は全体として、あるいは細部において間違いであると言うことが可能になっているのです(71)。

ブーランヴィリエの戦争についての言説の重要性は、その言説の内容よりも、むしろその言説が「新しい言説の体制」を創始したという点にある。そしてフーコーの系譜学は、そうした言説のステイタスや布置の変化を明らかにしようとするものだ。さまざまなテクストをあらゆる既成のカテゴリー付けから解放し、時にはその言説群において何が語られ、誰が語っているのかを取り出して構成し、その語る主体のステイタスが変化する瞬間を炙り出す。また時にはその言説のうちにどのような秩序が作用しているか、また言説相互のあいだにどのような力関係の磁場が生み出されているかを測量する。アルシーヴの領域で遂行される、そうした批判的解体の作業と

(67) Foucault, « La vérité et les formes juridiques » (1974), DE-II, p. 549-550〔邦訳：フーコー「真理と裁判形態」西谷修訳、『ミシェル・フーコー思考集成』、第V巻、筑摩書房、二〇〇〇年、一〇八ページ〕.
(68) Foucault, « Entretien avec Michel Foucault », art. cit., p. 148〔邦訳：フーコー「真理と権力」、前掲、二〇一ページ〕.
(69) *Ibid.*, p. 160〔邦訳：二一八ページ〕.
(70) DS, p. 132-133, p. 135〔邦訳：一五一—一五二ページ、一五四〕.
(71) DS, p. 145〔邦訳：一六四—一六五ページ〕.

学的記述との二重作業こそが、フーコーの考古学的‐系譜学的探求である。系譜学は学問＝科学の言説における真・偽というカテゴリーを超えたところである種の「フィクション」として書かれるものであり、新しい歴史の書き方なのである。「わたしは本当に歴史家などではないのです。そして小説家でもない。わたしは一種の歴史的フィクションを扱っているのです[72]」。

＊

われわれは、ここまでフーコーの系譜学の主要な特徴を検討しつつ、その二つの側面を強調してきた。第一に、権力の分析論としての側面と、第二に、真理の体制に抗する闘争の実践としての歴史記述という側面である。だが、真理が時に権力の効果として存在し、時に言説に働きかけ、選別する力として存在する以上、真理も権力と一体となって真理‐権力の支配体制を構成しているのだった。そして系譜学は、そうした全体的・包括的な支配の体制に抗する局所的な批判の実践にほかならない。それは大文字の歴史に対する介入であり、「方法」ではなく、「研究の様態」として定義されるようなものなのである。

ここまでわれわれが検討してきた「真理」と「権力」という主題は、一九八〇年代には、「道徳」という新たな主題とともにまた別の理論的布置を形成することになるだろう[73]。そして、真理、権力、道徳という三つの主題のそれぞれは、「われわれ自身の歴史的存在論」という主題と「主体性〔subjectivité〕」という概念を中心として再び問題化されるはずである。その「主体性」について、最後に考えてみなければならない。

（72） Foucault, « Foucault étudie la raison d'État » (1979), DE-III, p. 805〔邦訳：フーコー「フーコー、国家理性を問う」坂本佳子訳、『ミシェル・フーコー思考集成』、第Ⅷ巻、筑摩書房、二〇〇一年、一一四ページ〕.

（73） 本章の冒頭を参照。

第三章　主体と主体性

系譜学的研究は権力と真理が形づくる歴史的な体制を分析するが、その分析においては、そうした体制のうちで構成される主体の位置づけがひとつの軸となる。かつて「認識の主体」が哲学において（そして、かつてのフーコーの考古学において）占めていた位置が『知の考古学』に至る著作において消去されたのち、主体は権力の体系の中で形づくられる対象として、つまり「主体化＝隷属化〔assujettissement〕」というプロセスの結果として提示されることになる。主体は、創設者（つまり、そこから出発して行為者たる主体とその環境が分析され得るような、起源としての存在）であることを止め、時にはその物質的側面に還元され、時には権力のテクノロジーによって生み出される対象へと還元されるのである。『監視と処罰』において描き出されていた主体はまさにそのようなものであった。では、系譜学的探求において主体はどのように位置づけられているのか。

ここで本書の通奏低音となっている主題を思い出しておこう。フーコーの著作において、さまざまに変化しながらもここまで継続していたのは、哲学的主体の批判という主題だった。ここではまず、一九七〇年代の考古学的・系譜学的探求において主体がどのように分析されているのか、その特徴を検討しておこう。そして次に、一九七〇年代末の著作、そして「統治性〔gouvernementalité〕」や「批判」という主題をめぐるテクストを検討しつつ、主体の問題系にある種の変化が生じるさまを明らかにしたいと思う。つまり、主体は最終的に、自己自身に対する関係という視点から問題化されることになるのである。そこにおいて、自己自身に対する働きかけとして遂行される「主体化〔subjectivation〕」の問題が浮かび上がり、それが最晩年、すなわち一九八〇年代のフーコーの研究における中心的な主題となるだろう。

1　系譜学的探求における主体の批判

一九六〇—一九七〇年代の探求における主体の位置づけ

ここまでの本書の議論を、とりわけ主体という概念を中心に振り返っておこう。われわれはまず、一九五〇年代の心理学についての著作を検討しつつ、フーコーの「出発点」におけるある種の主体のイメージについて見た（本書第一部第一章）。ビンスワンガーについての論文において、主体（とりわけ、精神疾患を持つ主体）は固定的な存在としてではなく、ある動的なプロセスにおいて構成される主観性として現れていた。例えば夢の世界についての分析においては、主体は夢幻的な世界で夢を見、夢の世界を去ることで現実的で具体的な世界に再び立ち戻るのではなく、夢そのものをある具体的な経験の場として生きるのだったが、そこで主体は、夢を見る自分が属している夢の世界との弁証法的相互作用のうちで生きられる経験の果実として生み出される。つまり主体は、形而上学的ないし存在論的な実体としてあるのではなく、ある形成のプロセスによって生成するのだ。

一九六一年から六六年までの「考古学」の時代（第一部第二章・第三章）においては、主体についての記述は批判的な色彩を帯びていた。つまり、主体は主に「哲学的主体」という姿で現れており、考古学はそれを批判し、破壊することを目指していた。現象学やカント哲学に対するフーコーの姿勢はその具体的な例である。例えば、メルロ＝ポンティに代表されるようなフランス的現象学理論が、認識行為の担い手としての主体意識に重要性を与えている点を考古学は批判したのであり、構造主義的分析の援用などによって、そうした認識行為そのものが歴史的条件（アプリオリ）によって歴史的に決定されていることを示し、それによって認識の基礎そのものを批判したのだった。そうしたアプリオリについての分析によって、認識の行為を思考という行為の限界内に閉じ込める近代的な知の仕組みとしての「人間学的構造」が明らかにされた。『言葉と物』は、そうした近代的な知についての分析を通じて、主体についての批判を極限まで押し進めたと言ってもよい。つまり、哲学的主体が纏う「人間」という形象は近代のエピステーメーによる産物であり、別の知の体系――その内実を「近代」のただ中にいるわれわれは知ることができない――のもとでは消滅することが定められているというのだ。

フーコーの主体批判が大きな転換を迎えるのは、一九六九年の『知の考古学』においてである（第二部第三章）。言説の分析、アルシーヴの学としての新しい「考古学《アルケオロジー》」において、認識主体の存在そのものは分析から完全に取り除かれる。主体は言説の起源としての位置づけを否定され、言説・言説群の機能や効果によって標定される何ものかとなる。フーコーの探求において、こうして哲学的主体の概念と、そこから不可分な認識という問題系が取り除かれ、言説の領域を通して標定される、諸々の力（権力）によって構成される新たな主体のイメージが導入されることになるのだった。

そうした「構成される主体」というイメージが一九七〇年代の系譜学的研究においてもひとつの軸となるのだが（第三部第一章、第二章）、そこには視点の変更も含まれている。つまり系譜学においては、主体は「言説の主体」であるだけでなく、同時に社会の領野に固有な諸々の実践行為の主体でもある。実践の行為者としての主体は、フーコーの系譜学的研究において、以前の方法論におけるよりもより明瞭なかたちで現れ、より価値づけられているようにも思われる。それは、『知の考古学』における「主体のない」分析以後、再び主体に理論的価値が見出され、「主体（へ）の回帰」がなされたことを意味しているのだろうか。

系譜学における主体の一側面――身体について

だが、系譜学において主体が分析の主要な軸であるとしても、それは、主体が何らかの哲学的価値を帯びた研究の直接の対象であることを意味しない。ここで本題からやや脱線して、物質的・客観的側面から捉えられた主体のあり方としての「身体」の概念について考えてみよう。フーコーの考古学的－系譜学的探求は認識の主体を脱中心化し、むしろ認識の対象として構成される主体を取り扱うのだが、そうした人文科学の特権的な対象としての人間主体は、社会的・政治的な実践行為の対象あるいは行為者としての唯物的な存在、すなわち身体として取り扱われているように思われるからである。

例えば、『臨床医学の誕生』のような医学についてのテクストは、患者の身体を医者がまなざす対象、また、その内部の特定の組織に病の存在が標定される空間として描き出しているし、権力のメカニズムについての系譜学的研究は、身体を権力の目標であると同時に、そのメカニズムの機能におけるひとつの構成要素として示している（「権力の諸関係は、物質的に、身体の厚みそのもののなかを通過できる〔…〕」）[1]。その結果として、身体はフーコーの著作、とりわけ系譜学的著作のうちに、明示的あるいは暗示的に、至るところに姿を現しているのである。

しかし、フーコーが描き出す歴史の内容それ自体ではなく、フーコー自身の叙述の仕方においては、身体はひとつの明確な概念として現れるわけでもなければ、最終的に説明されるべき対象としての位置を占めているわけでもない。身体は、そこに形而上学的価値を付与することを拒否する結果として価値剝奪されているのであって、むしろ説明的機能をもった「イメージ」として常にあるのではないか。例えば、『監視と処罰』の有名な冒頭を例に挙げてみよう。十八世紀末に国王殺害を企てたダミアンの処刑の場面がそこで描かれているが、それは、責め苛まれ、切り刻まれ、火で炙られるひとつの身体についての描写である。その場面が血腥さにおいて印象的であるからこそ、ダミアンの身体は、受刑者の身体に課せられる「古典的な体刑」を説明するひとつの紋章となり得ている。かくしてこの身体の形象が、より穏やかかつ効果的な、近代的な処罰の諸技術についての考古学的・系譜学的歴史を語ってゆく叙述の糸となっている。

だが、身体を、フーコーのテクストにおいて機能している「イメージ」として見たとき、ひとつのパラドックスをここで指摘することができる。権力のテクノロジーや知の体系を分析するフーコーの多くの著作において身体が論述の中心に位置しているにもかかわらず、身体それ自身は、テクストのレヴェルにおいて奇妙に身体的現前を欠いているという点である。例えばダミアン処刑の情景は、裁判記録、当時の新聞記事、ブートン氏なる人物の証言という、それぞれにステイタスの異なる三種類の文書のモンタージュによって構成されていた。[2] こうした文書記録による再構成やある種の「演出」[3]によって、その処刑は（それが喚起する強烈なイメージにもかかわらず）人工的に構成されたストーリーであるかのような印象を与える。言うなれば、ここで語っているのはダミアンの身体そのものではなく、その身体自体は言葉を発することなく消えてゆくのだ。その意味においても、それは、古典的体刑から近代的処罰への過渡期にあって、消滅すべく定められた「受刑者の身体」を適切に象徴しているとも言える。近代的処罰への移行は「体刑の消滅」によって、そして「刑罰による抑圧の主要な標的としての身体」の消滅によって特徴付けられる、[4] とフーコーは述べているからだ。あたかもフーコーは、その消失について

（1）Foucault, « Les rapports de pouvoir passent à l'intérieur des corps » (1977), DE-III, p. 231〔邦訳：フーコー「身体をつらぬく権力」山田登世子訳、『ミシェル・フーコー思考集成』、第VI巻、筑摩書房、二〇〇〇年、三〇五ページ〕.

（2）SP, p. 9-11〔邦訳：九―一一ページ〕／OE-II, p. 263-266.

（3）F・ブーランは、『監視と処罰』における別の「演出」の例として、書物の口絵として付せられた図像を挙げている。「『監視と処罰』において、図像《イメージ》は重要な役割を果たしている。〔…〕図像がこれほど決定的であり、これほど強力にテクスト本文を「ほのめかす」例は他にないだろう」。F. Boullant, *Michel Foucault et les prisons*, *op. cit.*, p. 32-33.

（4）SP, p. 14〔邦訳：一三ページ〕／OE-II, p. 268.

語るためだけに身体を引き合いに出しているかのようだ。

一九五〇年代の研究から晩年の研究にいたるまで、フーコーは、身体についていわば間接的にしか語らなかったのではないか。フーコーにおける身体は、つねに脱中心化されているのではないか。例えば、すでに見たように、最初の著作である『精神疾患と人格』においても、ある意味においては身体が遠ざけられていた。というのも、精神疾患の原因を器質的要因に還元しようとする伝統的な生理学が批判され、病の根源は文化的・環境的要因と主体とのあいだにある「矛盾」や「葛藤」のプロセスに見出されていたのであり、(5) 身体を病の起源とするような思考は回避されていたからである。また、『言葉と物』までの考古学的著作においても、やはり身体性の現前は避けられていた。例えば、『言葉と物』における「人間」の形象は、その物質的存在によってではなく、それが知の全体的・歴史的布置のなかで占める位置によって標定されるようなものであった。そうした分析は（構造主義的方法の援用もあって）、主体性のあり方について問うものではなく、主体の生成や機能、そしてその来たるべき消滅に関するものだったのである。つまり、主体は身体的・物質的存在としては問題化されていない。

テクスト的身体

フーコーによる現象学理論の批判や「起源としての身体」の拒否に関連して明らかになったように、考古学的－系譜学的探求において主体それ自体は価値剝奪され、むしろその形成の歴史的条件を明らかにすることこそが目指されていた。だが、一九七〇年代の系譜学的探求において、主体とは同一視することのできないような、新しい身体についてのイメージが登場しているように思われる。つまり、文書記録についての考古学的分析のなかで構成される、説明的機能を持ったイメージとしての身体である。身体についての古いイメージは、哲学的な主体性に収まらない余剰を抱えたもの、つまりコギトに収まらないものをも含む「主体」を可能にしてくれるものであった、とフーコーは一九七〇年のあるテクストで述べている。「身体、それはついこの間までの思考においては、主体や自我や魂を救うための唯物論的な気取りでした」[6]。そうした古いイメージは捨てられなければならない。今や身体は、意識や反省作用を備えた「主体」として表されるのでもなければ、社会的・認識論的体系に従属した純然たる「客体」として表されるのでもない。それはむしろ、その上でさまざまな権力の効果が交差するようなひとつの場所、あるいは表面として表される。

ニーチェ的な「系譜学」の概念と連結された身体のイメージが、こうして導入されることになる。先に見たように、フーコーは「ニーチェ、系譜学、歴史」において、系譜学を「由来〔Herkunft〕」を明らかにする探究である、と規定していた。そして、系譜学における身体は、思考や知や道徳の由来の場となるのだ。

身体――そして身体にかかわるすべてのもの、食物、風土、土壌――、それは由来の場である。身体から欲望、過失、誤謬が生まれるのとまったく同じように、身体の上には過去の出来事の烙印がみられる。過去の出来事はまた、身体において結び合い、突如として姿を現す。だが身体においてまた、出来事はほどけ合い、闘争し始め、たがいに消し合い、その抑えがたい葛藤を続けていくのである。[7]

(5) Foucault, *Maladie mentale et personnalité*, *op. cit.*, p.102〔邦訳：フーコー『精神疾患とパーソナリティ』、前掲書、一八三ページ〕.
(6) Foucault, « Il y aura scandale, mais... » (1970), DE-II, p. 74〔邦訳：フーコー「騒ぎはあるでしょう、が……」西谷修訳、『ミシェル・フーコー思考集成』、第Ⅲ巻、筑摩書房、一九九九年、三九四ページ〕.
(7) Foucault, « Nietzsche, la généalogie, l'histoire », art. cit., p. 142-143〔邦訳：フーコー「ニーチェ、系譜学、歴史」、前掲論文、二〇ページ〕／OE-II, p. 1288.

フーコーの系譜学は、身体という場に読み取られる出来事の痕跡を拾い集め、身体を対象として取り囲み作用する権力のありかたを描き出すのである。

しかしながら、身体それ自体は系譜学の研究対象、つまり唯物論的な「もの」、あるいは解読すべき記号としてあるのではない。問題は、身体に残されたさまざまな痕跡を解読することで何らかの権力のあり方を再構成することではなく（それは身体の解釈学ということになるだろう）、言説や文書記録を通じて権力のテクノロジーを分析し、そうしたテクノロジーが身体や社会の「合理性」をいかに貫いているかを検討することなのである。一九七四年のあるテクストにおいて、身体と政治的問題との関係についてフーコーはこう述べている。

今では、少し前から、刑罰システムに関心を持っています。より一般的な言い方をすると、西洋の規律＝訓練の諸システムに関心を持っています。結局、少々単純なマルクス主義で言われがちなほど、政治権力はただイデオロギーばかりに作用するものではない、ということに気づきました。政治権力は、イデオロギーや人々の意識に作用する以前に、人々の身体に対してずっとはるかに物理的に行使されているのです。動作、姿勢、作法、空間の配分、住居の様態などを人間に強制する仕方、つまりこのように人々を物理的、空間的に配置するということは、身体の政治的テクノロジーに属するように思われます。(8)

系譜学においては、権力は身体を通じて作用するものであり、その身体の方は、ひるがえって権力のテクノロジーの総体が形づくる結び目のようなものとして現れる。つまり社会体〔corps social〕ないし政治体〔corps politique〕とそこで作用するテクノロジーは、人間の身体〔corps humain〕という具体的な場を通じて分析されているのだ。政治の解剖学たる『監視と処罰』における監獄の分析は、物質的諸要素と権力と知の諸テクノロジーの総体として「政治体」を主要な対象とするが、その政治体を形づくる物質的要素とテクノロジーは、同時に主体化＝隷属化〔assujetissement〕というプロセスによって人間の身体を知の対象としている。[9] だが、ここでもやはり、フーコーは「認識の主体」を無条件に前提し、そこから分析を出発させることを明確に拒絶している。

したがって、「権力‐知」のこの諸関連は、権力のシステムに対して自由であったりなかったりするような、ある認識主体から発して分析すべきものではない。そうではなく、認識する主体、認識されるべき対象、認識の様態は、逆に、権力‐知の基本的な係り合いの、またそれらの係り合いの歴史的変化の諸結果であると考えなければならない。要するに、権力に有益な知であれ不服従な知であれ、ひとつの知を生み出すのは認識主体の活動なのではなく、権力‐知、そして知‐権力を横切り、知‐権力がそれによって構成されるもろもろの過程や闘争こそが、認識の可能な形態と領域を規定するのである。[10]

あらかじめ存在する主体（人間学的な主体）をその理論から排除することで、系譜学は権力のテクノロジーによって形成される別の主体の形象を生み出している。換言するなら、系譜学にとっての問題は「主体」ではなく主体を形成するプロセス、すなわち「主体化〔subjectivation〕」なのである。

エティエンヌ・バリバールの言い方に従うなら、創設者としての主体、あるいは意味の起源としての身体という思考を遠ざけ、身体の目的論を回避するために、フーコーは「唯名論〔nominalisme〕」[11] の立場をとっているとも

（8）Foucault, « Prisons et asiles dans le mécanisme du pouvoir » (1974), DE-II, p. 523〔邦訳：フーコー「権力のメカニズムにおける監獄と収容所」嘉戸一将訳、『ミシェル・フーコー思考集成』、第Ⅴ巻、筑摩書房、二〇〇〇年、七一ページ〕、強調は引用者。
（9）SP, p. 33〔邦訳：三二ページ〕／OE-II, p. 289.
（10）SP, p. 32〔邦訳：三二ページ〕／OE-II, p. 289.
（11）バリバールは、マルクスの唯名論的な唯物主義と比較するかたちで、フーコーの唯名論について以下のように述べてい

言える。系譜学における身体は、起源としての価値、あるいは探求が最終的に向かう（そして、そこで思考停止してしまう）対象としてのステイタスを持たない、唯名的な概念なのである。

2　主体化＝隷属化の作用——主体の形成

権力の作用のうちで主体が構成されるプロセスをフーコーは主体化＝隷属化〔assujettissement〕と呼ぶ。主体は、社会的実践の領域、あるいは知の領域において、一連の客体化＝対象化〔objectivation〕と個別化＝個人化〔individualisation〕によって構成され、人間は主体を構成する権力のメカニズムのうちで自らを主体として構成するのである。そうした分析において、このプロセスをある種の「疎外」とみなし、主体が強いられている「抑圧」からの解放の可能性を模索することが問題なのではない。フーコーによれば、「人々がわれわれに話しているその人間、そして人々が解放しようと促しているその人間こそは、すでにそれ自体、その人間よりもはるかに深いところでの主体化＝隷属化の効果なのである」[12]。問われるべきは、権力のメカニズムの中での主体化＝隷属化のプロセスがどのようなものか、そしてそこにどのようなテクノロジーが作用しているのか、という点である。

だが、『監視と処罰』においては、主体化＝隷属化のプロセスの生産的な側面、すなわち主体が「自らを主体として構成する」という側面が必ずしも明確にされてはいない。ここでは、主体が規律的権力のシステムのなかで形成されることが示されてはいるが、この主体はしばしばその物質的側面に還元されて受動的な客体として扱われているのであり、自らの能動的な機能を持たない「規律化された身体」として表象されているように見える。では、それ以後の著作において、規律権力の図式、そして規律化された身体としての主体という図式の乗り越えはどのようになされているのか。

近代的権力とは何か

『監視と処罰』の翌年に刊行された著作、『性の歴史I――知への意志』（一九七六年）は、コレージュ・ド・フランスでの講義などを通じて行われてきた、権力についての理論の再構成のための作業のエッセンスをまとめたものと考えられる。だがこの著作においては、『監視と処罰』で主に扱われていた規律権力についての理論が、「生命」という新たな概念が導入されることでさらに展開されている。その点をまず見ておこう。

十八世紀以降、近代の社会に浸透した権力は、人間を「生きた身体」として捕捉するような種類の権力である、とフーコーは述べる。

> これらの権力メカニズムは、少なくともそのある部分に関しては、十八世紀以降、人間の生命を、生きた身体としての人間を引き受けてきたものである。〔そして、そうした権力の新しい仕組みとは、〕法によってではなく技術によって、法によってではなく規範化によって、刑罰によってではなく統制によって作動し、国家とその装置を越えてしまうレベルと形態において行使されるような〔ものなのである〕(13)。

る。「この〔唯名論という〕語を用いることには二つの利点がある。というのも、「歴史的唯名論」を実践するとは、ただ「性」、「理性」、「権力」あるいは「矛盾」といったもろもろの観念性を根底的に溶解させることにとどまらず、他の論者達が社会的関係の物質性から弁証法の観念性へと、常に（再び）移行してしまうなかで、身体の唯物性から生の観念性へと進んでゆくことを自ら禁じることでもあるからだ」。以下を参照。E. Balibar, « Foucault et Marx : L'enjeu du nominalisme », Coll., *Michel Foucault philosophe, op. cit.*, p. 74.

（12）SP, p. 34〔邦訳：三四ページ〕／OE-II, p. 291.

（13）VS, p. 117-118〔邦訳：一一六ページ〕／OE-II, p. 680-681、強調は引用者。

フーコーが捉えようとしている権力のメカニズムは、抑圧や禁止、さらには財の徴収や「死を与えること」といったネガティヴな原理に基づいたものではなく、生きた人間の身体を包み込み、管理統制することで生産させ、生命を維持させ、生を増大させるようなポジティヴな原理に拠るものである。それはもはや法のメカニズムのみによって語ることのできないものであり、国家やその機構を時にはみ出し、そこから離れて作用するものである。そうした権力観において、権力は「上から下に」降りてくるものではなく、社会のあらゆる領域において蠢き、衝突し合い、作用し合うミクロな力関係としてイメージされることになる。

権力という語を用いた分析は、出発点にある与件として、国家の主権とか法の形態とか支配の総体的統一性を前提としてはならないのだ。これらはむしろ権力の終端的形態にすぎない。権力という語によってまず理解すべきだと思われるのは、無数の力関係であり、それらが行使される領域に内在的で、かつそれらの組織の構成要素であるようなものだ。絶えざる闘争と衝突によって、それらを変形し、強化し、逆転させる作用＝ゲーム〔jeu〕である。(14)

そうした局所的な力関係が社会の総体を覆い尽くし、その領域を広げてゆく。十八世紀以後に西洋社会に姿を現す新たな権力とは、さまざまな力関係の集合体としての多形的権力であり、身体と生を対象とし、管理するメカニズムの総体なのである。

そうした近代的権力とそれ以前の中世的－法的権力との違いは、とりわけ、権力の影響下にある主体＝臣下〔sujet〕の生と死を捉える仕方の変化を通じて明らかになるだろう。近代以前の王権を中心とした国家権力は、時には懲罰としての「死」を人に与え、時には戦争のために臣下の生を徴発するといった具合に、「生殺与奪の権」

として行使されていた。だが、近代以降の権力は、人々の生命のあり方を管理し、（殺さずに）生きさせるようなものへと変化する。権力による介入の対象が、人間の「死」から「生」へと移行するのである。「死なせる〔*faire mourir*〕か生きるままにしておく〔*laisser vivre*〕という古い法に代わって、生きさせる〔*faire vivre*〕か死の中へ廃棄する〔*rejeter dans la mort*〕という権力が現れた、と言ってもよい[15]」。

権力についての新たな問題構成

以上のような近代的権力の分析は、『監視と処罰』における規律的権力についての議論をさらに延長し明確化したものだが、それは同時に、新たな権力論への橋渡しでもある。というのも、『知への意志』においては、権力作用がそれに向けて機能する対象を指し示すために、それまでの規律的権力についての議論とは異なる、新たな問題構成が登場しているからである。それは、人間主体をその個別的な形態においてではなく集合的に扱う概念の導入であり、フーコーが「生権力〔bio-pouvoir〕」と呼ぶ新たな権力のメカニズムの対象として浮上する「人口〔population〕」という概念がその一例である。

そうした集合的な図式の導入による権力論の変化について、重要と思われる二つの点を指摘しておこう。まず第一に、新たな図式において、権力の目標・対象となるのは個別的な主体、つまり現実的・物質的存在としての個人に限られない。個人の身体は権力の作用における重要な作動拠点であることは間違いないにしても、作用の分析のスケールそのものが個人的な主体の枠をはみ出しており、個人の身体や性といったものについての唯物論

（14）VS, p. 121-122〔邦訳：一一九ページ〕／OE-II, p. 682-683.
（15）VS, p. 181〔邦訳：一七五ページ〕／OE-II, p. 718.

的思考によってそれを捉えることはできない。第二に、個人という枠組みが外れることで、個人と権力との対立――あるいは戦い――という図式も乗り越えられている。『監視と処罰』での規律社会における主体の分析、つまり「服従する主体」や「隷属する個人」を構成する諸技術の分析は、個人の存在が理論の基礎になると同時に抵抗の拠点ともなり得ていたという意味で、主体を構成するシステムとしての「人間学」の図式から完全に抜け出してはいなかったように思われる。だが『知への意志』以後、「あるひとつの社会における錯綜した戦略的状況」[16]としての権力は個人の枠組みを超えたところで機能し、主体と権力との対立が生じうる場を生み出すことになる。ミシェル・スネラールは、『監視と処罰』以後のフーコーには「対立という語を用いた権力の批判を乗り越え、七〇年代の極左によって用いられた戦争のモデルから逃れようとする努力」[17]が見られる、と指摘している。こうして、追って検討するような、「統治性〔gouvernementalité〕」という新たな問題系が導入されることになるのである。

『知への意志』は新たな権力についての理論を提示するのだが、それは権力のメカニズムのなかで形成される主体についての新たな理論化の試みでもある。フーコーはここで主体についての唯名論的思考を押し進め、主体についての静的なイメージをまたしても退けることになるだろう。すなわち、主体は権力に従属した状態〔sub-jectum としての様態〕において分析されるのではなく、フーコーが「主体化〔subjectivation〕」と呼ぶ動的なプロセスにおける、能動的な機能が明らかにされるのである。

3 「統治」の分析

では、個人的主体の存在を前提としていた「規律権力」の図式から、主体を唯名論的・動的なヴィジョンから論じようとする「統治性」の図式への変化によって何がもたらされることになるのか。一九七八年のコレージュ・ド・フランス講義においては、『知への意志』に登場した「生権力」の概念を展開するかたちで、権力の新たな分析の図式が提示されている。そしてそれは同時に、外部の構成的な諸力に直面することで自らを構成する主体についての理論でもある。権力についての思考におけるこうした新たな要素については、主に次の二つの点を強調しつつ、その意義を確認しておきたい。まず、権力という問題が国家的・法制度的な枠組みを超えた、ひとつの複合的・包括的な「戦略的状況」として捉えられるようになったこと。そして次に、そこでの主体は、必ずしも権力の体制に服従するものではなく、自らを構成する主体として捉えられるということである。そこにおいては「抵抗」という主題が、権力に対峙する関係としてではなく、むしろ主体を構成する本質的な要素として現れてくることになるだろう。

統治性

すでに見たように、フーコーの新たな権力についての理論においては、さまざまな装置や機関を通じて行使されるネガティヴな作用としての国家権力ではなく、集団としての人々の生命を管理し、社会における生産活動をコントロールしてゆく権力が問題となるが、そこでキーワードとなるのが「統治〔gouvernement〕」[18]である。フーコーが一九七八年にコレージュ・ド・フランスでおこなった講義「安全・領土・人口」を中心に、その議論を

(16) VS, p. 123〔邦訳：一二〇―一二一ページ〕／OE-II, p. 683.
(17) M. Senellart, « Michel Foucault : « gouvernementalité » et la raison d'État », Coll., *La Pensée Politique 1 : Situations de la Démocratie*, Gallimard-Seuil, « Haute Études », 1993, p. 280-285.
(18) Michel Foucault, *Sécurité, territoire, population : Cours au Collège de France. 1977-1978* [STP], EHESS-Gallimard-Seuil, « Hautes Études », 2004

追ってみよう。フーコーによれば、十六世紀のさまざまな理論において、統治という概念は「自己の統治」(ストア主義への回帰)、「子どもの統治」(教育法の問題)、「君主による国家統治」(政治の問題)といった側面から取りあげられるようになった。[19] 中世的な封建的な諸構造が解体されてゆく時期、そして宗教改革と反宗教改革(対抗宗教改革)の時期、国家を集中化し、宗教的な救済のあり方を問い直すという問題が当時の政治的言説を支配していた。そこで問われたのが、「どのように、誰に、どこまで、何の目的で、どのような方法で統治されるべきか」という問題だったのだという。

その政治の領域における発現が、一人一人の個人ではなく、ある集合的な生命としての「人口」を対象として機能する「統治」という問題だった。フーコーは統治のメカニズムが登場する最初の時点を、マキャヴェッリの『君主論』を同時代から批判していた「反マキャヴェッリ文献」のうちに見出している。マキャヴェッリの理論においては、君主は自分の領国に対して超越的・外在的な存在である。つまり、君主は領国と根本的・本質的・法的な帰属関係によって結びついているのではなく、ただ強大な主権者として物理的な力によって国を支配しているのに過ぎない。だからこそ君主は、他の国々の君主たちという「外部の敵」だけでなく、君主から主権者の座を奪い取ろうとする「内部の敵」をも制圧しなければならないのであり、そのために君主に必要な術を指南するのが『君主論』にほかならない。だが、反マキャヴェッリ文献は、そうした君主のイメージに異を唱える。

大まかに言えば、明白にせよ暗黙にせよ反マキャヴェッリ的なあの諸論考から透けて見えてくるマキャヴェッリ『君主論』は、本質的に、自分の領国を保守する君主の巧みさに関する論考として現れてくる。反マキャヴェッリ文献はまさに、君主のこの巧みさやノウハウに関する論考の代わりに何か別なものを立てようとしているのだと思います。そのようなかつての論考と比べて何か新しいもの、つまり統治術を立てようというのです。[20]

マキャヴェッリの君主のイメージ、そしてそこから派生する国家のイメージは、内部・外部の敵を退けて自己保存を図る主権者、そしてその装置としての国家であった。十六世紀に登場した反マキャヴェッリ文献はマキャヴェッリの理論をそのように理解し、それとは異なる別の君主と国家の理論を打ち出そうとしていた。フーコーはいくつかの反マキャヴェッリ文献を論じながら、その主張をこう要約している。

> 国家を統治できるようになりたいと思う者はまず自己統治できなければならない〔…〕。そしてまた別の水準では、自分の家族・財産・領地を統治できなければならない。そして最後に国家を統治するに至る。このようなたぐいの下から上へという線が、当時かくも重要だったあれらすべての君主の教育法を特徴付けることになります。〔…〕君主の教育法においても内政においても本質的な部分、中心的な要素はこの家族の統治なのです。そして家族の統治はまさしく「経済」と呼ばれるのです。これらすべての文献に現れている統治術は、本質的に言って次の問いに応えるべきものです。どのようにして国家の管理の内部に経済を導入するか？〔…〕政治的実践の内部に経済を導入すること、これこそが統治の本質的目標になると私は思います。〔…〕つまり、国家を統治するとは経済を作動させること、国家全体という水準でひとつの経済を作動させることだということになります。つまり、住民や富や万人の操行に対してある形式の監視・制御を行使する

〔邦訳：フーコー『安全・領土・人口——コレージュ・ド・フランス講義一九七七—一九七八年度』高桑和巳訳、筑摩書房、二〇〇七年〕.

(19) STP, p. 92〔邦訳：一一〇—一一一ページ〕.

(20) STP, p. 95-96〔邦訳：同前、一一四—一一五ページ〕.

ということです。それは、家族や財産に対して一家の父がおこなう監視・制御におとらず注意深いものとなる。[21]

反マキャヴェッリ的な議論においては、国家を統治することとは、法によって禁止したり命令したりすることで人々を支配することではない。そうではなく、「人口」という集合的なオーダーで考えられた人々、そしてさらには社会の物事を経済的原則に沿って処置することなのである。主権者が法を道具として主権を行使するという古い権力のモデルに代わって、統治のメカニズムが、さまざまな戦略を通じて「統治の対象」を導くというモデルが登場する。そして、フーコーはそうした統治に関わる技術や戦略の総体を「統治性」と呼ぶのだが、その「統治性」という語は三つのものを意味している。

この「統治性」という単語で私が言わんとするのは、〔第一に、〕人口を主要な標的とし、政治経済学を知の主要な形式とし、安全装置を本質的な技術的道具とするあの特有の（とはいえ非常に複雑な）権力の形式を行使することを可能にする諸制度・手続き・分析・考察・計算・戦術、これらからなる総体のことです。第二に「統治性」とは、西洋において相当に前から、「統治」と呼べるタイプの権力を主権や規律といった他のあらゆるタイプの権力よりたえず優位に操導してきている傾向、力線のことです。これは一方では、統治に特有のさまざまな装置を発展させ、他方ではさまざまな知をも発展させたものです。そして最後に「統治性」とは、中世における司法国家（十五―十六世紀に行政国家となったもの）が徐々に「統治性化」されたプロセス（というかプロセスの結果）を指すものでなければならないと思います。[22]

こうして導入された統治性という図式、そしてそこで作用する新たな権力作用についての分析は、『監視と処罰』で分析されていたような規律権力の図式を完全に変更するものではないが、その一部を否定してもいる。例えば一九七八年一月十八日の講義において、フーコーは、『監視と処罰』での記述を暗に参照しつつ、十八世紀において自由主義思想と自由を制限する規律的技術が同時に並列していたことを強調したのは正確ではなかった、と述べている。[23] 統治という視点から見るなら、権力は自由を「制限する」ようなものではなく、むしろ逆に、統治の諸技術は、その機能のために個人の自由を必須の条件とするのである。

権力の物理学——自分は自然という境位における物理的活動であって、各人の自由を通じ、各人の自由に依拠してのみ働きうる調整〔regulation〕であると考える権力——ここには、何か絶対に根本的なものがあると思います。[24]

こうした権力観のうちには、明らかに視点の転換が見られる。警察や法などの制度に依拠する権力ではなく、それらの諸制度の基礎的条件として機能するような「自由」を実現する権力。フーコーがこうして導入するのは、そうした種類の権力を分析するための、全く新しい解読格子なのである。

(21) STP, p. 97-98〔邦訳：同前、一一六—一一八ページ〕、強調は引用者。
(22) STP, p. 111-112〔邦訳：一三二—一三三ページ〕.
(23) STP, p. 50〔邦訳：五八—五九ページ〕.
(24) STP, p. 50〔邦訳：五九ページ〕.

「自由主義的《リベラル》」な権力とその分析

そうした新たな権力の特徴はどのようなものか。そしてそれは、かつて分析されていた規律権力とどのように異なるのか。規律のメカニズムと、統治における介入のメカニズムとしての「安全の装置《セキュリティ》」を比較して、フーコーは以下のような三つの相違点を挙げている。(25)

(一) 規律型権力が「求心的」なのに対して、安全の装置は「遠心的」である。規律はひとつの空間を分離し、そのなかで権力の諸メカニズムを完全に機能させるのに対して、統治の諸装置は絶えず新たな要素を統合して拡大し、より広範囲にわたる回路を組織してゆく。

(二) 規律は、規律に対するどんなに小さな違反も見逃さず摘発してゆくのに対して、統治の装置はある種の自由のレヴェルを設定して放任する。

(三) 合法性のシステムとしての規律は妨害、禁止などの否定的な形態で介入するのに対して、安全の装置は物事の「現実」や「本性」に即して制御・管制する。つまり、前者が避けるべきあらゆる事柄を想定して「想像的《イマジネール》なものにおいて働く」のに対し、後者は「現実において働こうとする」のである。

「統治性」における権力は、規律型の権力とは異なり、生産的でポジティヴな性質を持ったメカニズムである。こうした「自由主義的な《リベラル》」権力についての考察を通じて、フーコーは従来の権力についての図式に時に変更を加える。例えば、『監視と処罰』における規律権力のモデルとされていた「一望監視装置《パノプティコン》」の図式についても、新しい権力のモデルには合致しないものとされるだろう。(26) パノプティコンがひとりの個人のささいな振る舞いまでも見逃さない装置であるのに対して、自由に基礎を置く統治の技術は、必ずしも個々の主体を個別的に捕捉するものではなく、人間の集合をゆるやかに管理し、その全体の動きを緩やかに統御する。こうして、権力の分析においても、「規律に従って服従する主体」はもはや分析の中心ではない。

　では、権力についてのそうした新たな探求は何を目指したものなのか。それが系譜学的探求にもたらすものは何か。一九七八年二月八日の講義において、フーコーは「統治性」の問題系によってもたらされる方法論的ないくつかの側面を説明している。そうした問題の立て方によって、方法論的なある変化を導入し、それまでの規律についての分析から「外に出る」ことが必要なのであり、それは具体的に次のような三つの「移動〔déplacements〕」として現れる[27]。まず、「制度」の外に出て、社会全体を対象とする「権力のテクノロジー」についての包括的な視点を導入しなければならない。第二に、制度の「機能」についての歴史的・現実的なレヴェルでの分析から、その機能のあり方の背後にある、包括的な「戦略と戦術」の分析へと移行しなければならない。第三に、すでに存在する「対象」についての単なる探求から、その対象の領域を作りだす動的なメカニズムの分析へと移行しなければならない。ここで表明されている点から、『監視と処罰』に対する部分的な自己批判にもかかわらず、フーコーがやはり考古学的・系譜学的方法の原則を維持していることを確認することができるだろう。というのも、その探求において、「現実」（制度や実践についての歴史的現実）の分析を最終的な対象とすることを退けている点において、権力についての系譜学的分析における「唯名論」の原則がやはり維持されているからである。ここでも、『知の考古学』において表明された「「物」をなしで済ませる[28]」という方針は堅持されているのであり、

（25）STP, p. 46-49〔邦訳：五四―五七ページ〕.
（26）STP, p. 68〔邦訳：八一―八二ページ〕. また、以下を参照。M. Senellart, « Michel Foucault : « gouvernementalité » et la raison d'État », art. cit., p. 296.
（27）STP, p. 120-122〔邦訳：一四四―一四七ページ〕.

「系譜学は歴史的現実を対象としたものである」という単純な見方はやはり退けられなければならない。フーコーの分析はむしろ、権力の多様な戦略的布置における「実践」のレヴェルを、それが言説編成の分析によって標定される限りにおいて明らかにしようとするものである。

4　統治のもうひとつの側面——批判と啓蒙

統治と統治性をめぐるフーコーの議論は、本書の主題のひとつである「主体」の問題から遠いものにも見えるが、別の側面から見たとき、その議論は主体の問題系に直接関わるものであることが明らかになる。フーコーが論じている「統治」とは、そこから人が逃れられない固定的で包括的な体制なのではなく、諸々の多様な力の関係が織りなすものである。そして、その力の関係には逆転の可能性さえ含まれており、一種の「反‐権力」、より正確には「対抗‐権力」とでも言えるものがそれによって可能となるのだ。新たな権力理論としての統治についての探求が導入するのは、かつての規律的権力の分析には不在だった、力の反転という視点にほかならない。

対抗‐操行

その例として、「安全・領土・人口」の講義において、ある抵抗のあり方が分析されている部分を見てみよう。フーコーは、統治の最初の形態としてのキリスト教的司牧について分析しつつ、司牧に対する抵抗という現象を論じている（一九七八年三月一日の講義）[29]。司牧は人々の「操行＝教導〔conduire〕」を目標としたひとつの権力であり、他方、それに付随するかたちで抵抗ないし服従の拒否の運動が存在したのだが、そうした運動が目指していたのは「別の操行＝教導」、すなわち「他のやりかたで操導されることを欲する」ことだった。[30]司牧に対する抵抗の仕方とは、制度を完全に転覆させることや制度の外への逃避を目指すようなものではなく、別の導き手によって別の目的に向かう、あるいは別のかたちの救済を目指す等々、「別の統治のあり方」を求めるという点において特徴的である、とフーコーは言う。

十八世紀以降、司牧の機能が統治性の働きのうちに組み込まれるようになると、統治の作用とそれに対する抵抗はもはや宗教的制度の領域ではなく、政治的制度の領域において生じることになる。フーコーはそうした抵抗の場およびその実例として、軍隊（戦争することの拒否）、秘密結社（社会規範の外での別の操行の可能性）、医学的実践（ある種の治療を受けることの拒否）という三つを挙げている。[31]そうした「反－操行（対抗－操行）」は、権力との直接的な対決としての政治的革命とは区別されるような、「他者たちを操導するために作動させられる諸手続きに抗する闘争」[32]であり、ある種の「不服従」ないし「服従拒否」なのである。

一九七七―七八年度とその翌年度の講義でわずかに触れられたにとどまる以上のような「反－操行」の理論は、統治を単純に拒否することを意味するのではないし、また制度として存在している権力と直接的に対峙すること

（28） AS, p. 65〔邦訳：九四ページ〕／OE-II, p. 50.
（29） フーコーは一九七八年に行われた講演において、国家の統治はキリスト教的司牧を直接に引き継いだものであると述べている。以下を参照。「司牧は、厳密に宗教的な形においては権力としての本質的な部分を失ってしまったが、しかし、近代国家の中に、新しい支えと姿を変えて生き延びる原理とを見出したのだと言える」。Foucault, « La philosophie analytique de la politique » (1978), DE-III, p. 551〔邦訳：フーコー「政治の分析哲学」渡辺守章訳、『ミシェル・フーコー思考集成』、第Ⅶ巻、筑摩書房、二〇〇〇年、一三七ページ〕.
（30） STP, p. 197-198〔邦訳：二四〇―二四一ページ〕.
（31） STP, p. 201-203〔邦訳：二四四―二四六ページ〕.
（32） STP, p. 205〔邦訳：二四八ページ〕.

を意味するのでもない。フーコーが司牧に対する不服従の運動、そして司牧から統治性への移行を論じつつ強調しているように、不服従はまた、別の統治のあり方を創出する原動力ともなる。近現代に繰り返される国家に対する批判が「自由主義」という別の種類の統治の形態を生み出し、やがてはそこに統合されてゆくように、ある種の批判ないし抵抗が新たな統治――その「良し悪し」はまた別の問題だが――を生み出すのである。

批判とは何か

だが、そうした「抵抗」について、ある社会なり集団なりの全体的な運動としてではなく、個人のレヴェルで語ることはできるのだろうか。「反‐操行」を、集合的で匿名的なものとしてではなく、ある主観的な決定による実践として考えることはできるのだろうか。つまり、それを歴史的な現象としてではなく、ある主体の態度のようなものとして想定することはできるのだろうか。上記の講義ではそうした点については触れられていないが、同じ一九七八年にフランス哲学学会で行われた発表において、統治性に対する批判という問題が詳しく論じられている[33]。

フーコー自身の手によるものではない「批判とは何か」というタイトルを付されて没後に刊行されたこの講演は、コレージュ・ド・フランスの講義において論じられていた「統治」と「反‐操行」の問題を導入するところから始まる。十六世紀のヨーロッパにおいて、政治の領域で統治の技術が増大したのに伴って、「いかにして統治されずにいられるか」という問いが現れ、それが一種の「批判的な態度」を構成することになった[34]。そしてこの講演においては、「完全には統治されないでいるという技術[35]」としてのそうした態度は、ある種の「自己に対する関係」として問題化されることになる。

〔…〕「統治されることを望まない」ということは、〔…〕何らかの権威が本当のことであると主張することを、本当のこととしてうけいれないことです。少なくとも、権威が本当だと言っているから、という理由でそれをうけいれないことですし、自分で考えてみて、うけいれるべき十分な理由があると考えないかぎり、うけいれないことです。(36)

批判的態度とは、まず何よりも、ある主体が、「統治されることを本当に受け入れようと欲するべきかどうか」を自らに対して問いかけ、吟味する行為なのである。それは、統治を一律に拒否したり攻撃したりすることではなく、主体が権力－知の体制とのあいだに関係をとり結ぶことを意味する。「〔…〕批判の中心的な場とは本質的に、権力と真理と主体の三つをたがいに結びつけ、ひとつのものを他の二つのものと結びつける関係の〈束〉となるものなのです(37)」。そして、批判が統治について吟味する行為である限りにおいて、それはまたある種の主体化＝隷属化の形態に対する抵抗であり、また自らを別の仕方で主体化しようとする営みでもある。

統治化〔gouvernementalisation〕が、真理であることを主張する権力のメカニズムによって、社会的な実践の現実それ自体のうちで個人を服従させるような運動であるならば、批判とは、主体がみずからに、権力として

(33) Foucault, « Qu'est-ce que la critique ? » (1978), *Qu'est-ce que la critique ? suivi de La culture de soi, op. cit.*, p. 33-80〔邦訳：フーコー「批判とは何か——批判と啓蒙《アウフクレールング》」、『わたしは花火師です——フーコーは語る』、前掲書、六九—一四〇ページ〕.
(34) *Ibid.*, p. 36-37〔邦訳：七六—七七ページ〕.
(35) *Ibid.*, p. 37〔邦訳：七七ページ〕.
(36) *Ibid.*, p. 39〔邦訳：八〇ページ〕、強調は引用者。
(37) *Ibid.*, p. 39〔邦訳：八〇—八一ページ〕.

の効果という観点から真理について問う権利と、真理の言説という観点から権力について問う権利を与える運動なのだ、と言いたい。批判とは、自発的不隷従の技術であり、熟慮のうえの不従順という技術なのです。批判とは本質的に、一言で言うなら真理の政治学とでも呼べるゲームにおける、脱‐隷属主体化〔désassujettissement〕の機能を果たすことにもなるでしょう。(38)

フーコーは批判の営みを、カントが啓蒙について与えた定義に重ね合わせている。カントにおいて、啓蒙とは、自分自身の現在性《アクチュアリティー》について問いかける主体の「知への勇気」であり、未成年の状態を抜け出るための努力である。そうした啓蒙の問いによってカントが明らかにしようとするのは「権力と真理のゲームからの脱‐隷属主体化」(39)の可能性であり、認識の限界を知ろうとするカントの「三大批判」のプロジェクトは、啓蒙のためのプロレゴメナなのだ、とフーコーは言う。だが、カント哲学それ自体は、そうした「歴史的‐哲学的」な批判的分析という可能性を押し進めることはなく、最終的に啓蒙の問題を「認識」の問題として提起するにとどまった。(40) こうしたカント哲学およびその影響下に成立した思考の数々――「カント主義」――についての評価のうちに、フーコーは一九六〇年代に行ったカント批判（『人間学的構造』の批判）を延長しているが、その批判は同時に、自らのかつての考古学的方法についての回顧的・批判的なまなざしを含んでいると考えることもできる。つまり、かつての（『言葉と物』までの）考古学は、すでに見たように、「カント批判」という枠組みに自ら捉えられていたがゆえに、その知の歴史的諸条件についての分析も認識という問題系を離れうるものではなく、結果としてカント的思考の枠組みを超えうるものではなかった。そうした古い考古学的方法をいかにフーコーが乗り越えようと試みたか、ここまで見てきた通りだが、その過程で新たに練り上げられた系譜学を通じて、フーコーは再びカントに出会ったのだとも言える。

いずれにせよ、ここでのフーコーの問いは、啓蒙の思考を、自らの批判的思考のうちに捉え直すことであり、カントから出発して、しかしその思考を別の方向へとずらすことで、批判的探求の新たな可能性を明らかにすることなのである。

〔…〕認識の歴史的様態についての正当なる吟味というかたちをとった分析手続きだけでなく、もっと別の分析手続きを考えてみることができるかも知れません。この手続きはそのための入り口として、啓蒙を認識の問いとしてではなく、権力の問いとして検討するものとなるでしょう。(41)

そしてフーコーは、そうした新たな探求の具体的なあり方として、「知と権力の結び目」についての新たな分析を描き出すのであり、それは「考古学的」、「系譜学的」、「戦略的〔stratégique〕」という三つの次元を持つことになる。(42)この講演でこの後に語られる三つの次元を持つ分析は、実質的に一九七〇年代の系譜学的探求を指しており、その内容についてはここで繰り返すには及ぶまい。とはいえ、いくつか付け加えておかなければならない点もある。

(38) *Ibid.*, p. 39〔邦訳：八一ページ〕、強調は引用者。なお、「自発的不隷従〔inservitude volontaire〕」とは、言うまでもなく、エティエンヌ・ド・ラ・ボエシの「自発的隷従〔servitude volontaire〕」という概念のもじりである。以下を参照。エティエンヌ・ド・ラ・ボエシ『自発的隷従論』山上浩嗣訳、ちくま学芸文庫、二〇一三年。
(39) *Ibid.*, p. 42〔邦訳：八五ページ〕.
(40) *Ibid.*, p. 50-51〔邦訳：九九―一〇〇ページ〕.
(41) *Ibid.*, p. 51〔邦訳：一〇〇―一〇一ページ〕.

批判のプロジェクトと啓蒙

まず、「批判とは何か」における、カント哲学に対する見方の変化を指摘しておかねばならない。一九六〇年代のフーコーは、カントの批判（経験的なものと先験的なものの区別）が、思考の人間学的構造（哲学の領域が先験的主体性のうちに閉じ込められること）へと後退してしまった点を批判していた。だがここでは、カントの思考を別様に解釈することで、その新たな可能性が見出されている。つまり、カントの重要性は批判の思考よりも、むしろ歴史についての考察にあるというのであり、それはカントのテクストを、自らが生きる時代に対する批判的態度という問題の「現出点」[43]——フーコーがニーチェの系譜学を論じる際に用いた語を想起するなら、Entstehung ということになる[44]——として読むということなのである。そしてフーコーは、一九七八年の講演において、そうした批判的態度のうちに、西洋の哲学において初めての「脱主体化」（主体化への抵抗、別の主体化のあり方の模索）の試みを読みとったのである。

この講演と同じ時期（一九七八—七九年）、フーコーは他のテクストにおいて、カントにおける啓蒙の問いについて何度か言及している[45]。フーコーにとってカントは自らが属する時間、自らのアクチュアリティーについての問いを初めて提起した哲学者なのであり、カントの啓蒙についてのテクストは、同じ問題について扱ったメンデルスゾーンのテクストとともに、歴史やアクチュアリティー、合理的思考が行われる場所について問いかける「哲学的ジャーナリズム」[46]を創始したのである[47]。カント以後、そうした合理性についての歴史的批判は認識の領域においてのみ引き継がれてゆくが、それは二つの種類の批判的思考を産むことになった、とフーコーは述べる。ひとつはドイツにおけるヘーゲル左派、ヴェーバーやフランクフルト学派に見られるような社会についての歴史的・政治的思考であり、もうひとつは、フランスにおける、カヴァイエス、バシュラールやカンギレムのような、科学についての歴史的認識論である[48]。

言うまでもなく、フーコー自身の批判的探求はその前者よりは後者の道筋に近い（フーコーが自らをカヴァイエス＝カンギレムの系譜に連なるものと考えていたことを思い出そう）。そうした方向性は、フーコーの言う「合理性の批判」という表現について考えてみればおのずと理解されるだろう。フーコーにとって「合理性の批判」とは、ヴェーバーやフランクフルト学派の思想家たちが試みるような、「理性の審判」や「合理化の批判」を意味しているのではない。フーコーにとっての問題は、合理性そのものではなく、その権力との関係なのである。

> 啓蒙に端を発し、近代文明に特有と思われるこの種の合理主義を研究しようとするべきだろうか。フランクフルト学派のある人々がとった方法はそれだった。〔…〕しかし私の目的はそれについて論議を始めること

(42) *Ibid.*, p. 53-57〔邦訳：一〇五―一一二ページ〕.

(43) コレージュ・ド・フランスにおける一九八三年一月五日の講義。以下を参照。Michel Foucault, *Le gouvernement de soi et des autres : Cours au Collège de France. 1982-1983*, EHESS-Gallimard-Seuil, « Hautes Études », 2008, p. 15〔邦訳：フーコー『自己と他者の統治――コレージュ・ド・フランス講義一九八二―一九八三年度』阿部崇訳、筑摩書房、二〇一〇年、一九ページ〕.

(44) 以下を参照。Foucault, « Nietzsche, la généalogie, l'histoire », art. cit.〔邦訳：フーコー「ニーチェ、系譜学、歴史」、前掲論文〕.

(45) 以下を参照。Foucault, « Introduction par Michel Foucault », art. cit., p. 429-442〔邦訳：フーコー「フーコーによる序文」、前掲論文、三―一九ページ〕; Foucault, « Pour une morale de l'inconfort », art. cit., p. 783-787〔邦訳：フーコー「居心地の悪さのモラルのために」、前掲、八〇―八八ページ〕; Foucault, « Postface » (1980), DE-IV, p. 35-37〔邦訳：フーコー「あとがき」栗原仁訳、『ミシェル・フーコー思考集成』、第Ⅷ巻、筑摩書房、二〇〇一年、一八三―一八六ページ〕.

(46) Foucault, « Introduction par Michel Foucault », art. cit., p. 431〔邦訳：フーコー「フーコーによる序文」、前掲論文、六ページ〕.

(47) 以下を参照。Foucault, « Pour une morale de l'inconfort », art. cit., p. 783〔邦訳：フーコー「居心地の悪さのモラルのために」、前掲、八〇―八一ページ〕.

(48) Foucault, « Introduction par Michel Foucault », art. cit., p. 431-3〔邦訳：フーコー「フーコーによる序文」、前掲論文、六―八ページ〕; また、以下を参照。Foucault, « Qu'est-ce que la critique ? », art. cit., p. 44-46〔邦訳：フーコー「批判とは何か――批判と啓蒙《アウフクレールング》」、前掲、八七―九二ページ〕.

ではない。むしろ私は、合理化と権力のつながりを探究する別の方法を提案したい。[49]

権力と統治をめぐるフーコーの思考に拠るなら、理性を社会や文化全体を包括するひとつの全体性として考えてはならないし、理性を非理性の反対として捉えるような二項対立の図式も退けなければならない。つまり、「合理化＝理性化」という包括的なひとつのプロセスを想定するのではなく、狂気や犯罪、性といった、さまざまな社会的・文化的な「根本的経験」の領域における「個別的な合理性」のあり方を分析しなければならないのである。[50] フーコーによる合理性の批判は、ドイツ的な理性批判の伝統に沿ってではなく、むしろフランス的なエピステモロジーの仕方で行われる。つまり、合理性を社会システムにおける全体性としてではなく、局所的で個別的な実践として扱うのであり、フーコーの批判的思考は、個々の局所的実践にとっての歴史的に決定された原理としてある合理性についての批判なのである。

こうしたフーコー的批判は、考古学的・系譜学的探求の方法的練り上げとともに形成されていったことを改めて確認しておこう。例えば『狂気と非理性』は、「理性の体制」対「非理性」という社会や文化全体を二色で塗り分けてしまう図式に基づいており、西欧文化の全体的な形式としての合理性の告発という色彩を帯びていたことは否定できない。その分析が「狂気の位置づけ」という、局所的に見えなくもない問題を扱っていたとはいえ、そこでの考古学的分析は、構造の概念を援用したこともあって、文化の「根源的選択」のようなひとつのシステムについての全体的・包括的な分析に傾いていた（『言葉と物』におけるエピステーメーの概念についても同じことが言える）。フーコーが（包括的ではない）局所的な批判の必要性を強調するようになったのは、エピステーメーの定義の変更などに見られたように、[51]『知の考古学』を境とする方法的断絶以後のことと考えられるが、その背景には、国家、社会、狂気等々の「普遍概念〔les universaux〕」の存在をアプリオリには認めないという原理が確固として存在している。[52]「批判とは何か」において表明された「批判」は、フーコーの方法的な練り上げによって生み出された原理なのである。
いずれにせよ、系譜学的分析のうちで行われる批判の営みは、さまざまな「実践」によって描き出される局所的領域で作用する合理性についての批判であり、合理性の体系の内部で遂行される合理的で局所的な活動なのである。勿論、そうした批判のイメージは、フーコーが一九七五―七六年度の講義で述べたような系譜学の定義、すなわち「反‐科学」あるいは「知の反乱」という定義と重なり合う。[53] だがフーコーによれば、それはカント以来の哲学に課せられた一種の責務でもあるのだ。

カント以来、哲学の役割とは、理性が経験のなかで与えられているその限界を越えないようにすることだったのです。しかし、一方でその時期にはもうすでに――つまり近代国家の発展と社会の政治的組織化が進むにつれ、ということですが――、哲学は、政治的合理性なるものの濫用を監視する役割も担うことになっていたのです。このことによって、哲学の寿命はかなり延びることになります。[54]

（49） Foucault, « Le sujet et le pouvoir », art. cit, p. 225〔邦訳：フーコー「主体と権力」、前掲論文、一三ページ〕.
（50） *Ibid.*, p. 225〔邦訳：同前、一三ページ〕. また、以下を参照。Foucault, « Postface », art. cit., p. 36〔邦訳：フーコー「あとがき」、前掲、一八五―一八六ページ〕.
（51） 本書、第二部第三章を参照。
（52） 以下を参照。Foucault, *Naissance de la biopolitique : Cours au Collège de France. 1978-1979*, EHESS-Gallimard-Seuil, « Hautes Étu-des », 2004, p. 4-5〔邦訳：フーコー『生政治の誕生――コレージュ・ド・フランス講義一九七八―一九七九年度』慎改康之訳、筑摩書房、二〇〇八年、四―六ページ〕.
（53） 以下を参照。DS, p. 10〔邦訳：一二ページ〕、また、本書、第三部第二章。
（54） Foucault, « « Omnes et singulatim » : vers une critique de la raison politique » (1981), DE-IV, p. 135〔邦訳：フーコー「全体的なものと個的なもの――政治的理性批判に向けて」北山晴一訳、『ミシェル・フーコー思考集成』、第Ⅷ巻、筑摩書房、二〇〇一年、

カント哲学に対する見方が、一九六〇年代のそれと根底的に変化していることが再び確認できるだろう。カントの名は「批判」との関連において召喚されるが、もはやその批判とは、理性の限界を画するという意味での理性批判を意味するのではなく、啓蒙と対になる理性の活動、そして系譜学的探求としての哲学という営みを意味するのだ。

フーコーの思考に以上のような「批判－啓蒙」のプロジェクトが明確に浮上してきた年として、また、「統治性」をめぐる探求が開始された年として、一九七八年はある種の「転回」の年と言えるのかも知れない。「統治」概念による生産的な権力についての分析が始まったという点において、フーコーの系譜学は新たな展開を迎えた。だがそれ以上に、ここで思考の新たなパースペクティヴが切り拓かれた点を強調しておかねばならない。つまり、権力ないし統治のメカニズムに対する、主体の側からの対抗的アクションあるいは「抵抗」が初めて理論化されたのである。啓蒙の概念と対になることによって、批判の営みは同時に主体化の行為ともなるのであり、その点については追って立ち戻ることにしよう。カント哲学についての読み方の変化とともに、フーコーの思考は抑圧的・規律的な権力の批判的分析という段階を超え、統治性と主体性との関係という、新たな領域へと踏み込んでゆくことになる。

5　主体化と統治性

統治と主体性

「統治性」という概念がフーコーの探求にもたらしたものについて、ここでまとめておこう。まず、その概念の導入によって、「歴史的現実」としての諸制度の分析に囚われない、新たな権力についての分析が可能になった。統治性の分析は、権力を制度やテクノロジーとしてとらえるのではなく、制度に依拠しない諸戦略の広がりとして扱うのであり、その広がりは、国家の諸制度や機構から離れて機能する「自由主義的」な戦略のように、社会のさまざまなレヴェルに固有の諸実践によって形づくられている。次に、統治性の概念によって、権力の諸関係において主体性が形づくられる一要素としての「反‐操行」を分析することが可能になる。主体が統治の諸手続きによって主体化＝隷属化されるとき、その主体は「いかにして統治されるがままにならずにいられるか」と自らに問いかける。つまり、こうした主体化＝隷属化は、常に「脱‐隷属主体化〔désassujettissement〕」の可能性に向けた批判的態度を伴っている。統治とは、何らかのシステムや制度による主体の支配ばかりではなく、主体自身による主体性の構成にも関わるような、逆転可能なもろもろの力関係をも意味しているのである。

　こうしてわれわれは、フーコーの思考の最終段階に接近することになる。一九八〇年代のフーコーの思考について、その思考は一九七〇年代の権力についての系譜学的研究から大きく方向転換し、「倫理的主体」という新たな問題に向かう、としばしば解されている。とりわけ、ギリシア‐ローマ時代から初期キリスト教教父の時代という新たな歴史区分が登場したことが、「最期のフーコー」の思考を徴《しるし》づけているのだと。だがわれわれの視点からすれば、新たな問題系や新たな歴史区分が導入されるにせよ、そした変化はフーコーの思考における新たな断絶を意味するものではない。そうした一見新しく見えるフーコーの晩年の思考も、実のところ、統治性と主体性の主題を結び合わせるための主題的に連続し一貫した探究なのではないか。

三二〇ページ〕／OE-II, p. 1330. また、以下を参照。「哲学は、反‐権力の側で役割を果たすことが今なお可能だと思う〔…〕」。Foucault, « La philosophie analytique de la politique », art. cit., p. 540〔邦訳：フーコー「政治の分析哲学」、前掲、一二七ページ〕。

実際、「主体性と真理」と名付けられた一九八〇―八一年度のコレージュ・ド・フランス講義の要約において、「自己への配慮」の歴史――プラトンの『アルキビアデス』に登場する「自己への配慮〔epimeleia heautou〕」をその嚆矢とする――についての研究という新たなプロジェクトについて予告しているが、その企てが別の主題とどのような関わりを持つか、次のように述べている。

この計画は先行して扱われた二つのテーマの交点に位置している。すなわち、主体性の歴史と、「統治性」の諸形式の分析である。主体性の歴史は、狂気や病気や犯罪の名において社会の中で行われる諸々の分割、および、そうした分割が理性的で正常＝規範的な主体の構成に及ぼす諸影響を研究することによって企てられてきた。〔…〕「統治性」の研究の方は、二重の目標に応えるものであった。すなわち、「権力」の通常的な概念〔…〕の必要な批判をおこなうこと、そして、それとは反対に、権力を個人間や集団間の戦略的な諸々の関係性の領域として分析することである。その諸々の関係性とは他者あるいは他者たちに対する操行＝導き〔conduire〕を掛け金とするもので、場合によって、〔…〕それぞれ違った手続きおよび技術に訴えるものである。(55)

こうして、「統治性」の分析とそれに結びつく「批判」の主題は、フーコーの思考の道程に常に存在していた「主体の構成」という主題のうちに再び見出されるのであり、統治の問題がこうして主体性の歴史についての探究のうちに書き込まれることになるのである。一九八〇年にアメリカ合衆国で行われた講演において、その時点までの研究を振り返った後で、フーコーはこう述べている。

簡単に言うと、ここまで支配についての諸技術を出発点として統治の領域を研究してきたので、今後は、自

己についての諸技術から出発して統治――とりわけ性の領域における統治――を研究したいと考えています。(56)

同じ「統治」という語が蝶番となって、社会的・政治的な「支配」についての技術と、性をめぐる自己の技術が結び合わされていることが理解できるだろう。この時期に提示される「自己への配慮」や「自己のテクノロジー」といった新しい主題は、統治性についての研究を延長し、その統治の問題が今度は主体のレヴェルでどのように機能するかに注目するものなのである。問題は、もはやあれこれの仕方で統治される主体ではなく、「自己の統治」や自己と他者との関係、「他者の統治」といったプロセスにおいて自らを作り上げてゆく主体性である。(57)

主体化と倫理

フーコーにおける主体化の概念は「自己についての実践」をめぐって組み立てられる。つまり主体は、自分自身を主体として練り上げるプロセスのうちに位置している。一九五〇年代の初期の著作において、フーコーはすでに、主体を社会的・文化的な外部の諸条件との関係において構成されるものとして分析し、アプリオリに存在する静的なものとは考えなかった。一九八〇年代のフーコーの著作に現れる「主体化」の概念は、そうしたフーコー的な主体観の最終的な形態であると考えることができる。

(55) Foucault, « Subjectivité et vérité » (1981), DE-IV, p. 213-214〔邦訳：フーコー「主体性と真理」石田英敬訳、『ミシェル・フーコー思考集成』、第Ⅷ巻、筑摩書房、二〇〇一年、四四四ページ〕、強調は引用者。

(56) Foucault, *L'origine de l'herméneutique de soi. Conférences prononcées à Dartmouth College, 1980*, Vrin, « Philosophie du présent », 2013, p. 39.

(57) 以下を参照。Foucault, « Subjectivité et vérité », art. cit., p. 214〔邦訳：「主体性と真理」、前掲、四四五ページ〕. また、一九八二―八三年度の講義のタイトルは「自己と他者の統治〔Le gouvernement de soi et des autres〕」であった。

主体化とは、まず、多様で複雑な力の作用のただ中で、絶えず練り上げられる営みである。例えば、社会的・文化的規範や統治など、外部から主体を形成しコントロールする力に対して、主体化は、主体の側からの行為としての「反‐操行」というかたちで現れる。すでに述べたように、その「反‐操行」は単なる「対立」ではなく、その都度違った姿をとる、可変的な反応であり、時に「抵抗」、「闘争」[58]であることもあれば、時には「協働すること」[59]でもあり得るだろう。だが、多かれ少なかれ強制的な規範ないし権力から完全に「自由」な主体などは虚構的な存在、あるいは実際には到達し得ないテロスとしてしかあり得ない以上、主体は、常に規範との関係をとり結んでいるのではなかったか。だから主体は、常に規範との関係における「主体化」のプロセスを生き、常に自由の個人的な領域を創出しなければならない。一九八四年のあるテクストにおいて、フーコーは再びカントの啓蒙の問題を取り上げ、批判の営みが近代の個人に課せられた哲学的エトスであることを強調している。

一方において、私は〔啓蒙についてのこの文章において〕、現在に対する関わり方、歴史的な存在の仕方、自律的な主体としての自己自身の構成という、三つのことがらを同時に問題化するようなある種の哲学的な問いが、啓蒙に根ざすものであることを強調しておきたかった。他方において、私は、私たちをこのような仕方で啓蒙へ結びつけている絆が、教義の諸要素への忠誠というようなものではなく、むしろひとつの態度の絶えざる再活性化なのだ、ということもまた強調しておきたかった。この態度とはすなわち、私たちの歴史的な存在の絶えざる批判として特徴付けることができるような、ひとつの哲学的エトスである。[60]

批判的態度は、主体化のプロセスと深く結びついた倫理なのである。

主体の経験としての真理

すでに見たように、一九七〇年代の系譜学的探求において、真理とは権力との絡み合いのうちに、歴史的体制において生み出されるものであった。だが一九八〇年代のテクストにおいて、真理の概念は別の視点から捉え直されることになるだろう。真理はまず、主体の「経験」として、主体性の変容と形成を可能にする要素として定義されることになる。また真理は、その概念をめぐって哲学のステイタスそのものが問われるようなものとなる。一九七〇年代のニーチェ的な真理観とは異なり、今や真理は、主体が「主体自身の真理」とのあいだにとり結ぶ関係、「真実の言説の主体化」[61]――主体はいかにして真なる言説を発し得るか、いかにして真なる言説を発する行為の主体となり得るか――という視点から論じられることになるのである。

そうした真理がどのようなものかを見る前に、まず晩年のフーコーの思考について、一見大きな変化と思われる点について述べておこう。一九八〇年代のフーコーのテクストは、しばしば古代のテクストを取り上げて論じ

(58) 以下を参照。Foucault, « Le sujet et le pouvoir », art. cit., DE-IV, p. 242〔邦訳：フーコー「主体と権力」、前掲論文、三〇―三一ページ〕.

(59) 以下を参照。「協働しつつ同時に御しがたい態度をとることが可能なのです。その二つは相伴うものである、とすら私は考えていますよ」(フランソワ・ミッテラン率いる左翼政権についてのコメント)。Foucault, « Est-il donc important de penser ? » art. cit, p. 180〔邦訳：フーコー「思考することはやはり重要なのか」、前掲、三九五ページ〕.

(60) Foucault, « Qu'est-ce que les Lumières ? », art. cit., p. 571〔邦訳：フーコー「啓蒙とは何か」、前掲論文、一六ページ〕／OE-II, p. 1390、強調は引用者。

(61) Foucault, *L'herméneutique du sujet : Cours au Collège de France. 1981-1982* [HS], EHESS-Gallimard-Seuil, « Hautes Études », 2001, p. 316〔邦訳：フーコー『主体の解釈学――コレージュ・ド・フランス講義一九八一―一九八二年度』廣瀬浩司・原和之訳、筑摩書房、二〇〇四年、三七八ページ〕.

ており、古典主義時代や近代を主な対象としていたそれまでのフーコーの探求と比べて、突然の大きな方向転換があったように見えなくもない。実際、コレージュ・ド・フランスの講義においても、一九七八―七九年の講義（『生政治の誕生』）が二十世紀の新自由主義を論じているのに対して、翌年の一九七九―八〇年の講義（『生者たちの統治』）では初期キリスト教理論における良心の吟味〔l'examen de conscience〕と告白の問題を扱っており、対象となる時代が突然変化している。そうした時代区分の変化は何によるものなのか。

そうした問いに、真理と主体化についてのフーコーの思考を検討することによって答えることも可能だろう。統治性についての議論においてキリスト教の司牧的権力が取り上げられた際、統治が機能する場としての真理という問題が論じられていた。つまり、救済に向けて人々の「操行」を規定するという実践を通じて、司牧的権力は、主体に自らについての真実を述べさせることによって統治を行った。例えば、カッシアヌスの著作に描かれる、修道院における良心の吟味や告白の実践においては、個人を従順な主体とするために、その個人に「自己自身の奥底に隠れている真理」を言葉によって語ることが強制される。ここでは、自らについての真実は、最終的には「自己という形式の破壊」にまで至るような「無条件の服従」を行う主体を形成するために用いられているのである。[62]したがって、ここでの真理は主体の服従を実現させるカテゴリー、あるいは統治を可能にする規範のひとつということになる。だがフーコーは、真理と主体化について、また別の種類のあり方も明らかにしているのであり、それこそがフーコーの「古代への回帰」を説明しているとも考えられる。つまり、「自己自身の真理」をその純粋状態において、すなわち司牧権力の統治的機能に取り込まれる以前の状態において検討するために、時間を遡る必要があったのではないか。もちろん、ただちに付け加えておかなければならないが、それは古代における主体のあり方のうちにユートピア的な自由を見出そうというのではない。[63]そうではなく、キリスト教の司牧から近代的権力にまで至る「統治」のあり方の起源ないし「現出点」を探るために、その影響圏を逃れる必要があったということである。フーコーは、『性の歴史』の第一巻（一九七六年）と第二巻（一九八四年）のあいだの研究対象の変化についてこう述べていた。

自己に対する関係の諸形態それ自体についてより適切な分析を行うため、私は、最初に定めていたよりもさらに古く年代を遡ることになった。それは、諸々の知の効果や諸々の規範的体系の複雑さがより少ないような時代を扱うためであり、そして可能ならば、セクシュアリテの経験を特徴付けるものとは異なるような自己との関係の諸形態を明らかにするためであった。(64)

そうした展望のもとでフーコーは、古典主義時代から近代を対象としていた『知への意志』から、紀元前四世紀頃の古典ギリシア時代、次いで紀元一―二世紀のギリシア・ラテン時代を対象とする『快楽の活用』、『自己への配慮』へと研究の方向を転換するのだが、その古典古代を対象とした研究においては、性的実践や「肉欲」の経験を通じた「自己自身への関係」、つまり、後にそこからキリスト教的倫理が形づくられてゆくことになるよ

(62) 以下を参照。Foucault, « Du gouvernement des vivants » (1980), DE-IV, p. 127-129〔邦訳：フーコー「生者たちの統治について」石田英敬訳、『ミシェル・フーコー思考集成』、第Ⅷ巻、筑摩書房、二〇〇一年、三一九―三二一ページ〕。より詳しくは以下を参照。Foucault, *Du gouvernement des vivants : Cours au Collège de France. 1979-1980*, EHESS-Gallimard-Seuil, « Hautes Études », 2012〔邦訳：フーコー『生者たちの統治――コレージュ・ド・フランス講義一九七九―一九八〇年度』、廣瀬浩司訳、筑摩書房、二〇一五年〕、一九八〇年三月十九日、三月二十六日の講義。

(63) 例えば、セクシュアリテの領域に関しても、ギリシアにおける性があらゆる道徳から自由だったということはない。フーコーも示している通り、古代においても、キリスト教世界と同様に、性的振る舞いについての道徳的コードは存在していた。以下を参照。Foucault, *Histoire de la sexualité 2 : L'usage des plaisirs*, *op. cit.*, p. 38-39〔邦訳：フーコー『性の歴史Ⅱ――快楽の活用』、前掲書、四一―四二ページ〕／OE-II, p. 763-764.

(64) Foucault, « Préface à l'« Histoire de la sexualité » » (1984), DE-IV, p. 583-584〔邦訳：フーコー「『性の歴史』への序文」慎改康之訳、『ミシェル・フーコー思考集成』、第X巻、筑摩書房、二〇〇二年、三三ページ〕.

うな自己への関係が分析されることになる。だが、フーコーにおける「古典古代」への回帰を過度に重要視することはできないだろう。それは、西洋の文化における主体化とは別の主体化のあり方を描き出そうとするものではなく、異郷的文化へのロマンティックな価値付与や、文化的・哲学的起源としての「ギリシア」への回帰を意味するものではないからである。あくまでも、キリスト教の体系が成立する以前の世界に一度遡行しながら、それを通じて現代の「われわれ自身」のあり方の系譜学をそこから描き出すことが問題だったのである。

フーコーは、その最もアルカイックな形態における真理と主体との関係について、「汝自身を知れ〔gnôthi seauton〕」という、デルポイのアポロン神殿に刻まれた銘句との関連において論じている。一九八一―八二年の「主体の解釈学」講義において（一九八二年一月六日）、フーコーは通常は「哲学的認識」の起源として解釈されることの多いこの格言を、本来は別の真実のあり方、すなわち主体の「精神的な」実践と対になるものとして解釈しようとする。つまり、いかなる主体であろうと普遍的にアクセス可能な「科学的・哲学的真理」を目指す思考とは別に、フーコーが「霊性〔spiritualité〕」と名付けるようなもうひとつの思考の系譜が古代から存在しているというのだ。哲学的思考が、主に主体が真理に接近することを可能にする認識の条件や限界について問うのに対し、「霊性」とは、「主体が真理に到達するために必要な変形を自身に加えるような探究、実践、経験(65)」を意味する。その伝統に従うなら、真理は認識という道筋によって主体に与えられるのではなく、主体が真理に接近するためのある種の鍛錬、そして自己変容を通じてこそ与えられる。つまり、真理は「自己への配慮」という実践と本来切り離し得ないものなのだ。

プラトンから新プラトン主義にまで至る時代を通じて、「哲学」という主題（真理に接近する条件）と「精神性」という主題（真理に接近するために必要な主体の変容）とは一体をなすものであった。しかし、デカルトによって打ち立てられ、カントによって補強された哲学のある種の近代主義(66)――フーコーはそれがもたらされた契機を「デカルト的契機(67)」と呼ぶ――によって、「精神性」の側面は覆い隠されることになる。真理は主体のある種の実践によって獲得され、主体を変容させるようなものから、「認識」の作用によってどのような主体でも獲得できる普遍的なものへと変わったのである。

思うに真理の歴史の近代が始まるのは、真実に到達することを可能にするものは認識であり、ただ認識だけである、ということになった時です。つまり哲学者が、〔…〕他には何も要求されることなく、自分の主体としての存在が修正されたり変質せしめられたりする必要もなく、彼自身で、ただ自分の認識行為によって真理を認め、それに到達できるようになったその時から、真理の歴史の近代は始まったのです。[68]

この講義においてフーコーは、古代ギリシアの思考にまで遡ることで、そうした「精神性」のあり方を明らかにし、それがその後どのような系譜に受け継がれてゆくかを明らかにしようとする。[69]だがそれは、近代の哲学的思考における「忘却」を批判するという（ハイデッガー的な）企てとは区別されなければならない。フーコーにとっては「ギリシアへの回帰」それ自体が重要なのではなく、[70]「認識の哲学」という枠組みを超えたところで存在し

(65) HS, p. 16〔邦訳：一九ページ〕.
(66) 以下を参照。HS, p. 183〔邦訳：二二三―二二四ページ〕. また、HS, p. 27に付けられた編者による注〔邦訳：三三ページの編者注〕。
(67) HS, p. 15〔邦訳：一八ページ〕.
(68) HS, p. 19〔邦訳：二二ページ〕.
(69) 「デカルト的契機」以後も、「霊性」はある種の思考の構造として、例えば十九世紀のドイツ哲学などのうちに、さらにはラカンの精神分析のうちに見え隠れする、とフーコーは述べている。以下を参照。HS, p. 29-32〔邦訳：二五―三八ページ〕.
(70) フーコーにとって、ギリシア的な生存のスタイルは「感嘆すべき」ものでも「模範的」なものでもない。以下を参照。Foucault, « Le retour de la morale » (1984), DE-IV, p. 698〔邦訳：フーコー「道徳の回帰」増田一夫訳、『ミシェル・フーコー思考集成』、第X巻、筑摩書房、二〇〇二年、二〇一ページ〕.

得た思考のあり方を描き出すことが問題なのであり、また哲学をひとつの「経験」――その内部において、主体が自らを実践の倫理的主体として構成するような経験――とすることが問題なのである。われわれが先に見たように、フーコーはすでに、言説を対象として確定することで、認識の枠組みを超えた哲学を創始しようとしていた。ここでは、過去に存在した思考のあり方を呼び起こすことによって、認識の問題を回避する可能性を改めて描き出そうとしているとも言える。以前の「考古学」との大きな違いは、新たな「主体」のイメージ――哲学的認識を担う主体ではなく、実践と経験の主体、そしてそれによって自らを形成する主体――が導入されていることなのである。

経験としての主体化

フーコーの一九八〇年代における真理とは、個人的なレヴェルにおいて起きる「自己の変容」をもたらすもの、あるいはその現象そのものとして現れることになる。言うまでもなく、そうした真理は、規範や「共通善〔bien commun〕」といった普遍的概念とは無縁であり、主体化のプロセスと同様、単独性の領域に根ざしたものである。晩年のフーコーにおける主体性の理論のうちに、「間主観性＝間主体性〔intersubjectivité〕」といった主題が不在であることの理由はここに明らかだろう。フーコーにとっては、規範的な真理の体制に対して主体が行う批判の営みにこそ倫理性が見出されるのであり、その意味において、ハーバーマス流の、公共性に根ざした「コミュニケーション」の理論はユートピア的なものでしかないだろう[(71)]。つまり、真理の作用を中心とした主体化のプロセスは、共同体や社会のレヴェルに位置づけられるのではなく、個々の主体のレヴェル、より正確には、真理の働きと権力の働きとのあいだに主体がとり結ぶ関係のレヴェルに位置づけられるのである。権力の諸関係を解消させることを目指すのではなく、その権力の作用の中で、自らの主体化のプロセスを作動させることが問題なのだ。

だから問題は、権力の諸関係を完全に透明なコミュニケーションというユートピアに解消してしまうことにあるのではなく、さまざまな法の規則や管理の技術、道徳やエトス、自己の諸実践などをみずからに与えることによって、権力のゲームのなかで、支配をできるだけ最小限におさえて活動することなのです(72)。

真理の経験、批判の営みと自己への配慮からなる「主体化」は、単独的でコミュニケーション不可能な営みなのである。

だが、主体化のそうした単独的・個人的な性質は、フーコー的主体が自己自身のうちに閉じこもってしまう独我論に陥っていることを意味するものではない。というのも、フーコーによれば、古代文化における「自己自身への配慮」とは、同時に「他者に配慮する」ということを意味しているからである(73)。まず、人は自己自身を統治することができなければ、他者を統治することはできない（政治的主体のモラル）(74)。そしてまた「自己」は、他者との関係を持たなければ、練り上げられる対象とはなり得ない。

（71）以下を参照。「真理のゲームが障碍も束縛もなく、強制的な効果もまったく受けることなく循環できるようなコミュニケーションの状態がありうる、というような考え方は、私にはユートピアに属する考えだと思われます」。Foucault, « L'éthique du souci de soi comme pratique de la liberté » (1984), DE-IV, p. 727〔邦訳：フーコー「自由の実践としての自己への配慮」廣瀬浩司訳、『ミシェル・フーコー思考集成』、第X巻、筑摩書房、二〇〇二年、二四二ページ〕.

（72）*Ibid.*,〔邦訳：二四三ページ〕。

（73）この点については、フーコーの論者もしばしば強調している。例えば以下を参照。G. Deleuze, *Foucault*, *op. cit.*, p. 107〔邦訳：ドゥルーズ『フーコー』、前掲書、一八五—一八六ページ〕. および、F. Gros, « Sujet moral et soi éthique chez Foucault », *Archives de philosophie : Recherches et documentation*, t. 65, cahier 2, Avril-Juin 2002, p. 232-235.

（74）『アルキビアデス』についての以下の読解を参照。HS, p. 32-40〔邦訳：三八—四八ページ〕.

自己の実践においては、その実践が規定する形式が実際にその対象、自己に到達し、そしてそれによって満たされるためには、他人、他者が必要不可欠です[75]。

主体化は、他者との関係、そして他者との関係を前提とする「自己への配慮」において、真理についての主体的かつ倫理的な経験である。そのプロセスは、実体的に存在する主体性としての主体の同一性を強化するようなものではなく、真理と統治（そしてそれに対する抵抗）にさらされながら、常に主体を変容させ、練り上げるようなものである。そしてフーコー的倫理というものがそこにあるとすれば、それは主体の同一性にもとづくようなものではなく、統治の作用のうちで主体を形成する営みとしてのエトスにほかならない。フーコーの言う主体化とは、そうした複合的な作用の外には存在し得ないのである。

（75）HS, p. 123〔邦訳：一五〇ページ〕.

結論

しかし、哲学が思考の思考自体への批判作業でないとすれば、今日、哲学とはいったい何だというのか。

ミシェル・フーコー『快楽の活用』(1)

フーコーの方法

われわれはここまで、一九五〇年代から八〇年代までのフーコーの哲学的行程をクロノロジーの原則を尊重しつつ辿ってきた。考古学という哲学的方法がどのように練り上げられていったのか、そして、そこに系譜学という探究の原理ないしエトスがどのように重なってゆくのかを、その研究のひとつの中心的な主題である主体の問題を通じて明らかにした。その「方法」について、主体の問題との関連においてもう一度立ち戻っておこう。

フーコーが自らの哲学的方法を自覚的に練り上げてゆくのは、ここまで見たように、一九六〇年代以降のことであった。『言葉と物』までの著作においては、考古学は知の構造的布置と存在条件の分析を意味しており、具体的には、認識のアプリオリについての探求として遂行されていた。またその方法は、構造主義に接近することで主体を最大限に脱中心化し、その主体を認識の体系のうちに位置するひとつの機能、ないし構造の織りなすひとつの結節点へと還元していた。つまり、人間学的構造の内部ではじめて存在可能な、認識の主体として標定されるような主体である。その主体は、一見したところ知の構造のうちに溶解しているように思われるが、知の近代的な体系を陰から支え、可能にするようなある根源的な形象として、構造の中心に不可視なままに残留している。

しかし『知の考古学』において、新たな研究対象の発見とともに、考古学は大きく変化する。言説の理論ないし「アルシーヴの学」として再構成された考古学《アルケオロジー》は、それまでの認識の条件についての探求から、言説の存在条件と、言説が作りだす体系性についての探求へと姿を変える。この新しい考古学は、それまでの方法の延長として作られながらも、さまざまな概念の変更や以前の著作の遡行的な読み直しなどを通じて、全く別のロジックにしたがって再構成されたものであった。こうして、フーコーの方法に二つの大きな変化がもたらされた。まず、言説のレヴェルという「対象」が発見され、次に、綜合的作用を果たす認識の主体が完全に排除される。主体はもはや言説の領界＝秩序のなかで標定されるひとつの機能に過ぎず、体系における中心的な位置づけを失って、構成されるひとつの対象となるのである。

そうした考古学的方法の変化は、一九七〇年代の系譜学と呼ばれる研究を可能にし、また支えることになる。考古学を補完する要素とも言える系譜学は、フーコーの探求にエトスを付与し、社会的・政治的アクチュアリティーの「診断」に直接結びつく新たな主題系を切り拓くことになる。一九七〇年代の探究に浮上した権力についての問いにおいて、主体はまず、規範的・規律的権力の体系の中で構成される対象として問題化される。だが、一九七八年に「統治性」という概念が導入されると、主体は、権力の反転可能な関係において自らを作りだす主体性として構想されることになる。主体についてのそうした新たなイメージに基づいて、主体が「批判」の営みのうちに、その営みに固有の倫理とともに主体性を練り上げる過程としての「主体化」という主題が導入されるのである。

フーコーの思考の道程において、主体は常に問題としてあり続けた。だがフーコーにおける主体とは、恒常的な概念や変化することのない実体的な統一体などではなく、むしろ、それを中心に諸々の探究が結晶化されるような一種の操作概念であった。その思考の歩みの出発点から、フーコーは主体に意味の起源としての位置づけを与えようとはしなかったし、考古学においても「認識する主体」の位置づけと機能が批判され、それを中心としてあらゆる人間科学が構築されるような哲学的主体の形象が破壊された。だが、まさにそうした主体批判を通じて、主体についての哲学的思考から離れることによってこそ主体化のプロセスを問題化することが可能になったのであり、主体についての批判的検討から、権力と抵抗との作用によって触発される主体性が形づくられるプロセスが論じられ得たのだった。

考古学の形成と変化、考古学と系譜学の相互補完など、われわれはフーコーの方法がさまざまにその布置を変えてゆく様子を見てきたが、そうした方法自体の絶えざる再構成こそが最終的にはフーコーの「方法」であると言ってよいのかも知れない。そしてそこから、フーコーのひとつの根本的な思想というべきものを理解することができるだろう。それは、あらゆる経験的な価値を自明なものとせず、その自明性を歴史的な生成過程のうちに置き直し、その発生を明らかにする思考である。そしてまた、新たな概念を立ち上げることで新たな分析の領域を拓き、哲学的思考の新たな様態を導入しようとする思考である。それが方法の変化にもかかわらずフーコーの著作をつねに支えているのであり、方法論の練り直し自体が、物事を動的な過程において思考しようとする試み

（1）Foucault, *Histoire de la sexualité 2 : L'usage des plaisirs*, *op. cit.*, p. 14〔邦訳：フーコー『性の歴史Ⅱ——快楽の活用』、前掲書、一五—一六ページ〕／OE-II. p. 744.

であり、その思考を自らの思考そのものに適用する姿勢でもあるだろう。
　こうして、「方法〔méthode〕」という語そのものに立ち返ることができる。語源的に、この語は学的な認識へと向かう〔meta〕「道〔hodos〕」に由来するものであり、本来それが意味するのは固定的で普遍的な何ものかではなく、むしろ試行錯誤のうちに何らかの対象を手探りし、「道」を切り拓いてゆく営みであったはずだ。(2) フーコーの思考を追ってきたわれわれは、その思考がこうした「方法」の本来的なあり方に忠実であったことを理解できる。そして『知の考古学』には、「言表」という語——それ自体試行錯誤によって導入され、後に放棄される概念であったことをすでに見た——に関して、フーコーの方法論を集約するようなあるひとつの形象が描き込まれていた。

私は、線的な演繹によってではなく、むしろ同心円を描きつつ前進しているのであり、あるときには最も外周にあるものへと向かい、あるときには最も内周にあるものへと向かう。言説における非連続性および言表の特異性に関する問題（それが中心的テーマだ）から出発した後、私は周縁部において、謎めいたグループ化のいくつかの形態を分析しようとした。しかしその際、文法的でも論理学的でも心理学的でもなく、したがって文にも命題にも表象にもかかわりえないような統一の原理が私の前に現れたことによって、私は、中心の方へ、つまり言表の問題へと立ち戻り、言表という語によって何を理解すべきかを明らかにしようと試みる必要に迫られたのである。(3)

　こうした「同心円」の歩みこそが、「フーコー」という固有名を持ったひとつの思考の足取りをあらわしている。具体的な問題の分析は、常に哲学者を方法論に立ち戻るように促す。そして新たな方法的省察から、哲学者は新たに具体的な問題の探究へと戻ってゆく。こうしたジグザグの歩みによって、フーコーの思考は純粋な思弁ではなく、思考と倫理についての「経験」の領域に関わってゆくのである。そして、その経験という問題は、真理とその伝達という問題にも関わってゆくだろう。

真理の経験としての哲学

先に見たように、フーコーにとって真理の経験は単独的であり、コミュニケーションの領域には属さないものであるとしても、やはりその真理の経験は伝達しうるものだろう。つまり、真理の内容の伝達としてではなく、それ自体ひとつの経験として。つまり、他者に働きかけることで、その相手に真理を経験させることができるのであり、その意味において、真理を経験する主体は他者に対する教育的《ペダゴジック》な役割を果たすことができる。そこにこそ、フーコーが自らの探究の果てに見出したエトスのようなものがあるのかも知れない。

晩年のフーコーの講義で扱われる「パレーシア」の概念は、[4] まさにその例ではあるまいか。「率直な語り」あるいは「本当のことを語ること」を意味するこのパレーシアという語は、時に「師が弟子に向かって本当のことを率直に語る」ことを意味し、また時には「真理を語ることによって自分の身を危険に晒す場合でも、その危険

（2）以下を参照。「いわば、わたしは盲目の経験論者なのです。つまり、状況としては最低でしょう。総体的な理論もなく確かな道具もない。手さぐりで進み、しかるべき対象を浮上させるために、可能な限りで道具をこしらえてみる〔…〕」。Foucault, « Pouvoir et savoir » (1977), DE-III, p. 404〔邦訳：フーコー「権力と知」蓮實重彦訳、『ミシェル・フーコー思考集成』、第VI巻、筑摩書房、二〇〇〇年、五六四―五六五ページ〕.

（3）AS, p. 150〔邦訳：二一七ページ〕／OE-II, p. 122.

（4）パレーシアの概念については以下を参照。F. Gros, « La parrhêsia chez Foucault (1982-1984) », F. Gros (éc.), *Foucault : le courage de la vérité*, PUF, « Débat », 2002, p. 155-166〔邦訳：F・グロ「フーコーにおけるパレーシア（一九八二―一九八四）」柵瀬宏平訳、『現代思想』、二〇〇九年六月号、八二―八九ページ〕.

を顧みずに真理を語る」ような事態を意味するが、フーコーの議論において強調されるのは、その真理＝真実と、その真理を語る主体のあり方は切り離せない、という点である。一九八一―八二年度の講義「主体の解釈学」において、師と弟子との教導関係におけるパレーシアが論じられている部分について見てみよう。セネカの著作などに見られるように、ヘレニズム時代からローマ帝国の時代、人を教導する導き手は社会的地位の高い人物に金銭的に雇われ、その行動に助言を与える人々であった。そうした社会的地位の相対的に低い「師」が、地位の高い「弟子」に対する教導を行う際に、パレーシアが重要な概念として浮上するのである。パレーシア＝真実の語りは、師が弟子の気に入ることを言い、師の言葉に弟子を縛り付けることで弟子が自己自身に到達することを妨げる「追従」とも、言説が真実であるかないかに関係なく人を説得することを目標とする「修辞学《レトリック》」とも区別されるような真実の言説の伝達であり、真実の言説を持つもの〔師〕から、それを受けとめ、その真理を主体化するもの〔弟子〕への伝達なのである。パレーシアは、真理が弟子へと伝達され、その弟子が真理を内面化－主体化することで、最終的にはその師との関係をもはや必要ないものにすることができるようなものではなければならない。

〔師が語る言説は、〕誘惑的な言説であってはならないのです。それは、弟子の主体性がみずからのものにできるような言説でなくてはならず、弟子はそれをみずからのものにすることによって、彼の目標すなわち自分自身に到達できなくてはならないのです。(5)

フーコーはこの講義において、セネカのさまざまなテクストを論じつつ、哲学者にそうした「師」あるいは「操作媒体〔opérateur〕」という役割を与えている。(6) 哲学者は、まさに自らを構成しつつある主体にとって不可欠な要素となるような「操作媒体」なのであり、哲学者だけが、その主体に自分自身を望み、自分自身に到達し、自らに対して支配力を行使するような仕方を教えることができるのである。[7] そして、フーコーが哲学に与え返そうと試みたのは、まさにそうした「操作媒体」としての役割ではなかったか。パレーシアという真理と倫理のゲームのうちに身を置きつつ、フーコーは自らを哲学者、あるいはパレーシアストとして規定したのではなかったか。

　われわれはここまで、フーコーの思考の営みが伝統的な意味における「哲学」であることを止めるような性質のものであることを強調してきた。にもかかわらず、フーコーの思考が最終的にあるひとつの「哲学」へと収まってゆくことの意味はここから明らかだろう。つまり、もし哲学という思考が「知」の領域の決まった一部分に固定されたもの、伝統的な主題を決まり切った方法に従って繰り返すだけの営みを意味するのなら、フーコーの思考は哲学ではない。なぜなら、ここまで見てきたように、フーコーの思考は、哲学史上でお馴染みの主題について新たな視点から別様に考えることを止めなかったのであり、また、それまで哲学の対象と考えられてこなかった新たな対象を思考の対象とすべく手探りの探究を続けた思考だからである。フーコーはむしろ、その新たな対象をめぐる新たな思考、経験のうちで試行錯誤しながら自らを問い直してゆく思考のあり方を「哲学」と名づけたのである。

　そうしたフーコーの経験的な思考の最終的な到達点、最終的な欲望のようなものを次のように想定することもできる。つまり、自らの存在（著作、そしてさまざまな手段による思考の伝達）そのものをひとつの経験とすること。そしてその経験が、他者たちを触発し、他者たちのうちに真理の経験を与え、他者たちが自らの主体性を練り上げるように導くような出来事となるようにすること。したがって、フーコーのテクストはそれ自体「経験」とな

（5）HS, p. 350〔邦訳：四一七ページ〕.
（6）HS, p. 130-131〔邦訳：一五八―一五九ページ〕.
（7）HS, p. 130〔邦訳：一五八ページ〕.

るべく構想されていたのである。「書物の労苦と快楽は、それがひとつの経験であるということに存するのだ」[8]。そしてその経験が、フーコーのテクストを読む者の「主体化」のプロセスに関わってくることは改めて述べるまでもないだろう。

（8）Foucault, « Préface à l'« Histoire de la sexualité » », art. cit., p. 584〔邦訳：フーコー「『性の歴史』への序文」、前掲論文、三三ページ〕.

あとがき

本書は、二〇〇六年六月にパリ第十大学（現パリ－ナンテール大学）に提出された博士論文、*La méthode archéologique de Michel Foucault : le statut du sujet* を日本語で書き改めたものである。書き改めるにあたって記述の仕方や表現を変更したり、必要に応じて記述を増減しているほか、内容が大きく変化しない程度に議論や情報などのアップデートを行っている。それに加えて、以下で論じた内容も取り込んだ。本書の記述と一部重複する箇所があることをお断りしておく。「ミシェル・フーコーの「考古学」という方法――認識の問題から言説の分析へ」（『フランス語フランス文学研究』、八五－八六、二〇〇五年）、「「文学とは何か」――ミシェル・フーコーと文学の言語」（『青山フランス文学論集』、一七、二〇〇八年）、「「近代」という体制からの脱却を企てること――ミシェル・フーコーの哲学的方法とフランス科学認識論の系譜」（『文化交流の視点からの「近代」再検討』（『神戸市外国語大学外国学研究』、七九）、二〇一〇年）、「フランス現代思想における「国家」批判」（渡辺節夫編『近代国家の形成とエスニシティ――比較史的研究』青山学院大学総合研究所叢書、勁草書房、二〇一四年）。

序論の部分でも述べたように、本書はまずフーコーの著作群の全体を検討し、そこから浮かび上がる思考のあり方が、いかに「フーコー」という固有名詞と重なり合うかを示そうとしている。その方法ゆえに、特定の主題や問題領域を深く論じるというよりは、フーコーの思考を「広く浅く」追ったもののように見えるかも知れないが、それはフーコーがその探究の時期ごとにどのような問題系を発見し、どのように発展させ、どのように継承ないし放棄してゆくのか、そしてそれがどのような新しい問題系を拓いてゆくのか、という思考の運動それ自体を明らかにするためである。フーコーの思考を捉えるために、われわれの叙述には「駆け足」の速度が必要であるように思われたのである。特定の主題についての「深い」探究には他日を期さねばならない。

フーコーの全著作を駆け足で経巡ることによって明確になった事柄もある。フーコーにとって哲学とは何であったか、という点については本文でも触れたが、それを別の角度から言い直せば、フーコーにとってそれは「批判」の営みであったということになるだろう。単なる「批判的思考」というだけでなく、あるひとつの概念を取りあげてさまざまな視点から検討し、分解し組み直し、鍛え直し、変形させるような「概念の批判」。たとえばドゥルーズが哲学を「概念を創造する営み」として定義していることは有名だが、フーコーにとって哲学とは、すでにある概念を鍛え直す営みではなかったか。フーコーの著作に新奇な言葉が登場することは比較的少なく（「エピステーメー」や「アルシーヴ」、「統治性」などはむしろその例外である）、「権力」、「狂気」や「性」といった、日常的に誰でもが使い、さらに了解しているつもりでいる言葉の意味を問い直し、その系譜を洗い出しながら、その意味を鍛え直し変容させてゆくのがフーコーの思考のあり方なのである。

ところで、本書で描き出したフーコー像について異論を唱えたくなる読者もおられるだろう。監獄をめぐる闘争をはじめ、さまざまな政治的活動に身を投じたフーコー、性的マイノリティとしての立場から（フーコー自身はそれを明確にカミングアウトしていないが）社会の制度や文化を批判したフーコー等々、本書で描かれたフーコーとは別のフーコー像はもちろん描きうるのであり、それを否定するつもりは全くない。やや大それた言い方をするなら、本書はフーコーがさまざまな歴史について行った作業をフーコー自身の著作に対して行おうとしたものであり、ここで描き出されたフーコー像は、フーコーが歴史について語った強い意味においての「フィクション」である。したがって、本書と同様の素材＝コーパスを用いつつ、別のフーコー像を描き出すことも可能なのだ。その一例を挙げよう。本書においては、『知の考古学』という書物が「言説」を対象とする研究方法を打ち立てることで、「文学」という領域を解消させる様子を描いた。だが、最近一部が刊行された『知の考古学』のための準備草稿（Foucault, « Homère, les récits, l'éducation, les discours », transcrit et présenté par Martin Rueff, *La nouvelle revue française*, nº 616, janvier 2016）を見ると、『言葉と物』刊行後のフーコーが物語の言語の特性について検討し、それを言説一般の理論にどう結びつけるかを模索していたことが分かる。ホメロスの『イリアス』や『オデュッセイア』等々を例としながら、自らを増殖させる言語としての「物語＝レシ」について論じるフーコーは、明らかに一九六〇年代に数多くの文学論を発表していたフーコーの延長線上にある。したがって、本書が描き出したような「文学という領域を遠ざけたフーコー」とは別に、この草稿での議論を延長して「文学という領域を保持し続けたフーコー」が存在し得た、と考えることもおそらくは可能であるし、『知の考古学』の準備段階においても文学についての考察を続けたという思考の「連続性」を論じることもできよう。だが、本書ではむしろ、実際に刊行されたテクストにおいてフーコーが文学という領域を遠ざけた、という「断絶」の方を強調したのだった。草稿段階での作者の思考を研究の対象とすべきか、それとも作者が刊行したものだけを研究の対象とすべきか。草稿研究という研究方法の根源に関わる問題だが、それはもはや本書の射程内で扱い得るものではない。

博論提出からすでに十年以上が経過していることもあり、かつては新機軸らしきものを打ち出し得たと思われた議論も、現時点で読み直せばいささか陳腐化しているように思われないわけではない。コレージュ・ド・フランスでの講義録も一通り出版され、少なからぬ未発表原稿が（フーコー自身の遺言にはやや背く形で）公にされている現在からすれば、例えば「統治性」などの議論は、フーコーに親しんでいる読者にとってはもはや常識的な主題に落ち着いている。本来なら、ここ十年の新資料の刊行や研究の進展を踏まえて論を改めるべきだろうが、そうなると一から新しい書物を書き下ろす覚悟が必要であるからそれは諦め、材料が新鮮なうちに読者に本書を提供しなかった我が身の怠慢を恨みつつ、せめて賞味期限切れにならないよう心がけたつもりだ。

« Square Michel Foucault »：著者撮影

最後に、本書のカバーで使用した写真について触れておこう。勤務先の大学から在外研究の機会を与えられてパリに滞在した折、コレージュ・ド・フランス前を通りかかった時に見つけた工事現場の落書きであり、画像データには二〇一五年七月二九日という日付が記録されている。パリを訪れた旅行者がフーコーゆかりの地を訪れ、悪戯に「フーコーはどこ？」と書き付けたものだろうか（ちょうどこの落書きの向かい、コレージュ・ド・フランス敷地と道路が接するあたりの、公園と呼ぶには小さい植え込みのようなスペースに、その土地の名を示す« Square Michel Foucault »という表示板が立っている）。なぜフーコーの名が消されてホメロスの名が書かれているのかは分からないが――これも通りすがりの誰かの悪戯、おそらく理由などあるまい――、フーコーの文学言語についての探求のうちに姿を現し、そして最終的には消えてしまったホメロスの名が、フーコーの名に重ね書きされ、ひょっこり姿を現しているのは微笑ましくもある。世界のあちこちで今日フーコーを読んでいる読者たち、そしてまた思索の糧を求めてパリをさまよう人々のうちのある者は、« Where is Foucault ?»（このフーコーの名に、デリダ流にバツを付けておきたいところだ）と時折つぶやく。そのつぶやきへの私なりの答えが本書ということになる。

*

本来もっと早く刊行されているべきだった本書の刊行が今まで遅れたのは、何よりも私の怠慢のせいである。博論執筆から今日までの間、あたたかい御指導と励ましを下さったすべての方々に感謝したい。とりわけ、捗らない作業を辛抱強く待ち続け、刊行に至るまでさまざまなバックアップをして下さった編集担当の前田晃一氏に特別の感謝を申し上げる。

恥ずかしながら初めての単著となったこの書物は、私の我が儘を穏やかに見守ってくれている両親に捧げることとしたい。

二〇一七年十月

阿部　崇

著　者

阿部 崇（あべ・たかし）

1974年愛媛県生まれ。専門領域はフランス現代思想、フランス文学。東京大学大学院総合文化研究科地域文化研究専攻博士課程単位取得退学。パリ第10大学哲学学部DEA課程（哲学史と認識の哲学）修了。パリ第10大学哲学学部博士課程（人文科学・哲学専攻）修了。哲学博士。現在、青山学院大学文学部フランス文学科教授。
主な著作に、「フランス現代思想における「国家」批判――ミシェル・フーコーを中心として」（渡辺節夫編『近代国家の形成とエスニシティ――比較史的研究』青山学院大学総合研究所叢書、勁草書房、2014年）、翻訳に、ミシェル・フーコー『自己と他者の統治――コレージュ・ド・フランス講義 1982–1983年度』（筑摩書房、2010年）、ミシェル・フーコー『マネの絵画』（筑摩書房、2006年）などがある。

ミシェル・フーコー、経験としての哲学
方法と主体の問いをめぐって

2017年11月29日　初版第1刷発行

著　者　阿部 崇
発行所　一般財団法人　法政大学出版局
〒102-0071 東京都千代田区富士見 2-17-1
電話03(5214)5540／振替00160-6-95814
組版：HUP
印刷：ディグテクノプリント
製本：誠製本
装幀：奥定泰之

ISBN978-4-588-15085-2　Printed in Japan

索引

サ行

マ行

ヤ行

ラ行

ワ行

参考文献

1. フーコーによる著作

著作集

Œuvres, édition publiée sous la direction de Frédéric Gros avec la collaboration de Jean-François Bert, Daniel Defert, Francois Delaporte et Philippe Sabot, Gallimard, « Bibliothèque de la Pléiade », 2015, t. I –II. 略号：OE-I–II.

Dits et écrits : 1954-1988, édition établie sous la direction de Daniel Defert et François Ewald ; avec la collaboration de Jacques Lagrange, Gallimard, « Bibliothèque des sciences humaines », 1994, t. I–IV〔『ミシェル・フーコー思考集成』I–X 巻、蓮實重彥・渡辺守章監修、小林康夫・石田英敬・松浦寿輝編集、筑摩書房、1998–2002 年〕. 略号：DE-I–IV.

単行本

Maladie mentale et personnalité, PUF, « initiation philosophique », 1954〔『精神疾患とパーソナリティ』中山元訳、ちくま学芸文庫、1997 年〕.

Maladie mentale et psychologie, PUF, « Quadrige », 1962〔『精神疾患と心理学』神谷美恵子訳、みすず書房、1970 年〕.

Folie et déraison : Histoire de la folie à l'âge classique, Plon, « Civilisations d'hier et d'aujourd'hui », 1961.

Raymond Roussel, Gallimard, « Le Chemin », 1963〔『レーモン・ルーセル』豊崎光一訳、法政大学出版局、1975 年〕.

Naissance de la clinique : une archéologie du regard médical, PUF, « Galien », 1963〔『臨床医学の誕生——医学的まなざしの考古学』神谷美恵子訳、みすず書房、1969 年〕. 略号：NC1.

Histoire de la folie à l'âge classique, Gallimard, « Bibliothèque des Histoires », 1972〔『狂気の歴史——古典主義時代における』田村俶訳、新潮社、1975 年〕. 略号：HF.

Naissance de la clinique, (2e éd), PUF, « Galien », 1972. 略号：NC2.

Les mots et les choses : une archéologie des sciences humaines, Gallimard, « Bibliothèque des sciences humaines », 1966〔『言葉と物——人文科学の考古学』渡辺一民・佐々木明訳、新潮社、1974 年〕. 略号：MC.

L'archéologie du savoir, Gallimard, « Bibliothèque des sciences humaines », 1969〔『知の考古学』慎改康之訳、河出文庫、2012 年〕. 略号：AS.

L'ordre du discours, Gallimard, 1971〔『言説の領界』慎改康之訳、河出文庫、2014 年〕. 略号：OD.

Surveiller et punir : Naissance de la prison, Gallimard, « Bibliothèque des Histoires », 1975〔『監獄の誕生——監視と処罰』田村俶訳、新潮社、1977 年〕. 略号：SP.

Histoire de la sexualité 1 : La volonté de savoir, Gallimard, « Bibliothèque des Histoires », 1976〔『性の歴史 I——知への意志』渡辺守章訳、新潮社、1986 年〕. 略号：VS.

Histoire de la sexualité 2 : L'usage des plaisirs, Gallimard, « Bibliothèque des Histoires », 1984〔『性の歴史 II——快楽の活用』田村俶訳、新潮社、1986 年〕.

La peinture de Manet, suivi de Michel Foucault, un regard, Seuil, « traces écrites », 2004〔『マネの絵画』阿部崇訳、筑摩書房、2006 年〕.

Coll., *Moi, Pierre Rivière, ayant égorgé ma mère, ma sœur et mon frère... : Un cas de parricide au XIXe siècle,* Gallimard-Julliard, « Archives », 1973〔フーコー編著『ピエール・リヴィエール——殺人・狂気・エクリチュール』慎改康之ほか訳、河出文庫、2010 年〕.

Foucault et A. Farge (éd.), *Le désordre des familles : Lettres de cachet des Archives de la Bastille,* Gallimard-Julliard, « Archives », 1982.

E. Kant, *Anthropologie d'un point de vue pragmatique,* précédé de Michel Foucault, Introduction à l'Anthropologie, présentation par D. Defert, Fr. Ewald, F. Gros, Vrin, « Bibliothèque des textes philosophiques », 2008〔フーコー『カントの人間学』王寺賢太訳、新潮社、2010 年。フーコーによる序文の部分のみの邦訳〕. 略号：IAK.

講義録

Leçon sur la volonté de savoir : Cours au Collège de France. 1970-1971, EHESS-Gallimard-Seuil, « Hautes études », 2011〔『〈知への意志〉講義——コレージュ・ド・フランス講義 1970-1971 年度』慎改康之・藤山真訳、筑摩書房、2014 年〕.

Théories et institutions pénales : Cours au Collège de France. 1971-1972, EHESS-Gallimard-Seuil, « Hautes études », 2015.

La société punitive : Cours au Collège de France. 1972-1973, EHESS-Gallimard-Seuil, « Hautes études », 2013〔『処罰社会——コレージュ・ド・フランス講義 1972-1973 年度』八幡恵一訳、筑摩書房、2017 年〕.

Le pouvoir psychiatrique : Cours au Collège de France. 1973-1974, EHESS-Gallimard-Seuil, « Hautes études », 2003〔『精神医学の権力——コレージュ・ド・フランス講義 1973-1974 年度』慎改康之訳、筑摩書房、2006 年〕.

« Il faut défendre la société » : Cours au Collège de France. 1976, EHESS-Gallimard-Seuil, « Hautes études », 1997〔『社会は防衛しなければならない——コレージュ・ド・フランス講義 1975-1976 年度』石田英敬・小野正嗣訳、筑摩書房、2007 年〕. 略号：DS.

Sécurité, territoire, population : Cours au Collège de France. 1977-1978, EHESS-Gallimard-Seuil, « Hautes Études », 2004〔『安全・領土・人口——コレージュ・ド・フランス講義 1977-1978 年度』高桑和巳訳、筑摩書房、2007 年〕. 略号：STP.

Naissance de la biopolitique : Cours au Collège de France. 1978-1979, EHESS-Gallimard-Seuil, « Hautes Études », 2004〔『生政治の誕生——コレージュ・ド・フランス講義 1978-1979 年度』慎改康之訳、筑摩書房、2008 年〕.

Du gouvernement des vivants : Cours au Collège de France. 1979-1980, EHESS-Gallimard-Seuil, « Hautes Études », 2012〔『生者たちの統治——コレージュ・ド・フランス講義 1979-1980 年度』廣瀬浩司訳、筑摩書房、2015 年〕.

L'herméneutique du sujet : Cours au Collège de France. 1981-1982, EHESS-Gallimard-Seuil, « Hautes Études », 2001〔『主体の解釈学——コレージュ・ド・フランス講義 1981-1982 年度』廣瀬浩司・原和之訳、筑摩書房、2004 年〕. 略号：HS.

Le gouvernement de soi et des autres : Cours au Collège de France. 1982-1983, EHESS-Gallimard-Seuil, « Hautes Études », 2008〔『自己と他者の統治——コレージュ・ド・フランス講義 1982-1983 年度』阿部崇訳、筑摩書房、2010 年〕.

論文・講演・インタヴューなど
« Introduction, in Binswanger (L.), Le Rêve et l'Existence » (1954), DE-I〔「ビンスワンガー『夢と実存』への序論」石田英敬訳、『ミシェル・フーコー思考集成』、第 I 巻、筑摩書房、1998 年〕.
« La psychologie de 1850 à 1950 » (1957), DE-I〔「心理学の歴史　1850–1950」石田英敬訳、『ミシェル・フーコー思考集成』、第 I 巻、筑摩書房、1998 年〕.
« La recherche scientifique et la psychologie » (1957), DE-I〔「科学研究と心理学」石田英敬訳、『ミシェル・フーコー思考集成』、第 I 巻、筑摩書房、1998 年〕.
« Préface [à Folie et déraison] » (1961), DE-I ; OE-I〔「『狂気の歴史』初版への序」石田英敬訳、『ミシェル・フーコー思考集成』、第 I 巻、筑摩書房、1998 年〕.
« Le cycle des grenouilles » (1962), DE-I〔「カエルたちの叙事詩」鈴木雅雄訳、『ミシェル・フーコー思考集成』、第 I 巻、筑摩書房、1998 年〕.
« Le langage à l'infini » (1963), DE-I〔「言語の無限反復」野崎歓訳、『ミシェル・フーコー思考集成』、第 I 巻、筑摩書房、1998 年〕.
« Débat sur le roman » (1964), DE-I〔「小説をめぐる討論」堀江敏幸訳、『ミシェル・フーコー思考集成』、第 II 巻、筑摩書房、1999 年〕.
« La folie, l'absence d'œuvre » (1964), DE-I ; OE-I〔「狂気、作品の不在」石田英敬訳、『ミシェル・フーコー思考集成』、第 II 巻、筑摩書房、1999 年〕.
« Philosophie et psychologie » (1965), DE-I〔「哲学と心理学」慎改康之訳、『ミシェル・フーコー思考集成』、第 II 巻、筑摩書房、1999 年〕.
« Philosophie et vérité » (1965), DE-I〔「哲学と真理」慎改康之訳、『ミシェル・フーコー思考集成』、第 II 巻、筑摩書房、1999 年〕.
« Michel Foucault, « Les mots et les choses » » (1966), DE-I〔「ミシェル・フーコー『言葉と物』」廣瀬浩司訳、『ミシェル・フーコー思考集成』、第 II 巻、筑摩書房、1999 年〕.
« La pensée du dehors » (1966), DE-I ; OE-II〔「外の思考」豊崎光一訳、『ミシェル・フーコー思考集成』、第 II 巻、筑摩書房、1999 年〕.
« La philosophie structuraliste permet de diagnostiquer ce qu'est « aujourd'hui » » (1967), DE-I〔「「今日」の診断を可能にする構造主義哲学」増田一夫訳、『ミシェル・フーコー思考集成』、第 II 巻、筑摩書房、1999 年〕.
« Sur les façons d'écrire l'histoire » (1967), DE-I〔「歴史の書き方について」石田英敬訳、『ミシェル・フーコー思考集成』、第 II 巻、筑摩書房、1999 年〕.
« Qui êtes-vous, professeur Foucault ? » (1967), DE-I〔「フーコー教授、あなたは何者ですか」慎改康之訳、『ミシェル・フーコー思考集成』、第 II 巻、筑摩書房、1999 年〕.
« Réponse à une question » (1968), DE-I〔「「エスプリ」誌　質問への回答」石田英敬訳、『ミシェル・フーコー思考集成』、第 III 巻、筑摩書房、1999 年〕.
« Sur l'archéologie des sciences. Réponse au Cercle d'épistémologie » (1968), DE-I〔「科学の考古学について――〈認識論サークル〉への回答」石田英敬訳、『ミシェル・フーコー思考集成』、第 III 巻、筑摩書房、1999 年〕.
« Michel Foucault explique son dernier livre » (1969), DE-I〔「ミシェル・フーコー、近著を語る」慎改康之訳、『ミシェル・フーコー思考集成』、第 III 巻、筑摩書房、1999 年〕.
« Qu'est-ce qu'un auteur ? » (1969), DE-I ; OE-II〔「作者とは何か」清水徹・根本美作子訳、『ミシェル・フーコー思考集成』、第 III 巻、筑摩書房、1999 年〕.
« Sept propos sur le septième ange » (1970), DE-II〔「第七天使をめぐる七言」豊崎光一・清水正訳、

『ミシェル・フーコー思考集成』、第Ⅲ巻、筑摩書房、1999 年〕.
« Il y aura scandale, mais... » (1970), DE-II〔「騒ぎはあるでしょう、が……」西谷修訳、『ミシェル・フーコー思考集成』、第Ⅲ巻、筑摩書房、1999 年〕.
« Folie, littérature, société » (1970), DE-II〔「文学・狂気・社会」、『ミシェル・フーコー思考集成』、第Ⅲ巻、筑摩書房、1999 年〕.
« Nietzsche, la généalogie, l'histoire » (1971), DEII ; OE-II〔「ニーチェ、系譜学、歴史」伊藤晃訳、『ミシェル・フーコー思考集成』、第Ⅳ巻、筑摩書房、1999 年〕.
« Entretien avec Michel Foucault » (1971), DE-II〔「ミシェル・フーコーとの対談」慎改康之訳、『ミシェル・フーコー思考集成』、第Ⅳ巻、筑摩書房、1999 年〕.
« Un problème m'intéresse depuis longtemps, c'est celui du système pénal » (1971), DE-II〔「ずっと以前から私はある問題に関心を持っている、それは懲罰システムという問題だ」大西雅一郎訳、『ミシェル・フーコー思考集成』、第Ⅳ巻、筑摩書房、1999 年〕.
« Les monstruosités de la critique » (1971), DE-II〔「批評の怪物性」大西雅一郎訳、『ミシェル・フーコー思考集成』、第Ⅳ巻、筑摩書房、1999 年〕.
« Revenir à l'histoire » (1972), DE-II〔「歴史への回帰」岩崎力訳、『ミシェル・フーコー思考集成』、第Ⅳ巻、筑摩書房、1999 年〕.
« Les intellectuels et le pouvoir » (1972), DE-II〔「知識人と権力」蓮實重彥訳、『ミシェル・フーコー思考集成』、第Ⅳ巻、筑摩書房、1999 年〕.
« Les problèmes de la culture. Un débat Foucault-Preti » (1972), DE-II〔「文化に関する諸問題——フーコーとプレティの討議」安原伸一朗訳、『ミシェル・フーコー思考集成』、第Ⅳ巻、筑摩書房、1999 年〕.
« De l'archéologie à la dynastique » (1973), DE-II〔「アルケオロジーからディナスティックへ」蓮實重彥訳、『ミシェル・フーコー思考集成』、第Ⅳ巻、筑摩書房、1999 年〕.
« Le monde est un grand asile » (1973), DE-II〔「世界は巨大な精神病院である」石田久仁子訳、『ミシェル・フーコー思考集成』、第Ⅳ巻、筑摩書房、1999 年〕.
« Prisons et asiles dans le mécanisme du pouvoir » (1974), DE-II〔「権力のメカニズムにおける監獄と収容所」嘉戸一将訳、『ミシェル・フーコー思考集成』、第Ⅴ巻、筑摩書房、2000 年〕
« La vérité et les formes juridiques » (1974), DE-II〔「真理と裁判形態」西谷修訳、『ミシェル・フーコー思考集成』、第Ⅴ巻、筑摩書房、2000 年〕.
« Entretien sur la prison : le livre et sa méthode » (1975), DE-II〔「監獄についての対談——本とその方法」中澤信一訳、『ミシェル・フーコー思考集成』、第Ⅴ巻、筑摩書房、2000 年〕.
« Entretien avec Michel Foucault » (1977), DE-III〔「真理と権力」北山晴一訳、『ミシェル・フーコー思考集成』、第Ⅵ巻、筑摩書房、2000 年〕.
« Les rapports de pouvoir passent à l'intérieur des corps » (1977), DE-III〔「身体をつらぬく権力」山田登世子訳、『ミシェル・フーコー思考集成』、第Ⅵ巻、筑摩書房、2000 年〕.
« La grande colère des faits » (1977), DE-III〔「事実の大いなる怒り」西永良成訳、『ミシェル・フーコー思考集成』、第Ⅵ巻、筑摩書房、2000 年〕.
« Le jeu de Michel Foucault » (1977), DE-III〔「ミシェル・フーコーのゲーム」増田一夫訳、『ミシェル・フーコー思考集成』、第Ⅵ巻、筑摩書房、2000 年〕.
« Pouvoir et savoir » (1977), DE-III〔「権力と知」蓮實重彥訳、『ミシェル・フーコー思考集成』、第Ⅵ巻、筑摩書房、2000 年〕.
« Introduction par Michel Foucault » (1978), DE-III〔「フーコーによる序文」廣瀬浩司訳、『ミシェル・フーコー思考集成』Ⅶ、筑摩書房、2000 年〕.

« La philosophie analytique de la politique » (1978), DE-III〔「政治の分析哲学」渡辺守章訳、『ミシェル・フーコー思考集成』、第Ⅶ巻、筑摩書房、2000 年〕.
« Méthodologie pour la connaissance du monde : comment se débarrasser du marxisme » (1978), DE-III〔「世界認識の方法──マルクス主義をどう始末するか」、『ミシェル・フーコー思考集成』、第Ⅶ巻、筑摩書房、2000 年〕.
« Pour une morale de l'inconfort » (1979), DE-III〔「居心地の悪さのモラルのために」阿部崇訳、『ミシェル・フーコー思考集成』、第Ⅷ巻、筑摩書房、2001 年〕.
« Foucault étudie la raison d'État » (1979), DE-III〔「フーコー、国家理性を問う」坂本佳子訳、『ミシェル・フーコー思考集成』、第Ⅷ巻、筑摩書房、2001 年〕.
« La poussière et le nuage » (1980), DE-IV〔「塵と雲」栗原仁訳、『ミシェル・フーコー思考集成』、第 VIII 巻、筑摩書房、2001 年〕.
« Table ronde du 20 mai 1978 » (1980), DE-IV〔「1978 年 5 月 20 日の会合」栗原仁訳、『ミシェル・フーコー思考集成』、第Ⅷ巻、筑摩書房、2001 年〕.
« Postface » (1980), DE-IV〔「あとがき」栗原仁訳、『ミシェル・フーコー思考集成』、第Ⅷ巻、筑摩書房、2001 年〕.
« Entretien avec Michel Foucault » (1980), DE-IV〔「ミシェル・フーコーとの対話」増田一夫訳、『ミシェル・フーコー思考集成』、第Ⅷ巻、筑摩書房、2001 年〕.
« « Le Nouvel Observateur » et l'Union de la gauche » (1980), DE-IV〔「『ヌーヴェル・オプセルヴァトゥール』と左翼連合」阿部崇訳、『ミシェル・フーコー思考集成』、第Ⅷ巻、筑摩書房、2001 年〕.
« Du gouvernement des vivants » (1980), DE-IV〔「生者たちの統治について」石田英敬訳、『ミシェル・フーコー思考集成』、第Ⅷ巻、筑摩書房、2001 年〕.
« « Omnes et singulatim » : vers une critique de la raison politique » (1981), DE-IV ; OE-II〔「全体的なものと個的なもの──政治的理性批判に向けて」北山晴一訳、『ミシェル・フーコー思考集成』、第Ⅷ巻、筑摩書房、2001 年〕.
« Est-il donc important de penser? » (1981), DE-IV〔「思考することはやはり重要なのか」阿部崇訳、『ミシェル・フーコー思考集成』、第Ⅷ巻、筑摩書房、2001 年〕.
« Michel Foucault : il faut tout repenser, la loi et la prison » (1981), DE-IV〔「ミシェル・フーコー──法律について監獄について、すべてを考え直さねばならない」阿部崇訳、『ミシェル・フーコー思考集成』、第Ⅷ巻、筑摩書房、2001 年〕.
« Subjectivité et vérité » (1981), DE-IV〔「主体性と真理」石田英敬訳、『ミシェル・フーコー思考集成』、第Ⅷ巻、筑摩書房、2001 年〕.
« Le sujet et le pouvoir » (1982), DE-IV〔「主体と権力」渥海和久訳、『ミシェル・フーコー思考集成』、第IX巻、筑摩書房、2001 年〕.
« À propos de la généalogie de l'éthique : un aperçu du travail en cours » (1983), DE-IV〔「倫理の系譜学について──進行中の仕事の概要」浜名優美訳、『ミシェル・フーコー思考集成』、第IX巻、筑摩書房、2001 年〕.
« Qu'est-ce que les Lumières? » (1984), DE-IV ; OE-II〔「啓蒙とは何か」石田英敬訳、『ミシェル・フーコー思考集成』、第Ｘ巻、筑摩書房、2002 年〕.
« Préface à l'« Histoire de la sexualité » » (1984), DE-IV〔「『性の歴史』への序文」慎改康之訳、『ミシェル・フーコー思考集成』、第Ｘ巻、筑摩書房、2002 年〕.
« Foucault » (1984), DE-IV〔モーリス・フロランス「フーコー」野崎歓訳、『ミシェル・フーコー思考集成』、第Ｘ巻、筑摩書房、2002 年〕.

« Le souci de la vérité » (1984), DE-IV〔「真実への気遣い」湯浅博雄訳、『ミシェル・フーコー思考集成』、第X巻、筑摩書房、2002 年〕.

« Le retour de la morale » (1984), DE-IV〔「道徳の回帰」増田一夫訳、『ミシェル・フーコー思考集成』、第X巻、筑摩書房、2002 年〕.

« L'éthique du souci de soi comme pratique de la liberté » (1984), DE-IV〔「自由の実践としての自己への配慮」廣瀬浩司訳、『ミシェル・フーコー思考集成』、第X巻、筑摩書房、2002 年〕.

« Structuralisme et analyse littéraire », *Les cahiers de Tunisie,* t. XXXIX, n° 149-150, 1989.

« Je suis un artificier » (1975), in R. -P. Droit, *Michel Foucault, entretiens,* Odile Jacob, 2004〔「わたしは花火師です――方法について」、『わたしは花火師です――フーコーは語る』中山元訳、ちくま学芸文庫、2008 年〕.

« Qu'est-ce que la critique ? » (1978), *Qu'est-ce que la critique ? suivi de La culture de soi,* Vrin, « Philosophie du présent », 2015〔「批判とは何か――批判と啓蒙」、『わたしは花火師です――フーコーは語る』中山元訳、ちくま学芸文庫、2008 年〕.

« Débat au département d'histoire de l'université de Californie à Berkeley », *Qu'est-ce que la critique ? suivi de La culture de soi,* Vrin, « Philosophie du présent », 2015.

Raymond Aron et Michel Foucault, *Dialogue,* avec un analyse de Jean François Bert, Lignes, 2007〔『レイモン・アロンとの対話』西村和泉訳、水声社、2013 年〕.

2. フーコーに関する著作

単行本

Bernauer, James W., *Michel Foucault's Force of Flight : Toward an Ethics for Thought,* Humanity Books, 1990〔ジェイムズ・W・バーナウアー『逃走の力――フーコーと思考のアクチュアリティ』中山元訳、彩流社、1994 年〕.

Boullant, François, *Michel Foucault et les prisons,* PUF, « Philosophies », 2003.

Deleuze, Gilles, *Foucault,* Minuit, « Critique », 1986〔ドゥルーズ『フーコー』宇野邦一訳、河出文庫、2007 年〕.

Dreyfus, Hubert and Rabinow, Paul, *Michel Foucault : Beyond Structuralism and Hermeneutics,* 2nd edition, The University of Chicago Press, 1983〔H・L・ドレイファス、P・ラビノウ『ミシェル・フーコー――構造主義と解釈学を超えて』山形頼洋・鷲田清一ほか訳、筑摩書房、1996 年〕.

Eribon, Didier, *Michel Foucault et ses contemporains,* Fayard, 1994.

————, *Michel Foucault,* 3e éd., Flammarion, « Champs biographie », 2011〔ディディエ・エリボン『ミシェル・フーコー伝』田村俶訳、新潮社、1991 年〕.

Gros, Frédéric, *Michel Foucault,* PUF, « Que sais-je ? », 1996〔F・グロ『ミシェル・フーコー』露崎俊和訳、白水社文庫クセジュ、1998 年〕.

Gutting, Gary, *Michel Foucault's archaeology of scientific reason,* Cambridge University Press, « Modern European Philosophy », 1989〔ガリー・ガッティング『理性の考古学――フーコーと科学思想史』成定薫ほか訳、産業図書、1992 年〕.

Han, Béatrice, *L'ontologie manquée de Michel Foucault,* Millon, « Krisis », 1998.

Veyne, Paul, *Foucault, sa pensée, sa personne,* Albin Michel, 2008〔P・ヴェーヌ『フーコー――その

人その思想』慎改康之訳、筑摩書房、2010 年〕.
Zoungrana, Jean, *Michel Foucault un parcours croisé : Lévi-Strauss, Heidegger*, L'Harmattan, « Ouverture philosophique », 1998.
Coll., *Michel Foucault philosophe : Rencontre internationale Paris 9, 10, 11 janvier 1988*, Seuil, « Des Travaux », 1989.

論文など

Adorno, Francesco Paolo, « A priori historique et discontinuité chez Foucault », Y. C. Zarka (éd.), *Comment écrire l'Histoire de la Philosophie ?*, PUF, 2001.
Amiot, Michel, « Le relativisme culturaliste de Michel Foucault », *Les Temps Modernes,* nº 248, janvier 1967.
Artières, Philippe, « « Des espèces d'échafaudage » : pratiques et usages des revues par Michel Foucault », *La revue des revues : histoire et actualité des revues,* nº 30, 2002 (dossier : « Michel Foucault en revues »).
Balibar, Étienne, « Foucault et Marx : L'enjeu du nominalisme », Coll., *Michel Foucault philosophe : Rencontre internationale Paris 9, 10, 11 janvier 1988*, Seuil, « Des Travaux », 1989.
Blanchot, Maurice, « Le grand renfermement », *L'entretien infini,* Gallimard, 1969,〔ブランショ「大いなる閉じこめ」西山雄二訳、ブランショ『終わりなき対話』II、湯浅博雄ほか訳、筑摩書房、2017 年〕.
Burgelin, Pierre, « L'archéologie du savoir », *Esprit*, nº 360, mai 1967〔ピエール・ビュルゲラン「知の考古学――ミシェル・フーコー論」、J－M・ドムナック編『構造主義とは何か――そのイデオロギーと方法』伊東守男・谷亀利一訳、平凡社ライブラリー、2004 年〕.
Canguilhem, Georges, « Mort de l'homme ou l'épuisement du cogito ? », *Critique,* nº 242, 1967.
Castel, Robert, « Présent et généalogie du présent : une approche non évolutionniste du changement », Coll., *Au risque de Foucault*, Centre Georges Pompidou, « Supplémentaires », 1997.
Chartier, Roger, « « La chimère de l'origine ». Foucault, les Lumières et la Révolution française », *Au bord de la falaise : L'histoire entre certitudes et inquiétude,* Albin Michel, « Bibliothèque Albin Michel Histoire », 1998.
――――, « Le pouvoir, le sujet, la vérité. Foucault lecteur de Foucault », *Au bord de la falaise : L'histoire entre certitudes et inquiétude,* Albin Michel, « Bibliothèque Albin Michel », 1998.
Dagognet, François, « Archéologie ou histoire de la médecine », *Critique*, nº 216, mai 1965.
Defert, Daniel, « Chronologie », in Foucault, *Dits et écrits : 1954-1988*, Gallimard, « Bibliothèque des sciences humaines », 1994, t. I〔ドフェール「年譜」石田英敬訳、『ミシェル・フーコー思考集成』、第 I 巻、筑摩書房、1998 年〕.
Derrida, Jacques, « « Être juste avec Freud » : L'histoire de la folie à l'âge de la psychanalyse », *Résistances de la psychanalyse,* Galilée, 1996〔ジャック・デリダ「フロイトに公正であること――精神分析の時代における狂気の歴史」石田英敬訳、デリダ『精神分析の抵抗』鵜飼哲ほか訳、青土社、2007 年〕.
Frank, Manfred, « Sur le concept de discours chez Michel Foucault », Coll., *Michel Foucault philosophe : Rencontre internationale Paris 9, 10, 11 janvier 1988*, Seuil, « Des Travaux », 1989.
Gouhier, Alain, « Vers un nouveau contrat social ? », A. Brossat (éd.), *Michel Foucault : les jeux de la vérité et du pouvoir,* Presses Universitaires de Nancy, 1994.
Gros, Frédéric, « Quelques remarques de méthode à propos de Naissance de la clinique », Coll., *Michel*

Foucault et la médecine, Éditions Kimé, 2001.
————, « Michel Foucault : Lecteur de Roussel et Brisset », *Magazine littéraire,* nº 410, juin 2002.
————, « Sujet moral et soi éthique chez Foucault », *Archives de philosophie : Recherches et documentation,* t. 65, cahier 2, Avril-Juin 2002.
————, « La parrhêsia chez Foucault (1982-1984) », F. Gros (éd.), *Foucault : le courage de la vérité,* PUF, « Débat », 2002〔F・グロ「フーコーにおけるパレーシア（1982-1984）」柵瀬宏平訳、『現代思想』、2009 年 6 月号〕.
Hacking, Ian, « Between Michel Foucault and Erving Goffman : between discourse in the abstract and face-to-face interaction », *Economy and Society,* Vol. 33, No. 3, August 2004.
Han, Béatrice, « L'a priori historique selon Michel Foucault : difficultés archéologiques », Emmanuel Da Silva (dir.), *Lectures de Michel Foucault,* vol. 2, ENS Éditions, 2003.
蓮實重彥「肖像画家の黒い欲望――ミシェル・フーコー『言葉と物』を読む」、『フーコー・ドゥルーズ・デリダ』、河出文庫、1995 年。
Hollier, Denis, « Le mot de dieu : « Je suis mort » », Coll., *Michel Foucault philosophe : Rencontre internationale Paris 9, 10, 11 janvier 1988,* Seuil, « Des Travaux », 1989.
Le Goff, Jacques, « Foucault et « la nouvelle histoire » », Coll., *Au risque de Foucault,* Centre Georges Pompidou, « Supplémentaires », 1997.
Léonard, Jacques, « L'historien et le philosophe : À propos de *Surveiller et punir* ; naissance de la prison », M. Perrot (éd.), L'*impossible prison : Recherches sur le système pénitentiaire au XIXe siècle,* Seuil, « L'univers historique », 1980.
Machado, Roberto, « Archéologie et épistémologie », Coll., *Michel Foucault philosophe : Rencontre internationale Paris 9, 10, 11 janvier 1988,* Seuil, « Des Travaux », 1989.
Macherey, Pierre, « Aux sources de « L'histoire de la folie » : Une rectification et ses limites », *Critique,* nº 471-472, Août-septembre 1986.
Mandrou, Robert et Braudel, Fernand, « Trois clefs pour comprendre la folie à l'âge classique », *Annales. Économies, Sociétés, Civilisations,* 17e année, nº 4, 1962.
中山元「解説――フーコーの初期」、フーコー『精神疾患とパーソナリティ』中山元訳、ちくま学芸文庫、1997 年。
Revel, Jacques, « Foucault et les historiens », *Magazine littéraire,* juin 1975, nº 101.
Séglard, Dominique, « Foucault à Tunis : À propos de deux conférences », *Foucault studies,* No. 4, Feb 2007.
Senellart, Michel, « Michel Foucault : « gouvernementalité » et la raison d'État », Coll., *La Pensée Politique I : Situations de la Démocratie,* Gallimard-Seuil, « Haute Études », 1993.
Shinkaï, Yasuyuki, *L'invisible visible : étude sur Michel Foucault,* Thèse de doctorat soutenue à l'EHESS, 1999.
豊崎光一「砂の顔――「アルシーヴ」と「文学」」、『砂の顔』、小沢書店、1975 年。

3. その他の文献

Artières, Philippe et al. (éd.), *Le groupe d'information sur les prisons : Archives d'une lutte 1970-1972,* Éditions de l'IMEC, 2003〔「「監獄情報グループ」関連文書」（抄訳）、西山雄二訳、松葉祥一解題、『現代思想』2003 年 12 月臨時増刊号「総特集　フーコー」〕.
Balibar, Étienne, « Le structuralisme : une destitution du sujet ? », *Revue de métaphysique et de morale,*

n° 1, janvier 2005.
Basso, Elisabetta, « Postface », in Ludwig Binswanger, *Rêve et existence*, Avant-propos, préface et traduction de Françoise Dastur, Vrin, « Bibliothèque des textes philoso-phiques », 2012.
Binswanger, Ludwig, *Introduction à l'analyse existentielle*, Minuit, « Arguments », 1971〔L・ビンスワンガー「夢と実存」荻野恒一訳、ビンスワンガー『現象学的人間学――講演と論文 1』荻野恒一ほか訳、みすず書房、1967 年〕.
Blanchot, Maurice, « Le demain joueur », *L'entretien infini*, Gallimard, 1969〔ブランショ「賭ける明日――シュルレアリスムの未来について」田中淳一訳、『ユリイカ』1976 年 6 月（臨時増刊「総特集　シュルレアリスム」）〕.
Brisset, Jean-Pierre, *La grammaire logique : suivi de La science de Dieu*, Tchou, 1970.
Canguihem, Georges, « Qu'est-ce que la psychologie ? » (Conférence donnée au Collège philosophique, le 18 décembre 1956), *Études d'histoire et de philosophie des sciences,* 7e éd., Vrin, « Problèmes & Controverses », 1994〔「心理学とは何か」兵藤宗吉訳、カンギレム『科学史・科学哲学研究』所収、金森修監訳、法政大学出版局、1991 年〕.
————, *Vie et mort de Jean Cavaillès*, Allia, 1996.
————, *Œuvres complètes*, tome IV, Vrin, « Bibliothèque des textes philosophiques », 2015.
Cavaillès, Jean, *Sur la logique et la théorie de la science*, Vrin, « Bibliothèque des textes philosophiques », 1994〔ジャン・カヴァイエス『構造と生成 II――論理学と学知の理論について』、近藤和敬訳、月曜社、2013 年〕.
————, « La pensée mathématique », *Œuvres complètes de philosophie des sciences*, Hermann, 1994.
Corpet, Olivier et Matheron, François, « Présentation », in L. Althusser, *Psychanalyse et sciences humaines : Deux conférences (1963-1964),* Le livre de poche, « Biblio essais », 1996〔ルイ・アルチュセール『精神分析講義――精神分析と人文諸科学について』信友建志・伊吹浩一訳、作品社、2009 年〕.
De Certeau, Michel, *L'écriture de l'histoire*, Gallimard, « folio histoire », 2002.
Deleule, Didier, *La psychologie mythe scientifique : Pour introduire à la psychologie moderne,* Robert Laffont, « liberté », 1969.
Deleuze, Gilles, « À quoi reconnaît-on le structuralisme ? », *L'île déserte et autres textes : Textes et entretiens 1953-1974,* Minuit, « Paradoxe », 2002〔ドゥルーズ「何を構造主義として認めるか」小泉義之訳、ドゥルーズ『無人島　1969-1974』、河出書房新社、2003 年〕.
————, « Réponse à une question sur le sujet », *Deux régimes de fous : Textes et entre-tiens 1975-1995,* Minuit, « Paradoxe », 2003〔ジル・ドゥルーズ「主体についての質問への答」宇野邦一訳、ドゥルーズ『狂人の 2 つの体制　1983-1995』、河出書房新社、2004 年〕.
Dosse, François, *Histoire du structuralisme,* 2 vols., La découverte, « textes à l'appui », 1991-1992〔フランソワ・ドッス『構造主義の歴史』（上・下）清水正ほか訳、国文社、1999 年〕.
Ferrières, Gabrielle, *Jean Cavaillès : un philosophe dans la guerre 1903-1944,* Le félin, 2003.
ハーバマス、ユルゲン『近代の哲学的ディスクルス II』三島憲一ほか訳、岩波書店、1990 年。
Heidegger, Martin, *Kant et le problème de la métaphysique*, trad. par Alphonse de Waelhens et Walter Biemel, Gallimard, 1953.
————,『カントと形而上学の問題』門脇卓爾、ハルトムート・ブフナー訳、創文社、2003 年。
Kant, Immanuel, *Œuvres philosophiques*, t. III, Gallimard, « Bibliothèque de la Pléiade », 1986.
————,「形而上学の進歩にかんする懸賞論文（ライプニッツとヴォルフの時代以来ドイツにおいて形而上学がなした実際の進歩とはどのようなものであるのか」）」円谷裕二訳、

『カント全集』第 13 巻、岩波書店、2002 年。
———, 『判断力批判』、『カント全集』第 9 巻、岩波書店、2000 年。
———, 『人間学』、『カント全集』第 15 巻、岩波書店、2003 年。
———, *Opus postumum*, trad. par F. Marty, PUF, 1986.
ラ・ボエシ、エティエンヌ・ド、『自発的隷従論』、山上浩嗣訳、ちくま学芸文庫、2013 年。
Lacan, Jacques, *Le séminaire Livre I : Les écrits techniques de Freud,* texte établi par J.-A. Miller, « Le champ freudien », Seuil, 1975〔ラカン『フロイトの技法論』(上)、小出浩之ほか訳、岩波書店、1991 年〕.
Merleau-Ponty, Maurice, *Phénoménologie de la perception*, Gallimard, « Tel », 1976〔メルロ＝ポンティ『知覚の現象学』第 I 巻、竹内芳郎・小木貞孝訳、みすず書房、1967 年〕.
———, *Le visible et l'invisible*, Gallimard, « Tel », 1999〔メルロ＝ポンティ『見えるものと見えないもの』滝浦静雄・木田元訳、みすず書房、1989 年.
———, « [Un inédit de Maurice Merleau-Ponty] » (1951, Publication posthume en 1962), *Parcours deux. 1951-1961,* Verdier, « Philosophie », 2000〔「メルロ＝ポンティの一未公刊文書」、メルロ＝ポンティ『言語と自然——コレージュ・ドゥ・フランス講義要録』滝浦静雄・木田元訳、みすず書房、1979 年〕.
Nakamura, Kazuo, « On L. S. Vygotsky's Conception of Concrete Human Psychology : in relation to G. Politzer », 『東京水産大学論集』第 35 号、2000 年 3 月。
Politzer, Georges, « Psychanalyse et marxisme : un faux contre-révolutionnaire, le « Freudo-marxisme » » (1933), *Écrits 2 : Les fondements de la psychologie*, Éditions sociales, 1973.
———, *Critique des fondements de la psychologie : La psychologie et la psychanalyse*, PUF, « Quadrige », 2003〔G・ポリツェル『精神分析の終焉——フロイトの夢理論批判』寺内礼監修、富田正二訳、三和書籍、2002 年〕.
Roudinesco, Élisabeth, « Situation d'un texte : qu'est-ce que la psychologie ? », Coll., *Georges Canguilhem : Philosophe, historien des sciences*, Albin Michel, « Bibliothèque du Collège International de Philosophie », 1993.
———, *Histoire de la psychanalyse en France. 2 : 1925-1985*, Fayard, 1994.
Roussel, Raymond, *Comment j'ai écrit certains de mes livres,* Union générale d'éditions, « 10/18 », 1977〔レーモン・ルーセル「私はいかにして或る種の本を書いたか」、ミシェル・レリス『レーモン・ルーセル——無垢な人』岡谷公二訳、ペヨトル工房、1991 年に所収〕.
Sartre, Jean-Paul, *L'être et le néant : essai d'ontoligie phénoménologique*, Gallimard, 1943〔サルトル『存在と無——現象学的存在論の試み』、第 3 巻、松浪信三郎訳、ちくま学芸文庫、2008 年〕.
———, « Sartre par Sartre », *Situations IX*, Gallimard, 1972,〔サルトル「サルトル、サルトルを語る」平井啓之訳、『シチュアシオン IX』、人文書院〕.
Serres, Michel, *Hermès I : La communication,* Minuit, « critique », 1968〔ミッシェル・セール『コミュニケーション〈ヘルメス I〉』豊田彰・青木研二訳、法政大学出版局、1985 年〕.
Tel Quel (éd.), *Théorie d'ensemble*, Seuil, « Tel Quel », 1968.
渡辺公三『闘うレヴィ＝ストロース』平凡社新書、2009 年。
Coll., *Structuralisme et marxisme*, Union Générale d'éditions, « 10/18 », 1970.